TEXTE ZUR THEOLOGIE

TEXTE ZUR THEOLOGIE

Herausgegeben von
Wolfgang Beinert
Gerfried W. Hunold
Karl-Heinz Weger

DOGMATIK 2,2

TEXTE ZUR THEOLOGIE

DOGMATIK

Herausgegeben von Wolfgang Beinert

Gotteslehre II

Bearbeitet von
Herbert Vorgrimler

Verlag Styria
Graz Wien Köln

CIP-Titelaufnahme der Deutschen Bibliothek

Texte zur Theologie : TzT / hrsg. von W. Beinert ... –
Graz ; Wien ; Köln : Verl. Styria
Abteilung Dogmatik.
NE: Beinert, Wolfgang [Hrsg.]; TzT

Vorgrimler, Herbert:
Gotteslehre / bearb. von Herbert Vorgrimler –
Graz ; Wien ; Köln : Verl. Styria.
(Texte zur Theologie : Abteilung Dogmatik ; Bd. 2)

Bd. 2. Vorgrimler, Herbert: Gotteslehre.
2 (1989)
ISBN 3-222-11901-5

1989 Verlag Styria Graz Wien Köln
Alle Rechte vorbehalten
Printed in Austria
Umschlaggestaltung: Nadja Furlan-Lorbek
Gesamtherstellung: Druck- und Verlagshaus Styria, Graz
ISBN 3-222-11901-5

HERRN BISCHOF DR. REINHARD LETTMANN
BISCHOF VON MÜNSTER
IN HERZLICHER VERBUNDENHEIT
ZUGEEIGNET

Jesaja 35

Inhalt

Einleitung — 13

THEOLOGISCHE UND PHILOSOPHISCHE TEXTE

112 *Boethius* (um 475/480–524 oder 526), *Opuscula sacra:* Buch über die Person und die zwei Naturen gegen Eutyches und Nestorius (um 520): Begriffsklärung — 18

113 — *Opuscula sacra:* Ob Vater, Sohn und Geist in substantieller Weise von der Gottheit ausgesagt werden (um 520): Die Grenzen des Substanzbegriffs — 20

114–115 *Dionysius Areopagita, Über göttliche Namen* (spätes 5. oder frühes 6. Jahrhundert): Überwesentlichkeit Gottes — 21

116–118 *Johannes von Damaskus* (um 650 – um 750), *Genaue Darlegung des orthodoxen Glaubens:* Von der heiligen Dreieinigkeit — 26

119 *Anselm von Canterbury* (1033/1034–1109), *Monologion* (1076): Zweifel an der Verwendbarkeit des Person- und Substanzbegriffs — 31

120 — *Proslogion* (etwa 1077/1078): Fides quaerens intellectum — Der Glaube, der nach Verstehen sucht — 33

121 *Hildegard von Bingen* (1098–1179), *Wisse die Wege* (1141–1151): Schau Gottes im Wort — 34

122 — *Brief an den Magister Odo von Paris* (um 1148): Was in Gott ist, ist Gott — 35

123 *Petrus Lombardus* (um 1095–1160), *Sentenzen* (1142–1158): Höchste Wirklichkeit — 36

124–127 — *Sentenzen* (1142–1158): Die Probleme des Personbegriffs — 39

128–130 *Richard von Sankt-Victor* († 1173), *Die Dreieinigkeit:* Selbstlose Liebe ist dreieinig — 44

131–135 — *Die Dreieinigkeit:* Klärung des Personbegriffs — 47

136 *Mechtild von Magdeburg* (um 1208/1210–1282 oder 1294), *Das fließende Licht der Gottheit:* Die Dreifaltigkeit im Antlitz Jesu — 52

137–138 *Bonaventura* (1217/1221–1274), *Breviloquium* (um 1253): Erstheit und Unzeugbarkeit des Vaters — 53

139 — *Pilgerbuch der Seele zu Gott* (1269): Das Gute ist das, was sich selbst verströmt — 56

140 *Thomas von Aquin* (1224/1225–1274), *Summe gegen die Heiden* (1259–um 1267): Wir wissen nicht, was Gott ist — 59

141	– *Summe gegen die Heiden* (1259–um 1267): Gott ist das höchste Gut	61
142–147	– *Summe der Theologie I* (um 1267): Die fünf Wege	62
148	– *Summe der Theologie I* (um 1267): Gott ist das Sein selbst	66
149–150	– *Summe der Theologie I* (um 1267): Ist Gott „Person"?	68
151–154	Johannes Duns Scotus (1265/1266–1308), *Ordinatio* (nach 1300): Der vollkommene Gottesbegriff: Unendliches Seiendes	73
155–156	Meister Eckhart (um 1260 – um 1328), *Sermones de Tempore IV*: Am Dreifaltigkeitsfest über die Epistel nach dem Römischen Meßbuch: Gott in allem – alles in Gott	78
157	Nikolaus von Kues (1401–1464), *Der verborgene Gott* (1444/1445): Das Gleichnis vom Nichts und der Farbe	82
158	Martin Luther (1483–1546), *Weihnachtspostille zu Joh 1,1–14* (1522): Eine andere Person ist das Wort und eine andere der Gott, bei dem es war	88
159–160	Johannes Calvin (1509–1564), *Unterricht in der christlichen Religion* (1559): Der Vater ist der Ordnung nach der Erste	90
161	Teresa von Avila (1515–1582), *Leben* (1560–1562): Alles und nichts	93
162	– *Bericht vom 22. September 1572:* Einwohnung der Dreifaltigkeit	93
163–165	Friedrich Daniel Ernst Schleiermacher (1768–1834), *Der christliche Glaube nach den Grundsätzen der evangelischen Kirche im Zusammenhange dargestellt* (1821–1822): Gott als Bedingung des schlechthinnigen Abhängigkeitsgefühls	95
166–168	Georg Wilhelm Friedrich Hegel (1770–1831), *Vorlesungen über die Philosophie der Religion, III. Teil* (1824): Gott als absolute Bewegung in sich selbst	100
169	John Henry Newman (1801–1890), *Entwurf einer Zustimmungslehre* (1870): Das Gewissen, Gottes Stimme	105
170	Herman Schell (1850–1906), *Katholische Dogmatik I* (1889): Ewige Selbstbegründung und zeitliche Weltbegründung: Causa sui et mundi	111
171	Karl Barth (1886–1968), *Die kirchliche Dogmatik I/1* (1932): Gott als Subjekt der Offenbarung und als Subjekt alles Handelns am Menschen	118
172	Dietrich Bonhoeffer (1906–1945), *Brief an Eberhard Bethge* (16. und 18. Juli 1944): Leidender Gott	122
173	Martin Buber (1878–1965), *Ich und du* (1923), *Um ein Nachwort erweitert* (1957): Unmittelbare Gottesbeziehung	126
174	Karl Rahner (1904–1984), *Bemerkungen zum dogmatischen Traktat „De Trinitate"* (1960): Die ökonomische Trinität ist die immanente Trinität und umgekehrt	127
175	– *Einzigkeit und Dreifaltigkeit Gottes im Gespräch mit dem Islam* (1977): Radikalisierung des Monotheismus	134

Inhalt

176 — *Die menschliche Sinnfrage vor dem absoluten Geheimnis Gottes* (1977): Die Unbegreiflichkeit Gottes ist die Eigenschaft seiner Eigenschaften ... 137
177 *Karl Rahner* (1904–1984) / *Herbert Vorgrimler* (* 1929), *Gottesbeweis* (1961): Kein Gottesbeweis, sondern transzendentale Grunderfahrung ... 140
178 *Rudolf Bultmann* (1884–1976), *Zur Frage einer „Philosophischen Theologie"* (1962): Von Gottes Existenz und Essenz reden? ... 143
179 *Paul Tillich* (1886–1965), *Systematische Theologie III* (1963): Der trinitarische Symbolismus als Antwort ... 146
180 *Jürgen Moltmann* (* 1926), *Der gekreuzigte Gott* (1972): Trinitätslehre als Kurzfassung der Passionsgeschichte ... 150
181 — *Trinität und Reich Gottes* (1980): Soziale Demokratie als Abbild des dreieinigen Gottes ... 153
182 *Mary Daly, Jenseits von Gottvater Sohn & Co* (1973): Notwendigkeit eines neuen Bedeutungszusammenhanges des Gottesbegriffs ... 157
183 *John B. Cobb* (* 1925), *David R. Griffin, Prozeß-Theologie* (1976): Göttliche Absolutheit und göttliche Relativität ... 162
184 *Eberhard Jüngel* (* 1934), *Gott als Geheimnis der Welt* (1977): Gott unterscheidet sich, indem er sich selbst liebt ... 167
185 *Hans Urs von Balthasar* (1905–1988), *Theodramatik II/2* (1978): Trinitarische Gegenwart im Weltspiel ... 170
186 *Eugen Drewermann* (* 1940), *Religionsgeschichtliche und tiefenpsychologische Bemerkungen zur Trinitätslehre* (1984): Die göttliche Dreiheit als Archetyp ... 174
187 *Ronaldo Muñoz, Der Gott der Christen* (1986): Suche nach dem lebendigen Antlitz Gottes ... 179
188 *Wolfhart Pannenberg* (* 1928), *Systematische Theologie* (1988): Selbstunterscheidung und Zusammenwirken von Vater, Sohn und Geist ... 184

DIALOGTEXTE DER ÖKUMENE ... 191
Vorbemerkung ... 192

189 *Confessio Augustana* (1530): Das Bekenntnis der Reformation ... 192
190 *Die 39 Artikel der Kirche von England* (1562): Anglikanisches Bekenntnis ... 193
191 *Bekenntnis des Patriarchen Dositheos (Synode von Jerusalem 1672)*: Orthodoxes Bekenntnis ... 193
192 *Der Glaube der wiedervereinigten Kirche* (1923): Ein Bekenntnis aller Christen ... 194
193 *Gemeinsames Bekenntnis zum dreieinigen Gott* (1981): Einigung im Blick auf die Quellen ... 196

Auswahlbibliographie (chronologisch geordnet) 201

  I. Gotteslehren 201
 II. Abhandlungen zur Gottesthematik in theologischer
     Fragestellung 201
III. Philosophie der Gottesthematik 203
IV. Übergreifende Abhandlungen zu Einzelaspekten 204

Sachregister 209
Quellenangaben 211
Autorenverzeichnis 215

Abkürzungen

a) Abkürzungen von Textausgaben

BKV Bibliothek der Kirchenväter, hrsg. v. O. Bardenhewer, Th. Schermann (ab Bd. 35: J. Zellinger) und C. Weymann, 83 Bände, Kempten 1911 ff.
CCL Corpus Christianorum seu nova Patrum collectio (series latina), Turnhout, Paris 1953 ff.
DS H. Denzinger, Enchiridion Symbolorum, Definitionum et Declarationum de rebus fidei et morum, von der 32. Aufl. an hrsg. v. A. Schönmetzer, Freiburg i. Br., Barcelona 1963 u. ö.
NR J. Neuner, H. Roos, Der Glaube der Kirche in den Urkunden der Lehrverkündigung, seit der 8. Aufl. neu bearbeitet v. K. Rahner u. K.-H. Weger, Regensburg 1971 u. ö.
PG Patrologia Graeca, hrsg. v. J. P. Migne, 161 Bände, Paris 1857–1866.
PL Patrologia Latina, hrsg. v. J. P. Migne, 217 Bände und 4 Registerbände.

b) Sonstige Abkürzungen von Veröffentlichungen

HDG Handbuch der Dogmengeschichte, begr. v. M. Schmaus, J. R. Geiselmann, A. Grillmeier, hrsg. v. M. Schmaus, A. Grillmeier, L. Scheffczyk u. M. Seybold, Freiburg i. Br. 1951 ff.
HPhG Handbuch Philosophischer Grundbegriffe, hrsg. v. H. Krings u. a., 3 Bände (Studienausgabe 6 Bände), München 1973 ff.
HWPh Historisches Wörterbuch der Philosophie, begr. v. J. Ritter u. a., Basel 1971 ff.
LThK Lexikon für Theologie und Kirche, hrsg. v. J. Höfer u. K. Rahner, 10 Bände, Freiburg i. Br. 1957 ff.
MySal Mysterium Salutis, Grundriß heilsgeschichtlicher Dogmatik, hrsg. v. J. Feiner u. M. Löhrer, Einsiedeln, Zürich 1965 ff.

NHThG Neues Handbuch Theologischer Grundbegriffe, hrsg. v. P. Eicher, München 1984 ff.
ThWNT Theologisches Wörterbuch zum Neuen Testament, hrsg. v. G. Kittel, fortgesetzt v. G. Friedrich, Stuttgart 1933 ff.
TRE Theologische Realenzyklopädie, hrsg. v. G. Krause u. a., Berlin 1974 ff.

Für die biblischen Bücher, die Schriften der Kirchenväter und der scholastischen Theologen sowie für Zeitschriften werden die in der Fachliteratur meist verwendeten Abkürzungen benützt (leichte Divergenzen bei Zitaten).

c) *Allgemeine Abkürzungen*

aaO. am angegebenen Ort
Anm. Anmerkung
dt. deutsch
ed. ediert
engl. englisch
FS Festschrift
griech. griechisch
Hrsg./Hg. Herausgeber
hrsg. herausgegeben
Jh. Jahrhundert
K. Kapitel
lat. lateinisch
Lit. (weiterführende) Literaturangaben
LXX Septuaginta (griechische Übersetzung des Alten Testaments)
n. Nummer
S. Seite
Span. spanisch
V./VV. Vers/Verse
Vg. Vulgata (lateinische Bibelübersetzung)
Z. Zeile

Einleitung

a) Gotteslehre des Mittelalters

Das beginnende Mittelalter ist in seiner Theologie geprägt von einer geradezu ängstlichen Sorge um die treue Bewahrung der Überlieferung. In den Dienst dieser Sorge stellte es die Sammlung und überaus umfangreiche Zitation von Autoritäten. Neben Augustinus sind noch zwei zu nennen, die immer wieder zu Wort kamen. Ohne besonderen Beitrag zur Trinitätslehre, aber bedeutungsvoll für eine immer neue Aktualität der apophatischen oder negativen Theologie ist jener Theologe, der frühestens Ende des 5. Jahrhunderts unter dem Pseudonym *Dionysius Areopagita* wirkte. Vom späteren Neuplatonismus geprägt, dachte er Gott von seiner ewigen Unveränderlichkeit aus als vollkommenes Selbstsein, das in seinem Sein überwesentlich (ὑπερούσιος) und unsagbar ist, der sich aber durch Hervorgehungen (πρόοδοι) oder Energien mitteilt, in denen er ganz gegenwärtig ist. *Boethius* bewahrte nicht nur das Erbe Platons und Augustins, sondern auch dasjenige des Aristoteles. Er entwickelte die berühmte Definition der Person, die mit der Betonung der vernunftbegabten Natur und der individuellen Substanz wie ein Präludium zu Subjektauffassungen der Neuzeit wirkt, aber trinitätstheologisch völlig unbrauchbar ist.

Die geläufige Unterscheidung von Augustinismus und Aristotelismus ist insbesondere für die Gotteslehre des Früh- und Hochmittelalters nur relativ. Überall ist der Einfluß Augustins zu spüren. Der Denkstruktur nach kommt ihm wohl *Anselm von Canterbury* am nächsten. Die augustinische Tradition, aus der *Richard von St. Victor*, die *Summa Halensis* und *Bonaventura* eigens zu nennen sind, sucht sich die Trinität mit geschöpflichen Analogien unterschiedlich zu verdeutlichen, ohne mit dem Personbegriff wirklich zurecht zu kommen. Seit Augustinus und Boethius hat die lateinische Trinitätstheologie mit dem ältesten und älteren Ansatz gebrochen. Dort setzte man streng biblisch-heilsgeschichtlich bei Gott dem Vater an, um von ihm als dem ursprunglosen Ursprung her die Bewegung der innergöttlichen Hervorgänge und deren heilsökonomische Bedeutung wahrzunehmen. Nun geht man von dem einen göttlichen Wesen aus, das allen Dreien gemeinsam ist, und danach werden die formalisierten Hervorgänge und Relationen bedacht, ohne dabei die Heilsökonomie entscheidend zu Wort kommen zu lassen. *Petrus Lombardus* hatte sein einflußreiches Sentenzenwerk mit einer Darlegung des „Mysterium trinitatis et unitatis" begonnen. *Gilbert von Poitiers* läßt dagegen einen Unterschied erkennen, der sich von der Gotteserkenntnis aus ergibt. Seiner Ansicht nach ist es möglich, mit der Vernunft die Einheit Gottes zu erkennen; die Trinität dagegen sei eine reine Glaubenswahrheit und von Gottes Einheit aus nicht ableitbar. Je mehr sich der Einfluß des aristotelischen Denkens verstärkt, umso größer wird das Zutrauen in die Kräfte „natürlicher" Vernunfterkenntnis. *Thomas von Aquin* gibt die augustinische Erleuchtungslehre auf und prägt mit seinem Zugang zur Gotteslehre den Traktat auf eine Weise, die in der Theologie weithin bis heute herrscht: Er beginnt mit dem einen Gott („De Deo uno"), seinem Wesen und seinen – mehr mit rationalen Schlüssen als aus der Offenbarung erkennbaren – Eigenschaften, und geht nach diesem sehr metaphysisch geprägten Lehrstück zu einem stark formalisierten Traktat über den Dreieinen Gott („De Deo trino") über. Die Gotteslehre wird also geteilt in eine „theologia philosophica" mit Schwerpunkten auf der Gotteserkenntnis und dem einen göttlichen Wesen (Sth I q. 1–26) und in eine „sacra doctrina" über das der Vernunft unzugängliche Glaubensmysterium der Trinität, wobei der Anfang nicht heilsökonomisch, sondern mit den innergöttlichen Hervorgängen gemacht wird (q. 27–43).

Johannes Duns Scotus, der noch immer sehr erheblich von Aristoteles geprägt ist, fügt einen neuen Aspekt hinzu, wenn er Gottes Wesen nicht mehr nur als unendlichen Intellekt, sondern auch als unendlichen Willen bezeichnet. In der Prägung dieses Willens und damit der „Bewahrung" der göttlichen Allmacht durch die unendliche Güte Gottes vor bloßer Willkür meldet sich noch einmal das augustinische Erbe zu Wort. Die *Reformatoren* sahen in der Gottes- und Trinitätslehre nicht die hauptsächlichen Kontroverspunkte mit der alten Kirche. Sie hatten eine unterschiedlich starke Abneigung gegen metaphysische Abstraktionen und proklamierten, am stärksten Luther, eine Rückkehr zur einfachen biblischen Sprechweise, ohne sich der hermeneutischen Probleme bewußt zu sein, die die Kirche schon sehr früh zu begrifflichen Anstrengungen genötigt hatten. Die Vertreter der altprotestantischen Orthodoxie kamen daher schon bald auf die vor der Reformation üblichen Fragestellungen und Begrifflichkeiten zurück.[1] Von Thomas an blieb der Bestand der in der Gotteslehre besprochenen Themen identisch, und die Spekulationen, mit denen Gottes Wesen umkreist, Gottes Eigenschaften in Wesenseigenschaften und freie Verhaltensweisen eingeteilt wurden, blieben im Ganzen für die theologische Erkenntnis unerheblich. Die Gotteslehre hatte in einer verhängnisvollen Weise die heilsökonomische Offenbarung der Trinität verdrängt und sich von der Gnadentheologie abgesetzt. Das kirchliche Lehramt hatte die Entwicklung der Gottes- und Trinitätslehre am Anfang mitgeprägt durch energische Abwehr der Modalisten, Patripassianer, Pneumatomachen, des Dualismus und Subordinatianismus. Es hatte in beträchtlichem Ausmaß die theologischen Schlüsselbegriffe übernommen. Aber nach der Hochscholastik gelangen ihm nur noch Wiederholungen.

b) Merkmale der Neuzeit
Die Gotteslehre der dogmatischen Handbücher hielt am Seins- und Wesensdenken der klassischen Metaphysik fest und behielt in der Gottes- und Trinitätslehre den Begriff der „Person" den Dreien in der göttlichen Dreieinigkeit vor, so daß Gottes Personalität – die an sich schon damit gegeben war, daß Gott von der Tradition als „geistige Substanz" bezeichnet wurde – nicht mit jener Begrifflichkeit ausgesprochen wurde, die das neuzeitliche Subjekt- und Subjektivitätsdenken prägte. Die unterschiedlichen Impulse und Infragestellungen, die von außerhalb der Schulbuchtheologie kamen (Spinoza, Descartes, Kant, Fichte, Schelling), wurden von dieser kaum aufgegriffen. Eine Ausnahme bildeten *Hegels* Gottesspekulationen, in denen neu die Frage nach Gottes Geschichte und Veränderlichkeit aufgeworfen wurden. Obwohl das I. Vaticanum Theologen abwies, die sich zu stark, wie man meinte, auf Hegel eingelassen hatten, bewahrten Hegels Gedanken ihre provozierende Kraft bis heute. Auch in der Neuzeit traten in Gottes- und Trinitätslehre einzelne Theologen originell und innovatorisch hervor, wenn vielleicht auch nicht in der Zahl, wie sie in den Epochen großer Neuorientierung, etwa im 4. oder im 12. Jahrhundert, gegeben waren. Bei einigen von ihnen läßt sich mit Sicherheit sagen, daß sie neue Aktualität gewinnen, wie *Schleiermacher* und *Schell* in der Gotteslehre, *Barth* in der Trinitätstheologie. Andere blieben mehr im Rahmen einer gelungenen Vermittlung zu früheren Quellen wie Scheeben, Guardini oder die französischen Vertreter einer theologischen Erneuerung.
Wenn die heutige Theologie insgesamt auch die Probleme der Gotteserkenntnis, der richtigen Rede von Gott und der Theodizee

als bedrängender erfährt als das, was im überlieferten Gottestraktat gesagt wird, so sind doch auch innerhalb der Gottes- und Trinitätslehre Fragen aufgebrochen, die die Lehrstücke in Bewegung bringen. Von ihnen sind abschließend hier wenigstens zu nennen: 1. eine neue Zuwendung zur Trinitätstheologie, die sich um die Klärung des Personbegriffes und die Einflüsse des neuzeitlichen Subjektdenkens auf die Trinitätslehre müht und auch versucht, von den heilsgeschichtlichen Erfahrungen aus eine innertrinitarische Gottesgeschichte zu denken; 2. die Fragen nach einer möglichen Veränderung, nach einem Leiden, ja nach einem Werden Gottes; 3. die Versuche, aufgrund der Identität von immanenter und ökonomischer Trinität die beiden getrennten Teile „De Deo uno" und „De Deo trino" wieder zur Einheit zusammenzuführen, ausgehend von Gott dem Vater, von dessen Wesen alles das ausgesagt wird, was vom Wesen Gottes überhaupt sagbar ist; 4. die Revision der Eigenschaften Gottes unter Hinweis auf ihre zeitbedingten Festlegungen, auf die unsachgemäße Einteilung in Wesens- und Verhaltenseigenschaften; 5. die neue Gestalt einer apophatischen (negativen) Theologie, die in der Unbegreiflichkeit und im absoluten Geheimnis das Höchste sieht, was Menschen überhaupt von Gott aussagen können; 6. die Neuentdeckung des befreienden, Menschen zu ihrer Identität und ihrem Subjektsein bringenden Gottes der biblischen Offenbarungszeugnisse.[2]

[1] Vgl. dazu J. Rohls, Subjekt, Trinität und Persönlichkeit Gottes. Von der Reformation zur Weimarer Klassik, in: NZSTh 30 (1988), 40–71.
[2] Vgl. H. Vorgrimler, Theologische Gotteslehre (Düsseldorf 1985), 148–186.

Hinweis zur Zitationsweise:

Wo ein Text fortlaufend zitiert wird, die Seitenzahlen aber einen Sprung über eine Seite hinweg aufweisen, erklärt sich das daraus, daß in der benutzten Ausgabe der griechische bzw. lateinische Text dem deutschen gegenübergestellt ist.

Theologische und philosophische Texte

Boethius (um 475/480–524 oder 526)

Der weströmische Staatsbeamte Boethius wollte als christlicher Philosoph wesentliche Elemente des platonischen, aristotelischen und neuplatonischen Denkens in den Dienst der Theologie stellen. Seine eigenen philosophischen Fähigkeiten waren eher geringer; sie lassen sogar Widersprüche zu. Sehr geschickt war er im Aufstellen von Definitionen. Da er bis ins 13. Jh. in überaus hohem Ansehen stand, wurden diese immer wieder zitiert und verwendet.

Lit.: I. Craemer-Ruegenberg, Die Substanzmetaphysik des Boethius in den Opuscula Sacra (Köln 1969); M. Elsässer, Das Person-Verständnis des Boethius (Münster 1973); L. Pozzi, Boethius, in: TRE VII (1981), 18–28; M. Lutz-Bachmann, „Natur" und „Person" in den „Opuscula Sacra" des A. M. S. Boethius, in: ThPh 58 (1983), 48–70; ders., Das Verhältnis von Philosophie und Theologie in den „Opuscula Sacra" des A. M. S. Boethius (Diss. Münster 1983); B. E. Daley, Boethius' Theological Tracts and Early Byzantine Scholasticism, in: Mediaeval Studies 44 (1984), 158–191; der u.a. Sammelband, hrsg. von M. Fuhrmann, J. Gruber; A. M. S. Boethius, Die Theologischen Traktate. Übersetzt, eingeleitet und mit Anmerkungen versehen von M. Elsässer (Hamburg 1988).

Opuscula Sacra: Buch über die Person und die zwei Naturen gegen Eutyches und Nestorius (um 520)

112 Begriffsklärung

Lat. u. Engl.: Boethius, The Theological Tractates with an English Translation by H. F. Stewart and E. K. Rand (London–Cambridge/Mass. 1918, reprint 1978), 72–127.
Dt. Teilübersetzung von E. B. Fuhrmann: M. Nédoncelle, Variationen über das Thema „Person" bei Boethius (1955): Boethius, hrsg. v. M. Fuhrmann, J. Gruber (Darmstadt 1984), 187–231, = Wege der Forschung 483.
In seiner Schrift „Contra Eutychen et Nestorium" weist Boethius auf Schwierigkeiten hin, die bei Übersetzungen und Gesprächen zwischen westlicher und östlicher Theologie beständen und in denen er mit seinen Begriffserklärungen behilflich sein wolle. Von seiner berühmten, im ersten Abschnitt zitierten Definition der Person meinte er, sie treffe auf Gott, Engel und Menschen zu.

205 Wenn sich Person nur bei Substanzen findet, und zwar nur bei vernunftbegabten; wenn außerdem alle Substanz eine Natur ist

(d. h. eine spezifische Differenz); wenn schließlich Person nicht in Allgemeinbegriffen, sondern nur in Einzelwesen enthalten ist, dann ist die Definition der Person gefunden: Person ist die individuelle Substanz einer rationalen Natur [persona est naturae rationabilis individua substantia].
(Stewart-Rand S. 84 Z. 1–5)

207 Sehr viel treffender haben die Griechen mit dem Wort Hypostase die individuelle Subsistenz einer rationalen Natur bezeichnet. Wir aber, in Ermangelung von klaren Begriffen, haben eine figürliche Redeweise beibehalten: was jene mit Hypostase bezeichnen, nennen wir Person. Griechenland mit seinem reicheren Vokabular verwendet eben für die individuelle Subsistenz den Ausdruck Hypostase.
(Stewart-Rand S. 86 Z. 23–29)

208 Die Subsistenzen sind in Wahrheit in den allgemeinen Wesenheiten [in universalibus] enthalten; sie nehmen indes in den Einzelwesen Substanz an. Deshalb heißen Subsistenzen, die durch Individuation Substanz erworben haben, zu Recht Hypostasen.

209 Niemand, der sorgfältig und genau hinsieht, wird Substanz und Subsistenz für Synonyme halten. ... Und in der Tat ist subsistent, was keiner Akzidentien bedarf, um existieren zu können, Substanz dagegen ist das, was dem übrigen, d. h. den Akzidentien, eine Grundlage verschafft, durch die sie zu existieren vermögen. ... Deshalb sind Gattungen und Arten lediglich subsistent, denn Akzidentien kommen bei Gattungen und Arten nicht vor. Individuen hingegen subsistieren nicht nur; sie haben außerdem noch den Seinsmodus der Substanz. Auch sie bedürfen keiner Akzidentien, um zu existieren; sie sind bereits mit den für sie je eigentümlichen spezifischen Differenzen versehen. Sie ermöglichen den Akzidentien die Existenz, indem sie ihnen als Subjekt dienen. ... Der Mensch hat ein Wesen (οὐσία), eine Subsistenz (οὐσίωσις), eine ὑπόστασις *(substantia),* ein πρόσωπον *(persona);* eine οὐσία oder *essentia,* weil er ist; eine οὐσίωσις oder *subsistentia,* weil er nicht an einem Subjekt haftet; eine ὑπόστασις oder *substantia,* weil er Grundlage für das übrige ist, das nicht *subsistentia* (οὐσίωσις) ist; πρόσωπον oder Person, weil er ein vernunftbegabtes Individuum ist.
(Stewart-Rand S. 86 Z. 39;ᵃ S. 88 Z. 40 f. 45–48. 49–55)

213 Gott ist οὐσία oder Essenz, denn Gott ist, und er ist vor allem das, von dem alles Sein ausgeht. Er ist οὐσίωσις, d. h. Subsistenz, denn er subsistiert, ohne irgendeiner Sache zu bedürfen; er ist ὑφίστασθαι, denn er ist Substanz. Daher sagen wir auch, daß da

nur eine οὐσία oder οὐσίωσις, d. h. nur eine Essenz oder Subsistenz der Gottheit ist, aber drei ὑποστάσεις, d. h. drei Substanzen. Auf Grund dieser Betrachtungsweise hat man von der Trinität sagen können: eine Essenz, aber drei Substanzen oder Personen.[b] Wenn uns der Sprachgebrauch der Kirche nicht daran hinderte, Gott drei Substanzen zuzuschreiben, dann wäre es offensichtlich legitim, ihn als Substanz zu bezeichnen: nicht als ob er als Subjekt Grundlage der anderen Wirklichkeiten wäre, sondern weil er als das, was alles überragt, auch das Prinzip ist, das alles trägt; denn er ist

214 es, der allem Seienden das οὐσιῶσθαι oder die Fähigkeit des *subsistere* verleiht.
(Stewart-Rand S. 90 Z. 79−101)

[a] Der Sprung in den Seitenzahlen erklärt sich daraus, daß Stewart-Rand auf den ungeraden Seiten die englische Übersetzung bieten.
[b] Wenn Boethius hier sagt „una essentia, tres substantiae", dann greift er auf Augustinus (De Trin. 5,10 und 7,7) zurück, der seinerseits große Zurückhaltung vor dem Begriff „Person" in der Trinitätslehre geübt hatte. Mit dem Folgenden deutet Boethius an, daß er den Begriff Substanz durchaus auf Gott anwenden könnte, obwohl diese Substanz „Gott" ja keine Akzidentien hätte, also im Sinn der Griechen nicht Substanz wäre. Boethius folgt hier begrifflich Marius Victorinus († bald nach 362) nicht, der Aristoteles und Porphyrius ins Lateinische übersetzt hatte und für Boethius sonst ein wichtiger Anreger war; Marius Victorinus hatte Gott eine Substanz mit drei Subsistenzen nennen können.

Boethius

Opuscula Sacra: Ob Vater, Sohn und Geist in substantieller Weise von der Gottheit ausgesagt werden (um 520)

113 Die Grenzen des Substanzbegriffs

Lat. u. Engl.: Boethius, The Theological Tractates with an English Translation by H. F. Stewart and E. K. Rand (London−Cambridge/Mass. 1918, reprint 1978), 32−37.
Dt.: Teilübersetzung von E. B. Fuhrmann: M. Nédoncelle, Variationen über das Thema „Person" bei Boethius (1955): Boethius, hrsg. von M. Fuhrmann, J. Gruber (Darmstadt 1984), = Wege der Forschung 483, 187−321.

Boethius ändert in dieser kleinen Schrift, in der er Augustinus sehr nahe steht, sein Personverständnis, da er Person nicht wie in seiner klassisch gewordenen Definition in „Contra Eutychen" (Text Nr. 112) von der Substanz her, sondern vielmehr von der Relation her (vom *ad aliquid* her) versteht. Wie Augustinus sagt er nicht, die Personen in der göttlichen Trinität seien Relationen, sondern er nennt sie etwas Relatives oder er sagt, sie unterschieden sich durch ihre Relation zueinander.

218 Vater, Sohn und Heiliger Geist werden von der Gottheit nicht in substantieller Weise ausgesagt, sondern anderswie. Wenn es sich nämlich um eine substantielle Aussage handelte, dann würde jeder der drei Begriffe gleichzeitig von jedem der drei und von allen drei zusammen ausgesagt. Es ist aber klar, daß es sich um eine Aussage *ad aliquid* handelt; denn der Vater ist jemandes Vater, der Sohn jemandes Sohn und der Heilige Geist jemandes Geist. Man kann Gott daher nicht einmal die Trinität in substantieller Weise zuschreiben. Der Vater ist nicht die Trinität; denn wer der Vater ist, der ist nicht der Sohn und nicht der Heilige Geist. In gleicher Weise ist der Sohn nicht die Trinität und auch nicht der Heilige Geist. Die Trinität besteht vielmehr in der Vielheit der Personen, die Einheit in der Einfachheit der Substanz.
(Stewart-Rand S. 36, Z. 44−57)

Dionysius Areopagita

Dionysius Areopagita (griechisch Dionysios Areopagites) ist das Pseudonym eines unbekannten mystischen Schriftstellers, der sich selber als das von Paulus bekehrte und zum Paulusschüler gewordene Areopagmitglied Dionysios (Apg 17,34) ausgibt. Wegen dieser Angabe gelangte sein Werk zu höchstem Ansehen, mit starkem Einfluß auf Albert d. Gr., Thomas von Aquin, Meister Eckhart u. a. Der Verfasser ist bei tiefer Verehrung der Hl. Schrift vom Neuplatonismus geprägt und läßt Bezüge zu dem Philosophen Proklos († 485) erkennen, für den die Transzendenz des Einen durch Negationen bestimmt wird.

Lit.: O. Semmelroth, Einfachheit Gottes bei Ps.-Areopagites, in: Schol 25 (1950), 209−234, 289−403; B. Brons, Gott und die Seienden. Untersuchungen zum Verhältnis von neuplatonischer Metaphysik und christlicher Tradition bei Dionysius Areopagita (Göttingen 1976); W. M. Neidl, Thearchia. Die Frage nach dem Sinn von Gott bei Pseudo-Dionysius Areopagita und Thomas von Aquin (Regensburg 1976); G. O'Daly, Dionysius Areopagita, in: TRE VIII (1981), 772−780; M. de Gandillac, Dionysius Areopagita, in: H. Ruhbach, J. Sudbrack (Hrsg.), Große Mystiker (München 1984), 77−92; A. M. Ritter u. a., Dionysius Areopagita, in: Lexikon des Mittelalters, Bd. III/5 (1985), 1079−1087; Pseudo-Dionysius Areopagita, Die Namen Gottes (De divinis nominibus, dt.). Eingeleitet, übersetzt und mit Anm. versehen von B. R. Suchla (Stuttgart 1988).

Über göttliche Namen (spätes 5. oder frühes 6. Jh.)

114 Überwesentlichkeit Gottes

Griech. u. Lat.: De divinis nominibus, PG 3, 585−996.
Dt.: Dionysius Areopagita, Von den Namen zum Unnennbaren, Auswahl und Einleitung von Endre von Ivánka (Einsiedeln ²1981) = Sigillum 7.
Im Text wird diese „negative Theologie" der „Überwesenheit" Gottes, die nicht begreifbar und nicht aussprechbar ist, bis zum Paradox hin

deutlich: „selbst nichts seiend". Gleichzeitig ist Gott als Verursacher des Alls, als das Eine, erkennbar. Am Ende spricht er über den Weg der Vereinigung mit Gott, der nicht durch die Bilderwelt der einfachen Leute und nicht durch die Begriffswelt der Theologen, sondern nur durch Mystik möglich ist.

35 *I. Vom Ziel des Buches, und was uns von göttlichen Namen überliefert ist*

1

Wir gelangen nun, nachdem wir die Anfangsgründe der Theologie dargelegt haben, zur Erläuterung der göttlichen Namen — soweit sie überhaupt für uns möglich ist. Unser Leitsatz dabei sei aber die Vorschrift der heiligen Überlieferungen, daß wir die Wahrheit dessen, was über Gott gesagt wird, nicht mit der Überredungskunst menschlicher Weisheit, sondern mit dem Erweise der Kraft der geisterfüllten Theologen[a] beweisen sollen, die uns, ohne Worte und ohne Gedanken, in einer Einigung, die alle Kraft und alle Betätigung unseres vernünftigen und begrifflichen Denkens übersteigt, mit dem in Worten nicht Aussprechbaren, in Begriffen nicht Denkbaren verbindet. Nichts wage man zu sagen, nichts zu denken über die überwesenhafte, verborgene Gottheit, was von dem abweicht, was uns die göttlich verkündeten heiligen Überlieferungen lehren. Denn das Nichtwissen der Verstand und Geist und Wesen übersteigenden Überwesenheit — das ist ja gerade das überwesenhafte Erkennen, in dem wir so weit in das über uns Liegende empordringen, als sich der Strahl der von Gott ausgehenden heiligen Belehrung in unser Inneres einsenkt, wenn wir, durch gottgefällige Reinheit und Heiligkeit, uns dem oberen Glanze zuformen. Denn wenn wir der alle Weisheit und Wahrheit in sich fassenden Gotteslehre glauben wollen, so offenbart sich das Göttliche jeweils gemäß dem (aufnehmenden) Geiste, und läßt sich schauen (gemäß seinem Vermögen), da ja die urgöttliche Güte in ihrer alles bewahrenden Gerechtigkeit vom Meßbar-Endlichen das Unermeßliche, als ihm Unfaßbares, in göttlicher Weisheit fernhält. Denn wie das Sinnenhafte nicht das Geistig-Denkbare fassen kann, und das Geformte und Gestaltete nicht das Einfache und Gestaltlose, und das Körperhaft-Gebildete nicht das Unkörperlich-Ungreifbare, das Ungestaltet-Formlose — so steht, nach demsel-
36 ben Wahrheitsspruche, die Unbestimmbarkeit der Überwesenhaftigkeit jenseits aller (bestimmten) Wesenheiten, und die übergeistige Einheit jenseits aller Geister, und so ist undenkbar für alles Denken das über dem Denken stehende Eine, und ist unaussprechlich für jederlei Wort das über alle Worte erhabene Gute, die

Einheit, die jedes Eine erst zur Einheit macht, die überwesenhafte Wesenheit, der unausdenkbare Geist, das unaussprechbare Wort, das Unsagbare, Undenkbare, Unnennbare, das nicht so ist wie irgendein Wesen, und doch allen Wesen Grund ihrer Wesenheit ist, selber nichts seiend, weil es jenseits alles Seienden ist, wie es selbst sich wohl am zutreffendsten und am verständlichsten bezeichnen würde.[b]

115 83 *XIII. Vom Vollkommenen und Einen*
1
So viel also über dieses. Nun aber gehen wir, wenn es so gut scheint, mit unserer Rede auf das über, was noch übrig ist, das Hauptsächlichste: Die Theologie sagt dies alles, und alles zusammen, von dem Verursacher des Alls aus, und verherrlicht ihn doch als den Einen. Ein Vollkommenes ist er nicht nur, weil er sein Ziel in sich trägt und durch sich selbst für sich einförmig (im Sein) bestimmt ist, und als Ganzes in Gänze vollkommen, sondern auch, weil er übervollkommen ist, insofern er alles überragt, alle Unendlichkeit (mit seinem Sein) begrenzt, sich über jedes Ende und jede Grenze hinaus erstreckt[c], von

84 nichts gefaßt und begriffen wird, sondern sich auf alles und über alles hinweg erstreckt mit seinen unerschöpflichen Spendungen und unendlichen Wirkungen. Vollkommen wird er auch genannt, weil er keine Zunahme kennt und immer er ist, und weil er keine Minderung kennt, und alles in sich schon vorbesitzt und überströmt in einer einzigen unaufhörlichen, gleichmäßigen, übervollen, unerschöpflichen Seinsschenkung, durch die er alles Vollkommene vollkommen macht und erfüllt (mit etwas von) seiner eigenen Vollkommenheit.

2
Eines aber (wird er genannt), weil er alles auf einsseiende Weise ist, gemäß dem überragenden Sein der einen Einheit, und weil er, nicht heraustretend aus dem Einssein, von allem Ursache ist. Denn nichts von den seienden Dingen ist unteilhaft des Einen, sondern, so wie jede Zahl am „Eins" teilhat, und *eine* Zweiheit, *eine* Zehnheit, *eine* Hälfte genannt wird und *ein* drittes und *ein* zehntes, so hat alles, und jeder Teil von allem, teil am Einen und dadurch, daß es „eins" ist, ist es ein Seiendes. Doch ist das Eine, das Ursache ist von allem, nicht eines unter den vielen, sondern vor allem „einen" und vor aller Vielheit, jedes eine und jede Vielheit bestimmend. Denn auch keine Vielheit ist unteilhaft des Einen, sondern dieses ist ein Vielfältiges durch die Teile, eins durch seine Gänze, jenes

ist ein Vielfältiges durch seine Eigenschaften, eins durch die Einheit der sie tragenden Substanz, ein anderes ist ein Vielfältiges durch die Zahl oder durch seine Kräfte, eins durch seine Form; wieder ein anderes ist vielfältig in den Wesensformen (species), eins durch die Art (genus), ein anderes ist vielfältig durch die Hervorgänge, eins durch den Ursprung. Kein Seiendes gibt es, das nicht irgendwie am Einen teilhätte, an dem Einen, das, gemäß seiner Einigkeit in allem, alles und alles ganz, auch das Gegensätzliche, in sich auf einsseiende Weise vorbesitzt. Ohne das Eine gibt es

85 keine Vielheit, wohl aber ohne Vielheit das Eine, so wie die Eins vor jeder vervielfältigten Zahl; und wenn man annähme, daß alles in jeder (Hinsicht) (in sich) geeint wäre, da wäre alles in Gänze nur Eines.ᵈ

3
Doch auch das muß man wissen, daß alles, was geeint ist, durch die jeweils als ihm zukommend gedachte Form zu einem „einen" wird, und das „eine" so das Elementarste in allem ist. Wenn du das eine aufhebst, gibt es kein Ganzes, keinen Teil, überhaupt kein anderes Seiendes. Denn alles hat das Eine auf einsseiende Weise vorher in sich und umfaßt es in sich. Deshalb preist die Theologie die ganze Urgottheit, als Ursache von allem, mit der Benennung des „Einen": einer ist Gott der Vater, einer unser Herr Jesus Christus, einer und derselbe der Geist, durch die überschwengliche Unteilbarkeit der ganzen göttlichen Einheit, in der alles einig zusammengefaßt und übergeeint ist und überseiend vorbesteht. Deshalb wird auch alles einigend auf sie bezogen und ihr zugesprochen, sie, von der und in der und zu der hin alles besteht, hingeordnet ist, Bestand hat, zusammengehalten wird, erfüllt wird und sich hinwendet, und du findest kein Seiendes, das nicht durch das Eine, womit die ganze Gottheit überwesentlich benannt wird, ist, was es ist, und vervollkommnet und (im Sein) erhalten wird. Und auch wir müssen in der Kraft der göttlichen Einheit von dem Vielen zum Einen uns wendend, auf einsseiende Weise die ganze und eine Gottheit besingen, das Eine, das Ursache von allem ist, vor allem Einen und Vielfältigen seiend, vor dem Teil und dem Ganzen, vor der Bestimmtheit und der Unbestimmtheit, vor allem Ende und aller Unendlichkeit, das alles Seiende und das Sein selbst Umgrenzende, das alles, und alles gänzlich, Verursachende und zugleich vor allem, und über allem, einförmig Seiende, das selbst über dem seienden Einen ist, und das seiende Eine selber begrenzt, weil selbst das seiende Eine den seienden Dingen zu-

86 zuzählen ist, und wiederum die Zahl am Sein teilhat, das überseiende Eine aber sowohl das seiende Eine als auch jede Zahl umgrenzt, und selbst Urgrund und Ursache, Zahl und Ordnung sowohl des Einen als der Zahl wie auch jedes Seienden ist. Deshalb ist auch die über allem (stehende) Gottheit, die sowohl als „eins" wie als „drei" gepriesen wird, weder eine „eins" noch eine „drei" in dem uns oder irgendeinem Wesen bekannten Sinne; sondern, damit wir sowohl die Übergeeintheit in ihr als auch das Göttlich-Zeugende preisen, nennen wir den über allem Namen (Stehenden) mit der dreifaltigen und einheitlichen Gottbenennung, mit (Begriffen des) Seienden den Überseienden bezeichnend. Aber keine Eins und keine Drei, keine Zahl, keine Einheit, keine Zeugungskraft, noch irgend etwas, was vom Seienden ist oder am Seienden miterkannt wird, enthüllt uns die über allem Begriff und über allem Geist stehende Verborgenheit der überseiend über Allem seienden Übergottheit. Kein Name, kein Begriff, der ihr gemäß wäre – so ist sie über alles Sein ins Unzugängliche entrückt. Selbst den Namen der Güte sprechen wir nicht wie etwas, das ihr angemessen wäre, aus, sondern nur aus der Sehnsucht, irgend etwas über jenes unaussprechliche Wesen zu denken und zu sagen, teilen wir ihm den heiligsten Namen (oder = das, was im Sein das Heiligste ist) zu und mögen wohl darin mit den Theologen übereinstimmen, bleiben aber weit hinter der Wahrheit der Sache zurück. Daher ziehen sie selbst auch den Aufstieg zu ihm vor, der durch die Verneinungen geschieht, weil er die Seele dem ihr Seinsverwandten entrückt, und sie hinwandernd durch alle göttlichen Erkenntnisse, über die der allen Namen, allen Begriffen und allem Erkennen Unzugängliche hoch erhaben ist, schließlich ihm gänzlich verbindet, soweit es für uns überhaupt möglich ist, mit ihm verbunden zu werden.

a Vgl. 1 Kor 2,4.
b E. von Ivánka weist (z. St.) darauf hin, daß „Jenseits alles Seienden" und „Selbst nichts seiend" gleichsam Umkehrungen des Gottesnamens Ex 3,14 LXX sind, kennzeichnend für eine „apophatische" Theologie, die Gott geschöpfliche Seinsformen abspricht und sein Sein durch die Negation alles uns bekannten Seins ausspricht.
c Im Griechischen Wortverwandtschaften: τέλος – τέλειον, ἄπειρον – πέρας.
d Nach E. von Ivánka (z. St.) steht die neuplatonische Rückkehr aller Wesen in die Ur-Einheit Gottes im Hintergrund.

Johannes von Damaskus (um 650–um 750)

Johannes von Damaskus, Gelehrter und Dichter aus arabisch-christlicher Familie, lebte als Mönch im Kloster Mar Saba bei Jerusalem. Die „Genaue Darlegung des orthodoxen Glaubens" stellt den dritten Teil seines dogmatischen Hauptwerkes „Quelle der Erkenntnis" dar. Johannes versteht sich als Hüter der Tradition, als treuer Zeuge der Schrift und Väter. Er will ausdrücklich nichts Eigenes sagen, erweist sich aber als hervorragender Systematiker. Die Berechtigung der Philosophie ist ihm Überzeugungssache. Die Kap. 1–14 des I. Buches sprechen von Gott. Vielfältige Bezugnahmen, u. a. auf Gregor von Nazianz und Dionysius Areopagita, sind erkennbar.

Lit.: B. Kotter (Hrsg.), Die Schriften des Johannes von Damaskus, II. Expositio fidei (Berlin 1973); Ders., Johannes von Damaskus, in: TRE XVII (1988), 127–132.

Genaue Darlegung des orthodoxen Glaubens

116 Von der heiligen Dreieinigkeit

Resümee der östlichen Trinitätstheologie

Griech.: PG 94, 789–1228.
Dt.: BKV 44.

Der Text aus Kap. 8 zeigt, in welcher Weise die Weseneigenschaften des einen Gottes, des einen Urgrundes, „aufgelistet" wurden. Er stellt in bemerkenswerter Weise dar, wie das eine Prinzip von allem der Vater, der Schöpfer, der Vater Jesu, auch einfachhin „der Gott" ist. Betont und folgenreich werden die Unveränderlichkeit und Einfachheit Gottes dargelegt. Zeugung des Sohnes und Hervorgang des Hl. Geistes (nur vom Vater!) werden deutlich unterschieden. Auch das Ineinandersein der Hypostasen (Perichorese) wird erwähnt.

13 I. Buch, Kap. 8:
Wir glauben also an *einen* Gott, *einen* Urgrund, der anfangslos, ungeschaffen, ungezeugt, unvergänglich und unsterblich, ewig, unendlich, unumschränkt, unbegrenzt, unendlich mächtig, einfach, nicht zusammengesetzt, unkörperlich, leidenschaftslos, unwandelbar, unveränderlich, unsichtbar, Quelle der Güte und Gerechtigkeit, geistiges Licht, unzugänglich ist. [Wir glauben] an eine Macht, die durch kein Maß erkannt, die nur durch den eigenen Willen gemessen wird. Denn sie kann alles, was sie will.[a] Sie erschafft alle sichtbaren und unsichtbaren Dinge, erhält und bewahrt alles, sorgt für alles, behauptet und beherrscht und regiert alles in unendlicher, unvergänglicher Herrschaft, hat keinen Gegensatz, sie erfüllt alles, ist von nichts umschlossen, umschließt vielmehr selbst alles, hält es zusammen und überragt es, durchdringt alle Wesenheiten,

14 ohne befleckt zu werden, steht über allem, ist über jede Wesenheit erhaben, darum überwesentlich, allüberragend, übergöttlich, über-

gut, übervollkommen. Sie setzt alle Anfänge und Ordnungen fest, ist über jeden Anfang und jede Ordnung erhaben, steht über Wesenheit und Leben und Wort und Gedanken. Sie ist Selbst-Licht, Selbst-Güte, Selbst-Leben, Selbst-Wesen. Denn sie hat weder das Sein noch sonst etwas von einem andern, sie ist vielmehr selbst Quelle des Seins fürs Seiende, des Lebens fürs Lebende, der Vernunft fürs Vernünftige, und für alle Ursache aller Güter. Sie weiß alles, ehe es geschieht. [Wir glauben] an *eine* Wesenheit, *eine* Gottheit, *eine* Kraft, *einen* Willen, *eine* Wirksamkeit, *ein* Prinzip, *eine* Macht, *eine* Herrschaft, *eine* Regierung. Sie wird in drei vollkommenen Hypostasen (Personen) erkannt, genießt aber nur *eine* Anbetung, sie wird geglaubt und verehrt von jedem vernünftigen Geschöpfe. Sie (= die Hypostasen) sind ohne Vermischung vereint und ohne Trennung unterschieden, was geradezu unglaublich scheint. [Wir glauben] an den Vater, Sohn und Hl. Geist, auf die wir auch getauft sind. Denn so hat der Herr seinen Aposteln zu taufen befohlen, da er sprach: „Taufet sie auf den Namen des Vaters und des Sohnes und des Hl. Geistes."[b]

117 [Wir glauben] an *einen* Vater, das Prinzip und die Ursache von allem. Er ist aus niemand gezeugt, er ist allein ohne jedes Prinzip und ungezeugt. Er ist Schöpfer aller Dinge.[c] Kraft der Natur ist er Vater seines einen, alleinigen, eingeborenen Sohnes, unseres Herrn und Gottes und Heilandes Jesus Christus, und Hervorbringer des allheiligen Geistes. Und [wir glauben] „an *einen* Sohn Gottes, den Eingeborenen", unseren Herrn Jesus Christus, „der aus dem Vater gezeugt ist vor aller Zeit, Licht vom Licht, wahrer Gott vom wahren Gott, gezeugt, nicht geschaffen, gleichen Wesens mit dem Vater, durch den alles erschaffen ist".[d] Mit den Worten „vor aller Zeit" zeigen wir an, daß seine Zeugung zeit- und anfangslos ist. Denn der Sohn Gottes ward nicht aus dem Nichtsein ins Sein hervorgebracht, er, „der Abglanz der Herrlichkeit, der Abdruck des Wesens des Vaters"[e], die lebendige „Weisheit und Kraft"[f], das Wort, das in sich selbst besteht, das wesenhafte, vollkommene und lebendige „Abbild des unsichtbaren Gottes"[g], nein, immer war er mit dem Vater und in ihm, ewig und anfangslos aus ihm gezeugt. Denn es gab nie eine Zeit, da der Vater war, als der Sohn nicht war, sondern mit dem Vater war zu gleicher Zeit der Sohn, der aus ihm gezeugt ist. Denn ohne Sohn könnte er (Gott) nicht Vater heißen.[h] War er einmal ohne Sohn, dann war er nicht Vater. Und hat er später einen Sohn bekommen, so ist er später Vater geworden, während er vorher nicht Vater gewesen, und er hat sich geändert, aus dem Nicht-Vatersein ist er zum Vatersein gekommen. Allein das wäre schlimmer als jede Lästerung. Denn man kann nicht sagen, Gott entbehre der natürlichen Fruchtbarkeit. Die Fruchtbarkeit besteht nämlich darin, daß er aus ihm, d. h. aus seinem eigenen Wesen, etwas erzeugt, das ihm der Natur nach gleich ist.

Was also die Zeugung des Sohnes betrifft, so ist es gottlos, wenn man von einer Zwischenzeit spricht und den Sohn nach dem Vater geschaffen sein läßt. Denn aus ihm, d. h. aus der Natur des Vaters, so sagen wir, erfolgte die Zeugung des Sohnes. Geben wir nicht zu, daß von Anfang an mit dem Vater zugleich der aus ihm
16 gezeugte Sohn existiere, dann tragen wir eine Veränderung in die Hypostase (Person) des Vaters hinein. Denn dann ist sie später Vater geworden, während sie es [zuerst] nicht war. Die Schöpfung ist ja allerdings später entstanden, allein nicht aus der Wesenheit des Vaters, sie ward vielmehr durch seine Kraft und seinen Willen aus dem Nichtsein ins Sein hervorgebracht. Darum hat die Natur Gottes keine Änderung erfahren. Zeugung ist nämlich der Hervorgang aus der Wesenheit des Zeugenden, so daß das Erzeugte [ihm] wesensgleich ist. Schöpfung aber und Erschaffung ist das Werden von außen her und nicht [das Werden] aus der Wesenheit des Erschaffenden und Bildenden, so daß das Geschaffene und Gebildete [ihm] vollständig ungleich ist.

Bei dem allein leidenschaftslosen, unwandelbaren, unveränderlichen, sich immer gleich bleibenden Gott also geschieht das Zeugen wie das Schaffen ohne Leidenschaft. Denn da er von Natur leidenschaftslos und ohne Fluß ist, weil einfach und nicht zusammengesetzt, kann er weder beim Zeugen noch beim Schaffen einer Leidenschaft oder einem Fluß unterworfen sein, auch bedarf er keiner Mitwirkung. Im Gegenteil. Denn die Zeugung ist anfangslos und ewig, weil sie ein Werk der Natur ist und aus seiner (=Gottes) Wesenheit hervorgeht, so daß der Zeugende keine Veränderung erleidet, und es nicht einen früheren Gott und einen späteren Gott gibt, und er einen Zuwachs bekommt. Die Schöpfung bei Gott aber ist, weil sie ein Werk seines Willens ist, nicht gleichewig wie Gott. Denn das, was aus dem Nichtsein ins Sein hervorgebracht wird, kann nicht gleichewig sein mit dem, was ohne Anfang und immer ist.

118 18 (...) Wohl geht auch der Hl. Geist vom Vater aus, aber nicht zeugungsweise, sondern ausgangsweise. Das ist eine andere Existenzweise, unbegreifbar und unerkennbar, wie auch die Zeugung

des Sohnes. Darum ist auch alles, was der Vater hat, sein, ausgenommen die Ungezeugtheit. Diese bezeichnet jedoch keinen Unterschied im
19 Wesen noch eine Würde[i], sondern eine Existenzweise. Ein Beispiel: Adam ist ungezeugt, denn er ist ein Gebilde Gottes. Seth ist gezeugt, denn er ist ein Sohn Adams. Eva ist aus einer Rippe Adams hervorgegangen, also ist diese nicht gezeugt. Sie unterscheiden sich nicht durch die Natur voneinander – sie sind ja Menschen –, sondern durch die Existenzweise.

Man muß nämlich wissen, daß ἀγένητον (mit *einem* ν geschrieben) das Ungeschaffene oder Nicht-Gewordene bezeichnet, ἀγέννητον aber (mit zwei ν geschrieben) das Nicht-Gezeugte bedeutet. Nach der ersten Bezeichnung nun unterscheidet sich Wesenheit von Wesenheit, denn eine andere ist die ungeschaffene und ungewordene (ἀγένητος mit einem ν) und eine andere die gewordene oder geschaffene. Nach der zweiten Bezeichnung aber unterscheidet sich nicht Wesen vom Wesen. Denn in jeder Art (Spezies) lebender Wesen ist die erste Hypostase ungezeugt, aber nicht ungeworden. Sie wurden ja vom Schöpfer gebildet und durch sein Wort ins Dasein gesetzt. Aber gezeugt wurden sie wahrlich nicht, da ein anderes von gleicher Art, woraus sie erzeugt wären, vorher nicht existierte.

Nach der ersten Bezeichnung also kommen die drei übergöttlichen Personen der heiligen Gottheit [gegenseitig] überein, denn sie sind wesensgleich und ungeschaffen. Nach der zweiten Bezeichnung aber durchaus nicht. Denn nur der Vater ist ungezeugt, er hat das Sein von keiner anderen Person. Nur der Sohn ist gezeugt, denn er ist anfangslos und zeitlos aus dem Wesen des Vaters gezeugt. Nur der Hl. Geist geht vom Wesen des Vaters aus, denn er wird nicht gezeugt, sondern geht
20 aus. So lehrt es die Hl. Schrift. Freilich die Art der Zeugung und des Ausgangs ist unbegreifbar.
22 (...) Denn der Vater ist ohne Prinzip und ungezeugt, er ist aus keinem, er hat das Sein aus sich, und von allem, was er besitzt, hat er nichts von einem andern. Er ist vielmehr selbst für alles natürliches Prinzip und Ursache des Wieseins. Der Sohn aber ist aus dem Vater nach Art der Zeugung. Aber auch der Hl. Geist selbst ist aus dem Vater, jedoch nicht zeugungsweise, sondern ausgangsweise. Daß ein Unterschied zwischen Zeugung und Ausgang besteht, wissen wir. Welcher Art aber der Unterschied ist, [wissen] wir durchaus nicht. Die Zeugung des Sohnes aus dem Vater und der Ausgang des Hl. Geistes sind jedoch zugleich.

Alles also, was der Sohn besitzt, hat auch der Geist vom Vater, ja selbst das Sein. Wenn der Vater nicht ist, dann ist auch nicht der Sohn und nicht der Geist. Und wenn der Vater etwas nicht hat, dann hat es auch der Sohn und der Geist nicht. Wegen des Vaters, d. h. weil der Vater ist, ist der Sohn und der Geist. Und wegen des Vaters hat der Sohn und der Geist alles, was er hat, d. h. weil der Vater es hat, ausgenommen das Ungezeugtsein, das Gezeugtsein und Ausgehen. Denn nur in diesen persönlichen Eigentümlichkeiten unterscheiden sich die heiligen drei Personen voneinander. Nicht durch die Wesenheit, sondern durch das Merkmal der eigenen Hypostase sind sie ohne Trennung unterschieden.

Wir sagen, jeder von den dreien hat eine vollkommene Hypostase, damit wir nicht eine aus drei unvollkommenen [Hypostasen] zusammengesetzte vollkommene Natur annehmen, sondern eine in drei vollkommenen Hypostasen bestehende einzige, einfache, übervollkommene, übervollendete Wesenheit. Denn alles, was aus Unvollkommenem besteht, ist sicherlich zusammengesetzt. Eine Zusammensetzung aus vollkommenen Hypostasen aber ist ausgeschlossen. Darum sagen wir auch nicht, das Wesen bestehe *aus* Hypostasen, sondern *in* Hypostasen. Wir sprachen von Unvollkommenem, das das Wesen der Sache, die man aus ihm macht, nicht behält. Stein, Holz, Eisen: ein jedes ist für sich in seiner eigenen Natur vollkommen. In Rücksicht auf das Haus aber, das man aus ihnen herstellt, ist ein jedes unvollkommen. Denn keines von ihnen ist für sich ein Haus.

Vollkommen also nennen wir die Hypostasen, um nicht an eine Zusammensetzung bei der göttlichen Natur zu denken. Denn Zusammensetzung ist der Grund der Trennung. Ferner sagen wir, die drei Hypostasen sind ineinander, um nicht eine Menge und Schar von Göttern einzuführen. Die drei Hypostasen schließen für unser Erkennen eine Zusammensetzung und Vermischung aus, die Wesensgleichheit aber und das Ineinandersein der Hypostasen und die Identität des Willens, der Wirksamkeit, der Kraft, der Macht und der Tätigkeit lassen uns sozusagen die Untrennbarkeit und Einheit Gottes erkennen. Denn nur *einer* ist in Wahrheit Gott, der Gott und das Wort und sein Geist.

[a] Ps 135,6.
[b] Mt 28,19.
[c] Vgl. Sir 24,12; 2 Makk 1,24.
[d] Zitat aus dem Nicaeno-Konstantinopolitanischen Glaubensbekenntnis.
[e] Hebr 1,3; vgl. Weish 7,26.
[f] 1 Kor 1,24.

g Kol 1,15.
h Im Anschluß an Gregor von Nazianz (Or. 29,16) sagt Johannes von Damaskus, „Vater" bezeichne eine Beziehung. Das ist gegen Eunomius und seine arianischen Anhänger gerichtet, die unter „Vater" entweder das Wesen oder ein Wirken meinten. Ist „Vater" das Wesen, dann ist der Sohn wesensverschieden. Ist „Vater" das Wirken, dann ist der Sohn etwas Geschaffenes.
i Für Eunomius besteht das Wesen Gottes im Ungezeugtsein, daher die völlige Unähnlichkeit des Sohnes.

Anselm von Canterbury (1033/1034 – 1109)

Monologion (1076)

119 Zweifel an der Verwendbarkeit des Person- und Substanzbegriffs

Lateinisch-deutsche Ausgabe von F. S. Schmitt (Stuttgart–Bad Cannstatt 1964).

Lit.: H. U. von Balthasar, Herrlichkeit II (Einsiedeln 1962), 219–263; G. R. Evans, Anselm and talking about God (Oxford 1978); L. Hödl, Anselm von Canterbury, in: TRE II (1978), 759–778; H. Verweyen, Nach Gott fragen. Anselms Gottesbegriff als Anleitung (Essen 1978); R. Heinzmann, Anselm von Canterbury (1033/1034–1109), in: H. Fries, G. Kretschmar (Hrsg.), Klassiker der Theologie, Bd. 1 (München 1981), 165–180; K. Kienzler, Glauben und Denken bei Anselm von Canterbury (Freiburg 1981); R. Foreville, Les mutations socio-culturelles au tournant des XIe–XIIe siècles. Etudes anselmiennes (Paris 1984); P. Gilbert, Dire l'Ineffable. Lecture du „Monologion" de S. Anselme (Paris 1984); Anselme de Cantorbéry, Monologion. Proslogion. Introduction, traduction et notes par M. Corbin (Paris 1986). Siehe auch die Literatur zum nächstfolgenden Text.

Anselm, Benediktiner im normannischen Bec, dort auch Abt, später Erzbischof von Canterbury, will in seinem ersten systematischen Werk „Monologion" (Selbstgespräch; ursprünglicher Titel: „Exemplum meditandi de ratione fidei") nachweisen, daß Gottes Dreieinigkeit mit der Vernunft als denknotwendig aufgewiesen werden kann, weil sich in der Struktur des menschlichen Erkennens triadische Hinweise finden (Erkennen, dessen Ausdruck im Wort, dessen Vollendung in der Liebe). Im Gefolge des Augustinus empfindet er seinen Aufweis als schlüssig, weil er neuplatonisch vom Vielen notwendig zu einem Einen gelangt, zu einem Guten, durch welches alles andere Gute gut ist (durch Teilhabe), zu einer Wahrheit usw.; dieses Verhältnis des Vielen zum Einen denkt er auch als qualitative Stufung hin zu einem schlechthin Höchsten (Gut, Wahren usw.). Gerade infolge dieses Einheitsdenkens formuliert er die hier zitierten Bedenken.

213 *79. Kapitel:*
Siehe, es leuchtet ein, daß es jedem Menschen frommt, an eine unaussprechliche dreifache Einheit und *eine* Dreiheit zu glauben.

Und zwar „eine" und „Einheit" wegen der *einen* Wesenheit, „dreifach" aber und „Dreiheit" wegen der drei — ich weiß nicht was. Denn obgleich ich von Dreiheit sprechen kann wegen des Vaters und des Sohnes und des Geistes beider, die drei sind, so kann ich dennoch nicht mit *einem* Namen aussprechen, weswegen drei, wie wenn ich sagen würde: wegen der drei Personen, wie ich von der Einheit sprechen würde: wegen der *einen* Substanz. Denn man darf sie nicht für drei Personen halten, weil mehrere Personen alle so gesondert voneinander bestehen, daß es notwendig so viele Substanzen gibt, als Personen sind; was man bei mehreren Menschen erkennt, die so viele für sich bestehende Substanzen (sind), als Personen sind. Wie es daher in der höchsten Wesenheit nicht mehrere Substanzen gibt, so auch nicht mehrere Personen.

Wenn deshalb jemand mit einem anderen darüber sprechen wollte: was „drei" wird er den Vater und den Sohn und beider Geist nennen, wenn er nicht etwa, durch das Fehlen eines eigentlich zukommenden Namens gezwungen, einen aus jenen Namen wählt, die in der höchsten Wesenheit in der Mehrzahl nicht gesagt werden können, um das zu bezeichnen, was mit einem passenden Namen nicht gesagt werden kann; wie wenn er etwa sagt, jene wunderbare Dreiheit sei *eine* Substanz oder Natur und drei Personen oder Substanzen? Denn diese beiden Namen werden geeigneter gewählt, um die Mehrzahl in der höchsten Wesenheit zu bezeichnen, weil „Person" nur von der für sich bestehenden vernünftigen Natur und „Substanz" in erster Linie von den Individuen, die zumeist in einer Mehrzahl bestehen, ausgesagt wird. Die Individuen unterstehen nämlich, das heißt unterliegen zumeist den Akzidenzien und erhalten deshalb im eigentlichen Sinne den Namen „Substanz". Daher ist es schon oben *(s. K. 26)* offenbar (geworden), daß die höchste Wesenheit, die keinen Akzidenzien unterliegt, nicht im eigentlichen Sinne „Substanz" genannt werden kann, es sei

denn, Substanz werde für Wesenheit gesetzt. Es kann also aus diesem notwendigen Grunde jene höchste und *eine* Dreiheit oder dreifache Einheit ohne Tadel als *eine* Wesenheit und drei Personen oder drei Substanzen bezeichnet werden.

Anselm von Canterbury
Proslogion (etwa 1077/1078)

**120 Fides quaerens intellectum –
Der Glaube, der nach Verstehen sucht**

Lateinisch-deutsche Ausgabe von F. S. Schmitt (Stuttgart–Bad Cannstatt 1962), (²1984).

Lit.: K. Barth, Fides quaerens intellectum. Anselms Beweis der Existenz Gottes im Zusammenhang seines theologischen Programms (Zollikon 1931, ²1958); I. U. Dalferth, Fides quaerens intellectum. Theologie als Kunst der Argumentation in Anselms Proslogion, in: ZKTh 81 (1984), 54–105; J. Rohls, Theologie und Metaphysik. Der ontologische Gottesbeweis und seine Kritiker (Gütersloh 1987). Siehe dazu die Literatur beim vorhergehenden Text.

Anselm steht am Ende einer theologischen Epoche, die vor allem um Weitergabe der Kirchenvätertheologie bemüht war, und am Anfang des kreativen Aufbruchs der Scholastik. Der Text zeigt schon in seiner Form als Gebet, daß es Anselm nicht um einen rationalen „Beweis" der Existenz Gottes ging. Der Glaube bleibt Voraussetzung und Gabe Gottes, aber er ist ohne Denken und Verstehen nicht wirklich persönlicher Vollzug und nicht kommunikationsfähig. Erst in der Einheit von Glauben und Verstehen, im intellectus fidei, kann der Glaube vor sich selber und vor anderen verantwortet werden. Der ganze Explikationsvorgang ist die Leistung des Anselm, der hier verwendete Gottes-„Begriff" dagegen kommt schon bei Seneca und vielfältig bei Augustinus – „quo nihil superius (melius, sublimius) esse constiterit" – wie auch bei Boethius vor. Dieses Sosein Gottes aufzuzeigen, nicht ein Beweis des Daseins Gottes in einem illegitimen Schluß vom Denken auf das Sein, ist das Ziel Anselms: „So wirklich also bist du, Herr, mein Gott, daß du als nichtexistierend auch nicht gedacht werden kannst" (87).

85a *2. Kapitel:*
Daß in Wahrheit Gott existiert
Also, Herr, der Du dem Glauben Verstehen gibst [qui das fidei intellectum], verleihe mir, daß ich, soweit Du es nützlich weißt, verstehe [intelligam],
daß Du bist, wie wir glauben [quia es sicut credimus], und *das* bist, was wir glauben [et hoc es quod credimus].
Und zwar glauben wir, daß Du etwas bist, über dem nichts Größeres gedacht werden kann [Et quidem credimus te esse aliquid quo nihil maius cogitari possit].
Gibt es also ein solches Wesen nicht, weil „der Tor in seinem Herzen gesprochen hat: es ist kein Gott" [Ps 14,1]? Aber sicherlich, wenn dieser Tor eben das hört, was ich sage: „etwas, über dem nichts Größeres gedacht werden kann", versteht er, was er hört;

und was er versteht, ist in seinem Verstande, auch wenn er nicht versteht, daß dies existiert.
Denn ein anderes ist es, daß ein Ding im Verstande ist, ein anderes, verstehen, daß das Ding existiert. Denn wenn ein Maler vorausdenkt, was er schaffen wird, hat er zwar im Verstande, erkennt aber noch nicht, daß existiert, was er noch nicht geschaffen hat. Wenn er aber schon geschaffen hat, hat er sowohl im Verstande, als er auch versteht, daß existiert, was er bereits geschaffen hat. So wird also auch der Tor überführt, daß wenigstens im Verstande etwas ist, über dem nichts Größeres gedacht werden kann, weil er das versteht, wenn er es hört, und was immer verstanden wird, ist im Verstande.
Und sicherlich kann „das, über dem Größeres nicht gedacht werden kann", nicht im Verstande allein sein. Denn wenn es wenigstens im Verstande allein ist, kann gedacht werden, daß es auch in Wirklichkeit existiere — was größer ist. Wenn also „das, über dem Größeres nicht ge-

87 dacht werden kann", im Verstande allein ist, so ist eben „das, über dem Größeres nicht gedacht werden kann", über dem Größeres gedacht werden kann. Das aber kann gewiß nicht sein. Es existiert also ohne Zweifel „etwas, über dem Größeres nicht gedacht werden kann", sowohl im Verstande als auch in Wirklichkeit [Existit ergo procul dubio aliquid quo maius cogitari non valet, et in intellectu et in re].

ᵃ Abweichend von der Übersetzung von Schmitt wird hier „intellectus" und „intelligere" einheitlich mit „Verstand", bzw. „verstehen" wiedergegeben.

Hildegard von Bingen (1098—1179)
Wisse die Wege (1141—1151)

121 Schau Gottes im Wort

Wisse die Wege (Scivias), nach dem Originaltext des illuminierten Rupertsberger Kodex ins Deutsche übertragen und bearbeitet von Maura Böckeler (Salzburg ⁷1981).

Lit.: A. Führkötter, J. Sudbrack, Hildegard von Bingen, in: G. Ruhbach, J. Sudbrack (Hrsg.), Große Mystiker (München 1984), 122—141; U. Kern, Hildegard von Bingen, in: TRE XV (1986), 322—326; M. Schmidt, Hildegards Lichtschau als Einheit von „Rationalitas" und Mystik, in: Forum Kath. Theologie 2 (1986), 24—42; B. J. Hilberath, Das Athanasianische Glaubensbekenntnis in der Auslegung Hildegards von Bingen. Bemerkungen zur Trinitätslehre, in: ThPh 63 (1988), 321—341.

Scivias, das erste große Visionenbuch der bedeutenden mittelalterlichen Schriftstellerin und frühscholastischen Theologin, enthält zwei Gleichnisse für die göttliche Dreieinigkeit, von denen das erste hier wiedergegeben wird (das zweite bedient sich des Bildes der Flamme). Hildegard lebte in der Welt der Kirchenväter, entwickelte die Symbolik aber eigenständig weiter. Auffallend am Text der Visionärin ist, wie stark die Einheit betont wird und wie geringfügig und „unselbständig" die Differenzierungen sind. Eine analoge trinitarische Symbolik vermittelt sie mit dem Bild des Feuers, das für sie Gott am zutreffendsten darstellt.

158 Auch im Worte kann man drei Dinge unterscheiden, in denen die Dreiheit in der Einen Gottheit schaubar wird. Inwiefern?
Im Worte sind Schall, Prägung und Hauch.
Der Schall bewirkt, daß das Wort gehört wird,
die Prägung, daß es verstanden wird,
der Hauch trägt es seinem Ziele zu.
Im Schalle erkenne den Vater,
der mit unsagbarer Macht alles weithin offenbart,
in der Prägung den Sohn,
der wundersam aus dem Vater gezeugt ist,
im Hauche den Heiligen Geist,
der milde in Ihnen brennt.

159 Wo aber kein Schall gehört wird,
da kommt keine Prägung zustande,
noch kann der Hauch seine Schwingen erheben,
es wird also auch kein Wort verstanden.
So sind der Vater, der Sohn und der Heilige Geist nicht voneinander getrennt, einmütig wirken Sie Ihr Werk. Wie also die drei Dinge in dem einen Worte sind, so ist die hocherhabene Dreifaltigkeit in der hocherhabenen Einheit.

Hildegard von Bingen
Brief an den Magister Odo von Paris (um 1148)

122 Was in Gott ist, ist Gott

Lat.: PL 197, 351–352.
Dt. in: Hildegard von Bingen, Briefwechsel, nach den ältesten Handschriften übersetzt und nach den Quellen erläutert von A. Führkötter (Salzburg 1965), 44–45.

Eine Anfrage des Magisters Odo an Hildegard betraf die theologischen Unruhen, die durch Äußerungen Gilberts von Poitiers († 1154) entstanden waren. Bernhard von Clairvaux behauptete, Gilbert habe einen realen Unterschied zwischen Gott (Deus) einerseits und der Gottheit (divinitas) anderseits, zwischen den göttlichen Personen (z. B. Pater) einerseits und ihren Eigentümlichkeiten (z. B. paternitas) anderseits gelehrt. Es gelang den Gegnern Gilberts nicht, ihn kirchlich verurteilen zu lassen; die Schule Gilberts (Porretaner) hielt sich nicht über das 13. Jh. hinaus.

44 Und ich sage dir: Von einem gewissen Manne, der vor Gelehrsamkeit überströmt und mich befragte, hörte ich, daß die Vaterschaft des höchsten Gottes und die Gottheit nicht Gott sei. Und er bat mich winziges Wesen, ich möchte hierüber mit besonderer Aufmerksamkeit zum wahren Licht aufblicken. Und ich schaute. Und erfuhr – schauend in das wahre Licht, nicht durch mich und nicht in mir selber forschend –: daß die Vaterschaft und die Gottheit Gott ist. Denn der Mensch hat nicht die Macht, von Gott zu sprechen wie von der menschlichen Natur des Menschen und wie von der Farbe eines von Menschenhand geschaffenen Werkes.

Das Lebendige Licht also spricht im geheimen Wort der Weisheit: Gott ist ganz und unversehrt und ohne zeitlichen Anfang. Darum kann Er nicht – wie der Mensch – durch Reden aufgeteilt werden. Denn Gott ist – wie kein anderer – ein Ganzes. Nichts kann von Ihm abgezogen und nichts zu Ihm hinzugefügt werden. Denn auch Seine Vaterschaft und Seine Gottheit ist Er, der da *ist*[a], wie gesagt ist: *„Ich bin, der ich bin"*.[b] Und der da *ist*[a], besitzt die Fülle. Inwiefern? Im Wirken, Hervorbringen, Vollenden.

45 Wer immer also sagt, die Vaterschaft und die Gottheit seien nicht Gott, der nennt einen Mittelpunkt ohne Kreis. Und wer einen Mittelpunkt haben will ohne Kreis, verneint den, der ewig *ist*. Wer immer also verneint, daß die Vaterschaft und die Gottheit Gott ist, verneint Gott, da er behauptet, in Gott sei eine Art Leere, was nicht ist. Denn Gott ist die Fülle, und was in Gott ist, ist Gott. Gott kann nicht durchsucht und durchsiebt werden nach Menschenart, weil in Gott nichts ist, was nicht Gott ist. Das Geschöpf aber hat einen Anfang. Daher sucht die menschliche Vernunft Gott in Begriffen zu erfassen, wie sie selbst, entsprechend ihrer Eigenart, von Begriffen voll ist.

Nun, o Mensch, höre nochmals das armselige Gebilde, das dir im Geiste sagt: Gott will, daß du gerade Wege gehst, daß du Ihm unterworfen und ein lebendiger Stein am Eckstein bist. Und du wirst aus dem Buche des Lebens nicht getilgt werden.[c]

[a] Ex 3,14; Apk 4,8.
[b] Ex 3,14.
[c] Vgl. Apk 3,5.

Petrus Lombardus (um 1095–1160)

Petrus lehrte Theologie in Paris, wahrscheinlich an der Domschule. Sein Hauptwerk, die aus seinen Vorlesungen erwachsenen vier Bücher „Sentenzen", beginnt im I. Buch mit der Trinitätstheologie, es geht dann zu den wesentlichen Eigenschaften Gottes über und wendet sich im II. Buch der Schöpfung zu (III. Menschwerdung und Gnade; IV. Sakramente und Eschatologie). Das Werk, das kaum Anspruch auf Originalität erheben will, reiht didaktisch geschickt viele Zitate aus der Schrift, den Kirchenvätern − mehr als 90 Prozent Augustinus − und aus frühscholastischen Theologen aneinander. Das Bekenntnis des IV. Laterankonzils 1215 zu Petrus (Text Nr. 71) verhalf ihm mit zu hoher Autorität. Das Sentenzenwerk wurde das meistkommentierte und -benutzte dogmatische Lehrbuch bis ins 16. Jh.

Sentenzen (1142−1158)

123 Höchste Wirklichkeit

Lat.: Petri Lombardi Libri IV Sententiarum, ed. PP. collegii S. Bonaventurae, Tom. I (lib. I u. II), (Ad claras Aquas ²1916).
Dt.: Andrea Tafferner.

Lit.: I. Brady, A. Emmen, Petrus Lombardus, in: LThK VIII (1963), 367−369; F. Courth, Trinität. In der Scholastik (Freiburg 1985), 80−92 (Lit.).

Lib. I, dist. V, cap. 1:

Ob das göttliche Wesen den Sohn gezeugt hat, oder ob es vom Vater gezeugt ist, oder ob von ihm selbst der Sohn oder der hervorgehende Heilige Geist geboren ist.

n. 54 Demnach wird gefragt, ob zugestanden werden muß, daß der Vater das göttliche Wesen gezeugt hat, oder daß das göttliche Wesen den Sohn gezeugt hat, oder daß das Wesen das Wesen gezeugt hat, oder ob das göttliche Wesen überhaupt weder gezeugt hat noch gezeugt worden ist.

Hierzu sagen wir in Übereinstimmung mit den katholischen Denkern, daß weder der Vater das göttliche Wesen gezeugt hat, noch das göttliche Wesen den Sohn gezeugt hat, noch das göttliche Wesen das Wesen gezeugt hat. Unter dem Namen „Wesen" verstehen wir hier aber die göttliche Natur, die den drei Personen gemeinsam und jeweils ganz in den einzelnen ist.

n. 55 Deshalb darf nicht gesagt werden, daß der Vater das göttliche Wesen gezeugt hat; denn wenn der Vater das göttliche Wesen gezeugt haben sollte, (dann) würde das göttliche Wesen in Beziehung [relative] zum Vater ausgesagt oder als eine Beziehung [pro relativo] genommen werden. Wenn aber in Beziehung [relative] gesprochen oder als eine Beziehung genommen wird, würde das kein Wesen anzeigen. Wie nämlich Augustinus im fünften Buch von „De Trinitate"a sagt: „Was in Beziehung ausgesagt wird, zeigt keine Substanz an." . . .

n. 58 Der Vater hat von sich selbst das [illud] gezeugt, was er selbst ist, nämlich den Sohn, der das ist, was der Vater ist. Denn *was* der Vater ist, *das* ist auch der Sohn, aber *wer* der Vater ist, *dieser* ist der Sohn nicht. Deshalb darf auch nicht gesagt werden, daß das göttliche Wesen den Sohn gezeugt hat, denn wenn der Sohn das göttliche Wesen wäre, dann wäre der Sohn schon die Wirklichkeit, durch die er gezeugt ist, und so würde dieselbe Wirklichkeit sich selbst erzeugen. Deshalb sagen wir auch, daß das göttliche Wesen nicht das Wesen gezeugt hat. Da nämlich das göttliche Wesen die eine und gewissermaßen höchste Wirklichkeit [una et summa quaedam res] ist, hätte dieselbe Wirklichkeit sich selbst gezeugt, wenn das göttliche Wesen das Wesen gezeugt hätte, was überhaupt nicht sein kann: sondern der Vater allein hat den Sohn gezeugt, und vom Vater und vom Sohn ist der Heilige Geist hervorgegangen.

n. 59 Dem eben Gesagten scheint aber zu widersprechen, was Augustinus im siebten Buch von „De Trinitate"[b] sagt: „Für Gott", sagt er, „ist Sein und Weise-sein das gleiche; und so sind Vater und Sohn zugleich eine Weisheit, weil ein Wesen: und einzeln (betrachtet ist) die Weisheit von der Weisheit, so wie das Wesen vom Wesen." Schau, mit diesen Worten sagt Augustinus offen, daß die Weisheit von der Weisheit und das Wesen vom Wesen (ist), womit er anzudeuten scheint, daß die Weisheit die Weisheit und das Wesen das Wesen gezeugt hat. Ebenso sagt er im Buch „De fide ad Petrum":[c] „So glaube an Christus, den Sohn Gottes, d. h. eine Person aus der Trinität, wahrer Gott, und zweifle nicht daran, daß seine Gottheit aus der Natur des Vaters geboren worden ist." Hier scheint er zu sagen, daß die Natur des Sohnes von der Natur des Vaters geboren worden ist. Ebenso sagt er auch im 15. Buch von „De Trinitate":[d] „Man nennt den Sohn Ratgeber vom Ratgeber und Wille vom Willen, sowie Substanz von Substanz und Weisheit von Weisheit." Hier scheint er zu sagen, daß die Substanz von der Substanz gezeugt ist und die Weisheit von der Weisheit.

n. 60 Aber dies bestimmen wir so: „Die Weisheit ist von der Weisheit und die Substanz von der Substanz" meint, daß der Sohn, der Weisheit ist, der Substanz ist, vom Vater ist, der dieselbe Substanz und Weisheit ist; und daß der Sohn, der Gottheit ist, vom Vater geboren ist, der göttliche Natur ist. Und damit wir es noch deutlicher sagen, sagen wir, daß der Sohn Weisheit ist von der Vater-Weisheit, und sagen wir, daß der Sohn Substanz ist, gezeugt vom Vater und von der Vater-Substanz. Daß es aber so verstanden werden muß, zeigt Augustinus im siebten Buch von „De Trinitate"ᵉ, wenn er sagt: „Der Vater selbst ist die Weisheit; und der Sohn wird Weisheit des Vaters genannt, so wie er Licht des Vaters genannt wird, das heißt: wie er Licht vom Licht ist und beide *ein* Licht sind, so wird er als Weisheit von Weisheit verstanden und beide sind eine Weisheit und ein Wesen." ... Schau, mit diesen Worten zeigt Augustinus offensichtlich, in welchem Sinn diese und ähnliche Worte verstanden werden müssen, wenn er nämlich sagt: Substanz von Substanz oder die Substanz zeugte die Substanz.

ᵃ Cap. 7, n. 8 (PL 42, 916).
ᵇ Aus cap. 1, n. 2 und cap. 2, n.3 (PL 42, 931 ff.).
ᶜ Cap. 2, n. 15 (PL 40, 756).
ᵈ Cap. 19, n. 38 (PL 42, 1087).
ᵉ Cap. 1, n. 2 (PL 42, 936).

Petrus Lombardus

Sentenzen

124 Die Probleme des Personbegriffs

> Lat.: Petri Lombardi Libri IV Sententiarum, ed. PP. collegii S. Bonaventurae, Tom. I (lib. I u. II), (Ad claras Aquas ²1916).
> Dt.: Andrea Tafferner.
>
> Der Text zeigt die Schwierigkeiten, zwischen *Wesen* Gottes und *Person(en)* klar zu unterscheiden; er dokumentiert das von Augustinus her anhaltende Problembewußtsein hinsichtlich des Personbegriffs.

Lib. I, dist. XXIII, cap. 1:
Über den Namen „Person" [persona], daß er gemäß der Substanz ausgesagt wird (und) nicht in der Einzahl, sondern in der Mehrzahl in der Gesamtheit [in summa] genommen wird.

n. 203 Dem eben Gesagten ist hinzuzufügen, daß, wenn alle Namen, die gemäß der Substanz von Gott ausgesagt werden, in der Einzahl und nicht in der Mehrzahl von allen Personen in der Gesamtheit ausgesagt werden, wie oben gezeigt worden istᵃ, es dennoch einen Namen gibt, nämlich „Person", der gemäß der Substanz von den einzelnen Personen ausgesagt wird und in der Mehrzahl, nicht in der Einzahl, in der Gesamtheit genommen wird. Wir sagen nämlich: Der Vater ist Person, der Sohn ist Person, der heilige Geist ist Person, und dies wird gemäß der Substanz ausgesagt. Und dennoch wird nicht gesagt: Vater und Sohn und heiliger Geist sind eine Person, sondern drei Personen. Dieser Name wird also von der oben genannten Regel von den Namen ausgenommen, die gemäß der Substanz von Gott ausgesagt werden, weil er, obwohl er in bezug auf sich und gemäß der Substanz ausgesagt wird, dennoch in der Mehrzahl und nicht in der Einzahl in der Gesamtheit genommen wird.

Was aber Person gemäß der Substanz genannt wird, zeigt Augustinus im siebten Buch von „De Trinitate"b, wenn er sagt: „Es ist nicht etwas anderes für Gott, zu sein, und etwas anderes, Person zu sein, sondern das ist gänzlich dasselbe."

Ebenso:c „Wenn wir in dieser Trinität von der Person des Vaters sprechen, dann sprechen wir über nichts anderes als über die Substanz des Vaters. Wie daher die Substanz des Vaters der Vater selbst ist, nicht insofern er Vater ist, sondern insofern er ist; so ist auch die Person des Vaters nichts anderes als der Vater selbst; natürlich in bezug auf sich (selbst) wird er Person genannt, nicht in bezug auf den Sohn oder den heiligen Geist, so wie er in bezug auf sich (selbst) Gott, groß, gut, gerecht und dergleichen mehr genannt wird. Und so wie für ihn Sein das ist, was Gott sein, groß sein, gut sein ist, so ist für ihn Sein das, was Person-Sein ist."

Schau, hier hast du ausdrücklich, daß Person in bezug auf die Substanz ausgesagt wird, so wenn gesagt wird: Der Vater ist Person, dann hat es diesen Sinn: Der Vater ist göttliches Wesen; ähnlich, wenn gesagt wird: Der Sohn ist Person, der heilige Geist ist Person, d. h. göttliches Wesen.

n. 204 Deshalb entsteht hier die zwar schwierige, aber nicht unnütze Frage, anhand derer untersucht wird, warum diese drei nicht eine Person genannt werden können, so wie auch ein Wesen und ein Gott?

Diese Frage behandelt Augustinus sorgfältig und erklärt sie angemessen im siebten Buch von „De Trinitate"d, wenn er sagt: „Warum nennen wir diese drei nicht zugleich eine Person, wie schon ein Wesen und einen Gott, sondern sprechen von drei Personen, während wir von drei Wesen nicht sprechen? Weil wir mit dieser Bezeichnung wenigstens irgendeine Vokabel zur Verfügung haben wollen, mit der die Trinität verstanden wird, damit wir so nicht gänzlich schweigen, wenn wir befragt werden, was für drei das denn sind, wenn wir bekennen, daß es drei sind." „Wenn also gefragt wird, was sind das für drei", so Augustinus im fünften Buch von „De Trinitate"e, „(dann) leidet die menschliche Sprache an einer durchaus großen Armut. Man sagt trotzdem ‚drei Personen', nicht damit es gesagt sei, sondern damit nicht geschwiegen werde." Die unaussprechliche Erhabenheit der Wirklichkeit kann mit dieser Vokabel nämlich nicht ausgedrückt werden.

Schau, er zeigt warum man notwendig in der Mehrzahl von Person sprechen muß, damit wir eben mit diesem einen Namen in der Antwort an die Fragenden von dreien sprechen können.

125 Cap. 2:
Warum notwendigerweise von den Lateinern von „drei Personen" und von den Griechen von „drei Hypostasen oder Substanzen" gesprochen worden ist.

n. 205 Warum nicht nur die lateinische Redeweise, sondern auch die griechische notwendig von fast demselben Mangel an Namen bedrängt wird, wenn sie von dieser Sache handelt.
Deshalb sagt Augustinus im siebten Buch von „De Trinitate"[f], mit dem Hinweis darauf, was von den Griechen oder von den Lateinern notwendig von der unaussprechlichen Trinität gesagt worden ist: „Aus Gründen des Sprechens über Unaussprechliches, damit wir (überhaupt) auf irgendeine Art und Weise reden können, ist von den Griechen von einem Wesen [essentia] und drei Substanzen [substantiae] gesprochen worden (d. h. eigentlich einer „Usia" und drei „Hypostasen"; die Griechen verwenden nämlich „Substanz" anders als die Lateiner). Die Lateiner sprachen aber von einem Wesen [essentia] oder einer Substanz [substantia] und drei Personen [personae], weil nämlich in unserer Sprache, also dem Lateinischen, ‚Wesen' gewöhnlich als Substanz verstanden wird. Und um wenigstens wie im Rätsel zu verstehen, beschloß man so zu reden, damit man, wenn gefragt werden würde, was für drei es sind, irgend etwas sagen könnte; daß diese drei sind, verkündet der wahre Glaube, wenn er einerseits lehrt, daß der Vater nicht Sohn ist, und andererseits, daß der heilige Geist, der ja Gabe Gottes ist, weder Vater noch Sohn ist. Wenn also gefragt wird, was für drei (Dinge) [tria] oder was für drei (Subjekte) [tres] es sind, begeben wir uns auf die Suche nach irgendeinem Namen, mit dem wir diese drei umfassen können. Und es begegnet dem Denken nichts, weil die überragende Erhabenheit der Gottheit die Möglichkeit sprachlichen Ausdrucks übersteigt. Wahrer wird nämlich Gott gedacht als ausgesprochen, und er ist wahrer als er gedacht wird." „Weil also Vater, Sohn und heiliger Geist drei sind, fragen wir, was für drei sie sind, was sie gemeinsam haben. Sie können nämlich nicht drei Väter genannt werden, weil dort nur der Vater Vater ist; noch drei Söhne, weil dort weder der Vater, noch der heilige Geist Sohn ist; noch drei heilige Geister, weil der heilige Geist durch die ihm eigentümliche Bezeichnung, durch die

er auch Gabe Gottes genannt wird, weder Vater, noch Sohn ist. Was also für drei? Wenn sie drei Personen genannt werden, ist ihnen *das* gemeinsam, *was* Person ist." „Weil nämlich der Vater sicher Person ist, ist auch der Sohn Person und auch der heilige Geist Person, deshalb werden sie drei Personen genannt." „Also deshalb sagen wir ‚drei Personen', weil ihnen das gemeinsam ist, was Person ist."

Aus dem eben Gesagten kann klar eingesehen werden, weshalb die Lateiner notwendig von drei Personen sprechen, da Person der Substanz nach ausgesagt wird. Deswegen ist den dreien *das* gemeinsam, *was* Person ist.

126 Cap. 3:
Weshalb wir nicht sagen, daß Vater, Sohn und heiliger Geist drei Götter sind, wie sie auch drei Personen sind.

n. 206 Hier wird aber folgendes gefragt: Wenn wir sagen, daß Vater, Sohn und heiliger Geist drei Personen sind, weil ihnen das gemeinsam ist, was Person ist, d. h. weil der Vater Person ist, und der Sohn Person ist, und der heilige Geist Person ist, warum wir dann nicht auf ähnliche Weise sagen, daß sie drei Götter sind, weil doch der Vater Gott ist, und der Sohn Gott ist, und der heilige Geist Gott ist?

Weil freilich die Schrift gegen jenes („drei Götter") Widerspruch erhebt; gegen dieses aber („drei Personen"), wenn sie es auch nicht gebraucht, erhebt sie dennoch keinen Widerspruch. Deshalb sagt Augustinus im siebten Buch von „De Trinitate"[g], wo er diese Frage berührt und abgrenzt, folgendes: „Wenn wir so sagen, daß Vater, Sohn und heiliger Geist drei Personen sind, weil ihnen das gemeinsam ist, was Person ist, warum nennen wir sie dann nicht auch drei Götter? Sicherlich, wie vorher bemerkt worden ist, weil der Vater Person ist, und der Sohn Person ist, und der heilige Geist Person ist, deshalb werden sie drei Personen genannt. Weil aber doch auch der Vater Gott ist, und der Sohn Gott ist, und der heilige Geist Gott ist, warum werden sie nicht drei Götter genannt?" Schau, er hat die Frage gestellt, warte was er sogleich antworten wird:[h] „Sprechen wir etwa deshalb nicht von drei Göttern, weil die Schrift nicht von drei Göttern spricht? Aber drei Personen erwähnt der Text der Schrift auch nirgends. Oder ist es etwa aufgrund der Notwendigkeit des Sprechens und Erörterns erlaubt von drei Personen zu sprechen, also nicht, weil die Schrift so sagt, sondern weil die Schrift nicht widerspricht? Wenn wir

Petrus Lombardus 43

aber von drei Göttern sprechen würden, würde die Schrift widersprechen, weil sie sagt: ‚Höre Israel, dein Gott ist ein einziger Gott.' "
Schau, dies ist die Lösung der Frage, weshalb wir lieber von drei Personen als von drei Göttern sprechen, weil eben die Schrift jenem nicht widerspricht.

127 Cap. 4:
Warum wir nicht von drei Wesen sprechen, wie von drei Personen.

n. 207 Aber diese Frage läßt auch anderes zum Vorschein kommen, wie Augustinus konsequent hinzufügt, wenn er sagt:ʲ „Warum dürfen wir nicht auch von drei Wesen sprechen, was in ähnlicher Weise die Schrift zwar nicht sagt, dem sie aber auch nicht widerspricht? Doch wenn du sagst, daß man wegen der Einheit der Trinität nicht von drei Wesen sprechen darf, sondern (nur) von einem Wesen, dann frage ich, warum man wegen derselben Einheit der Trinität nicht von einer Person sprechen solle statt von drei Personen? So wie ihnen nämlich die Bezeichnung Wesen gemeinsam ist, so daß von jedem einzelnen als Wesen gesprochen werden kann, so ist ihnen auch die Vokabel Person gemeinsam." „Was bleibt also anderes übrig, als daß wir eingestehen, daß aufgrund der Notwendigkeit des Gesprächs

151 diese Vokabeln von den Griechen und von den Lateinern gegen die Angriffe und Irrtümer der Häretiker geschaffen wurden? Als nämlich die menschliche Armut versuchte, im Sprechen das vor die Sinne der Menschen zu bringen, was sie insgeheim im Geist, sei es in frommem Glauben oder in irgendwelcher Einsicht festhielt, da scheute sie sich, von drei Wesen zu sprechen, damit nicht unter jener höchsten Gleichheit irgendeine Verschiedenheit verstanden würde. Umgekehrt konnte sie nicht sagen, daß es nicht gewisse drei seien; weil Sabellius dies gesagt hat, ist er der Häresie verfallen. Sie hat also gesucht, wie sie von den dreien sprechen könne, und hat von drei Personen oder, wie die Griechen, von drei Substanzen gesprochen." „Was nämlich in unserem Sprachgebrauch von den Personen (gesagt wird), das muß man als das verstehen, was im Sprachgebrauch der Griechen von den Substanzen (gesagt wird). So wie nämlich jene von drei Substanzen, einem Wesen, d. h. drei Hypostasen, einer Usia, sprechen, so sprechen wir von drei Personen, einem Wesen oder einer Substanz;"ʲ „obwohl auch jene, wenn sie wollten, von drei Personen, drei Prosopa

sprechen könnten, so wie sie von drei Substanzen, drei Hypostasen sprechen. Aber sie wollten lieber jene (Formel) verwenden, weil es vielleicht gemäß ihrem Sprachgebrauch geeigneter ist."[k]

[a] Dist. XXII, c. 3.
[b] Cap. 6, n. 11 (PL 42, 943).
[c] Ebd.
[d] Ebd.
[e] Cap. 9, n. 10 (PL 42, 918).
[f] Vgl. Cap. 4, n. 7 und 8 (PL 42, 939).
[g] Cap. 4, n. 8 (PL 42, 941).
[h] Ebd.
[i] Ebd. und n. 9.
[j] Ebd. n. 8.
[k] Ebd. Cap. 6, n. 11 (PL 42, 943).

Richard von Sankt-Victor († 1173)
Die Dreieinigkeit

Die sechs Bücher „De Trinitate" sind das Hauptwerk des schottischen Augustinerchorherrn Richard von der Abtei Sankt-Victor bei Paris. Das Werk beginnt mit der Existenz Gottes (I. Buch). Es spricht von Gottes Eigenschaften (II. Buch) und dann von der Trinität (III. Buch). Im besonderen behandelt es Dreiheit und Einheit (IV. Buch), die Hervorgänge (V. Buch) und die göttlichen Namen (VI. Buch).

Lit.: P. Hofmann, Analogie und Person. Zur Trinitätsspekulation Richards von St. Victor, in: ThPh 59 (1984), 191–234 (Lit.); J. Calduch, Introdución al estudio de Dios Trino en Ricardo de San Victor (Pamplona 1985); F. Courth, Trinität. In der Scholastik (Freiburg 1985), 63–68; T. German, Interpreting Mystical Contemplation in the Writings of Richard of St. Victor, in: Louvain Studies 11 (1986), 119–130; U. Kühneweg, Der Trinitätsaufweis Richards von St. Viktor, in: ThPh 62 (1987), 401–422.

128 Selbstlose Liebe ist dreieinig

Lat.: De Trinitate, PL 196, 887–992.
Dt.: Richard von Sankt-Victor, Die Dreieinigkeit. Übertragung und Anmerkungen von H. U. v. Balthasar (Einsiedeln 1980) = Christliche Meister 4.
Richard will bewußt neue Wege gehen (speziell im III. Buch); er findet sie in der Erwägung, daß von menschlicher Liebe und Güte her auf das göttliche Leben geschlossen werden könne und wegen 1 Joh 4,8.16 (Text Nr. 52) auch geschlossen werden dürfe. Augustinus hatte den Gedanken angedeutet, aber wegen der Gefahr des Tritheismus nicht weitergeführt. Für Richard macht erst die Öffnung der Zweier-Gegenseitigkeit auf einen Dritten hin die Liebe selbstlos und vollkommen; in Gott handelt es sich aber um die eine und selbe Liebe in drei Existenzweisen. Richards Ansatz, der erste originelle seit Augustinus, wurde von Bonaventura und in der Franziskanertheologie aufgenommen.

99 *Liebesgemeinschaft in der Dreieinigkeit* a
III. Buch, XIV.
Da so viele Gründe uns keine Ausflucht mehr gestatten, müssen wir einräumen: jede Person in der Gottheit ist so großmütig, daß sie keinerlei Schätze, keinerlei Freuden unmitgeteilt für sich haben will. Und weil Gott so mächtig ist, daß ihm nichts unmöglich ist, so selig, daß ihm nichts schwerfällt, muß man folgern, daß die Dreifaltigkeit der göttlichen Personen schlechthin notwendig ist. Damit das noch deutlicher werde, wollen wir das breit Ausgeführte in Kürze zusammenfassen.

Wäre ein Gott nur eine Person, dann hätte sie niemanden, dem sie die Reichtümer ihrer Größe mitteilen könnte. Und hinwieder wäre sie auf ewig des süßen Glücks beraubt, mit dem innige Liebe sie hätte bereichern können. Wenn aber die volle Güte dem höchst guten Gott nicht gestattet, seine Schätze geizig zurückzubehalten, so gestattet die volle Seligkeit dem ganz seligen Gott auch nicht, sie zu entbehren, und zur Ver-

100 herrlichung seiner Majestät erfreut er sich ebensosehr daran, sie großmütig zu verschwenden wie in ihrem Genusse zu sein. Daraus ersiehst du von neuem, wie unmöglich es ist, daß in Gott eine Person der Gemeinschaft der andern entbehre.

Gesetzt aber, es wäre nur ein Mitgenosse da, dann könnte Gott zwar seinen herrlichen Reichtum verschenken, hätte aber niemanden, dem er das Entzücken restloser Liebe mitteilen könnte. Es gibt aber gerade nichts Erfreulicheres, nichts Herzerquickenderes als den Jubel selbstloser Liebe. Solchen Jubel müßte einer, der im Empfang der ihm zuteilwerdenden Liebe keinen Mitgenossen hätte, einsam erfahren. So kann also die Kommunion in der Liebe nur stattfinden, wenn drei Personen da sind. Und nichts ist, wie gesagt, glorreicher, nichts großmütiger auch, als alles Nützliche und Erfreuliche, das man besitzt, zu etwas Gemeinsamem zu machen. Das weiß die höchste Weisheit sehr wohl, und es muß der höchsten Güte sehr wohlgefallen, und im gleichen Maß wie die Seligkeit des Allmächtigen und die Macht des Allseligen dieses Wohlgefallen verwirklichen muß, muß auch den beiden Personen in Gott die dritte beigesellt werden.

129 103 *Vollkommenes Gutsein erfordert Dreieinigkeit*
XVIII.
Niemand lasse sich verwirren, niemand entrüste sich, wenn wir zum bessern Verständnis der göttlich-überweltlichen Dinge uns

dieser menschlichen Redeweise bedienen. Wir Arme nehmen sie deshalb so vertrauensvoll in Gebrauch, weil wir ja sehen, wie auch die Heilige Schrift sie immer wieder verwendet.

Der höchste Grad der Güte scheint dort erreicht, wo man eine höchste Liebe erweist, ohne dafür eine Bereicherung eigenen Genusses zu erwarten. Aus dem vorigen ist aber schon klar geworden, daß dieser höchste, vollkommenste Grad in der bloßen gegenseitigen Liebe zweier nicht erreicht werden kann. Denn hier schenkt jeder der Liebenden seine Liebe und schöpft sich dabei gewiß die honigfließenden Reize der Liebe, die ein Einziger, Einsamer sich nirgendwoher verschaffen könnte. So schwellt der Haufe der Freuden und Reize für beide dadurch gewaltig an, daß durch erwiesene und entgegengenommene Liebe eine Schicksalsgemeinschaft entsteht. Daraus wird aber klar, daß in Gott der höchste Grad der Großmut nicht statthaben könnte, wenn im Kreis der Personen die dritte fehlte; denn in der bloßen Zweiheit könnte keiner der beiden die vornehmlichsten seiner Ergötzungen bekanntgeben.

104 So verstehen wir, daß die wahre und höchste Güte solange unabgeschlossen bleibt, als die Ergänzung zur Trinität fehlt.

130 105 XX.

Beachte nun, wie das Band der dritten Person allenthalben die Gesinnung der Mitliebe verbreitet, die Mitliebesgemeinschaft durch alle hindurch und in allen begründet.

Nimm irgendeine der Personen: die beiden andern lieben sie wie aus einem Herzen. Betrachte eine andere, wieder siehst du, wie die übrigen in der Liebe zu ihr übereinstimmen. Gehe zur dritten über, so siehst du, wie die Liebe der andern beiden in gleicher Gesinnung auf sie zufließt.

In solcher Mitherzlichkeit ist das Seil der Liebe dreifach geschlungen; eben dort, wo man an ein Nachlassen der Liebe hätte denken können, wird sie aufgrund verstärkter Mitgenossenschaft sicherer eingegründet. Du siehst, wie durch die trinitarische Mitbruderschaft der dritten Person die überall herrschende mitherzliche Liebe und mitgemeinschaftliche Neigung jedes Abgleiten in einsame Ausschließlichkeit verhindert.[b]

106 Zur Setzung der Dreifaltigkeit laufen, wie man sieht, so starke, so kostbare Wahrheitszeugnisse zusammen, daß einer von Sinnen sein müßte, wenn er sich davon nicht zufriedengestellt erklärte.

---

[a] Zwischentitel und Anm. b sind von H. U. v. Balthasar.
[b] In vielen Variationen erscheint hier das „Mit" (con-). Richard bewegt sich

damit in der Linie der westlichen Trinitätslehre, in der der Heilige Geist aus zwei Personen hervorgeht und deshalb das Band der Gemeinschaft von Vater und Sohn erscheint. „Societas est quodammodo Patris et Filii ipse Spiritus Sanctus": Augustin, Sermo 71, 20, 33 (PL 38, 463).

Richard von Sankt-Victor
Die Dreieinigkeit

131 Klärung des Personbegriffs

Lat.: De Trinitate, PL 196, 887–992.
Dt.: Richard von Sankt-Victor, Die Dreieinigkeit. Übertragung und Anmerkungen von H. U. v. Balthasar (Einsiedeln 1980) = Christliche Meister 4.

Richard zeigt in diesem Text sein entwickeltes Problembewußtsein, besonders hinsichtlich der trinitätstheologischen Grundbegriffe *Substanz, Essenz* und *Person*. Er weist auf die „klassische" Personedefinition des Boethius (Text Nr. 112) hin und zeigt die Schwierigkeiten auf, sie trinitätstheologisch einzusetzen. Sein eigener Vorschlag, im Hinblick auf die Dreieinigkeit Gottes den eingebürgerten Personbegriff von der Existenzweise her zu verstehen, weist in der Tat einen neuen, zu Karl Barth und Karl Rahner führenden Weg.

135 *Vergleich zwischen den verschiedenen trinitarischen Formeln* [a]
IV. Buch, XX.

Vielleicht erwartet jemand von mir zu hören, wie es zu verstehen und wie es vereinbar sei, wenn einige behaupten, in Gott seien „drei Substanzen und eine Essenz", andere: „drei Subsistenzen und eine Substanz", andere: „drei Personen und eine Substanz oder Essenz". Ein weiter Abstand, ja ein Gegensatz scheint zu walten, wenn die Lateiner sagen, in Gott sei eine Substanz, die Griechen dagegen drei. Doch sei der Gedanke fern, daß sie Verschiedenes glauben und daß diese oder jene im Glauben irren. In der Mannigfaltigkeit der Ausdrucksweise muß man die eine Wahrheit fassen; die Worte werden eben hier und dort in verschiedenem Sinn verwendet.

Daß die Personen von den einen als Substanzen, von den anderen als Subsistenzen bezeichnet werden, kommt sachlich auf dasselbe heraus. Gewiß spricht man zumeist dort von Substanz oder von Subsistenz, wo die Beziehung eines tragenden Grundes zu den ihm inhärierenden Dingen (Akzidentien) ausgedrückt werden soll. Wir wissen aber, daß auf dem ganzen Erdenrund die Kirche Christi singt: „In den Personen die Eigentümlichkeit, in der Essenz aber die Einheit."[b] Wegen diesen Eigentümlichkeiten, die den göttlichen Personen zu inhärieren scheinen und durch die sie voneinander unterschieden werden, läßt sich aufgrund eines gewissen Vergleichs mit wirklichen Akzidentienträgern, aber doch recht uneigentlich, von ihnen als Substanzen sprechen. Die Drei in der Dreifaltigkeit mag man als Personen, Substanzen oder Subsistenzen bezeichnen, man darf sie jedoch nicht anders verstehen denn als Inhaber des substantiellen Seins unter der Rücksicht einer unterscheidenden Eigentümlichkeit. Ich sagte jetzt ausdrücklich „unter" und nicht „aus", damit du verstehst, weshalb die Personen der Dreifaltigkeit, wenn auch uneigentlich, als Unter-stand (sub-stantiae) oder Unter-sein (sub-sistentiae) bezeichnet werden konnten. Man sagt also, daß die Eigentümlichkeiten den Personen inhärieren, aber bedenkt man es recht, so entspricht diesem Inhärieren keine Subsistenz, sondern eine Existenz. Deshalb werden die Personen besser als Existenzen, denn als Substanzen oder Subsistenzen bezeichnet.

Andere, die nur auf die göttliche Wirklichkeit blicken, finden keinerlei Eigentümlichkeit, durch die die göttliche Essenz von einer andern göttlichen Essenz unterscheidbar wäre, denn in Gott ist nur eine einzige, während die Personen sich voneinander durch ihre Eigentümlichkeiten unterscheiden. Nach dieser Betrachtungsweise sehen sie keinen Anlaß, jene Einheit als Substanz zu bezeichnen, sie nennen sie deshalb einfach und nicht ungeziemlich Essenz, dagegen nennen sie die Vielheit der Personen, denen (in einem uneigentlichen Sinn) die Eigentümlichkeiten inhärieren, Substanzen.

Tatsächlich entdeckt man in der ungeschaffenen Essenz keine Eigentümlichkeit, die sie von einer andern ungeschaffenen Essenz unterscheiden würde: ist sie doch nur eine einzige. Freilich findet sich in ihr die Eigentümlichkeit, aufgrund derer sie sich von jeder geschaffenen Essenz unterscheidet, und darauf achtend nennen sie manche nicht nur Essenz, sondern auch Substanz, während sie die Bezeichnung Subsistenz von ihrem eigentlichen Sinn auf die Bezeichnung der Personen übertragen.

Um in Kürze ihre Verwendungsart von Substanz und Subsistenz zu kennzeichnen: Substanz heißt für sie, was wir oben als gemeinsame Existenz bezeichneten, Subsistenz aber, was wir unmittelbare Existenz nannten. Wer nach unsern obigen Ausführungen begriffen hat, wie in der Einheit der Substanz mehrere Existenzen sein können, hat im gleichen Zug begriffen, wie dort mehrere Subsistenzen sein können. Ich weiß, daß man darüber noch subtiler

handeln könnte, meine aber, daß es für die Einfacheren und für jene, denen ich dienlich sein wollte, reicht.
Eins ist aber zu beherzigen und fest im Auge zu behalten: die Drei in der Dreifaltigkeit — man mag sie Substanzen oder Subsistenzen oder Personen nennen — werden im Hinblick auf die Substanz ausgesagt.[c] Denn bei alldem darf wahrheitsgemäß nichts anderes gemeint sein als: drei sind im Besitz der Geistnatur aufgrund ihrer unterschiedenen persönlichen Eigentümlichkeit. Dort, wo die Substanz nicht geistig ist, kann auch ihr Besitzer nicht Geist sein. Jede Geistperson aber ist eine solche kraft einer unmittelbaren Eigentümlichkeit. Lassen wir die Griechen beiseite, die, wie Augustinus sagt[d], die Substanz anders auffassen als wir; ich meine aber, daß bei den Lateinern kein Ausdruck gefunden werden kann, der für die Vielheit in Gott geeigneter wäre als das Wort Person. Für ein gläubiges Gemüt sollte auch nichts echter und verpflichtender klingen, als was im Munde aller ertönt und was die katholische Autorität bestätigt.

Kritik der Definition von Boethius
XXI.

Was wir uns vorgenommen, haben wir nach Vermögen durchgeführt: den Bedeutungsunterschied von Substanz und Person zu zeigen, sowie die Möglichkeit, daß mehrere Personen in einer einzigen Substanz sein können. Wir möchten jetzt untersuchen, ob jene bekannte Definition der Person bei Boethius auf sie und auf sie allein passen kann. Wäre sie umfassend und genau genug, dann erübrigte es sich, nach einer weiteren zu suchen. Damit eine Definition vollkommen sei, muß sie die ganze Wirklichkeit der definierten Sache und nur diese umfassen. Wenn sie ihrem Namen Ehre machen soll, muß sie sich bis zu den Grenzen des zu Definierenden ausdehnen, aber nicht darüber hinaus, dem Ganzen und nur ihm gerecht werden, so daß sie auch ein umkehrbarer Satz sei. Die Personedefinition des Boethius lautet: einer rationalen Natur ungeteilte Substanz *(rationalis naturae individua substantia).*[e] Damit diese Definition allgemein und vollkommen sei, ist erfordert, daß jede ungeteilte Substanz der rationalen Natur Person sei und umgekehrt jede Person ungeteilte Substanz einer rationalen Natur. Ich frage also, ob die göttliche Substanz, die ja nur eine einzige ist, ungeteilt sei? Daß diese Substanz eine Dreifaltigkeit von Personen ist, wird als sicher geglaubt und läßt sich, wie bezeugt, offenkundig erweisen. Wenn aber die göttliche Substanz ungeteilt genannt werden soll, dann gibt es eine ungeteilte Substanz einer rationalen

Natur, die nicht Person ist. Denn die Dreifaltigkeit ist nicht eine Person und kann nicht so bezeichnet werden. Nach dem Gesagten scheint also die Definition der Person nicht allein auf die Person zuzutreffen. Soll aber jene Substanz nicht ungeteilt genannt werden, dann gibt es ganz gewiß eine Person, die, als göttliche, keine ungeteilte Substanz ist. Somit kann diese Definition der Person nicht jeder Person zukommen. Man mag von der göttlichen Substanz sagen, sie sei ungeteilt oder sie sei es nicht: die Definition ist auf jeden Fall nicht umfassend genug.f

133 *Bessere Definition der Person*
XXII.
Gewiß kann das Grenzenlose nicht eigentlich definiert werden. Vielleicht aber können wir doch im Erkennen des Göttlichen einen Schritt weiterkommen, wenn wir uns anstrengen, das, was göttliche Person ist, so wie der Herr es uns schenkt, zu beschreiben. Nach der oben dargelegten Bedeutung von Existenz könnten wir vielleicht mit Vorteil sagen, eine göttliche Person sei „der göttlichen Natur unmitteilbare Existenz". Existenz im obigen Sinn: als das Was-Sein der Substanz und zugleich als ihre Herkunft bezeichnend; und dies gilt gemeinsam für alle Substanz.
Nun gibt es eine allgemeingültige Existenz, die allen Substanzen zukommt, und dann eine allgemeingültige, die nur den vernünftigen Substanzen gemeinsam ist; sodann eine besondere für alle Engel allein, und eine besondere, die nur den menschlichen Substanzen gemeinsam ist. Aber alle diese Weisen werden im Fall Gottes ausgeschlossen, wo die Bedeutung von Existenz eingeschränkt und durch die Zufügung von „göttliche Natur" bestimmt wird. Nun aber werden wir bei genauerem Zusehen auch in der göttlichen Natur eine mehreren gemeinsame und eine nur der Einzelperson zukommende und deshalb unmitteilbare Weise der Existenz finden. Wir schließen aber die mehreren gemeinsame aus, sofern wir sie als „unmitteilbar" bezeichnen. So glauben wir angemessenerweise sagen zu können: eine göttliche Person ist „der göttlichen Natur unmitteilbare Existenz".

134 XXIII.
Wenn wir die Bezeichnung „Dividuum" auf das anwenden, was sich sowohl auf mehrere Personen wie auf mehrere Substanzen aufteilen und von mehreren gemeinsam wie von den einzelnen integral besessen werden kann, dann bezeichnen wir als ein Indivi-

duum, was nur einem zukommen kann; und die so gefaßten beiden Begriffe könnten recht wohl so angewendet werden, daß wir sagen: Es ist richtig, daß jede geschaffene Person „einer vernünftigen Natur ungeteilte Substanz" ist, es ist auch richtig, daß jede Person überhaupt „einer vernünftigen Natur ungeteilte Existenz" ist.
Wir wollen darauf noch näher eingehen, damit es ganz klar wird. Wir sagten oben: mit Existenz wird ein substantielles Sein bezeichnet. Sie besagt nach der oben gegebenen Bestimmung nicht das, was Substanz seiner sprachlichen Herkunft nach bedeutet, sondern das, was an ihr das Wesentliche ist und was jeder Substanz zukommt. Dieses Wesentliche ist nicht, daß sie Träger von Akzidentien ist, die ihr einhängen, sondern daß sie ein Seiendes ist, das in sich selber gründet und keinem fremden Träger einhängt. Das ist jeder Substanz gemein: der menschlichen, der englischen und der göttlichen. Und mit Recht wird das bei der menschlichen Substanz für ihr wertvollstes und wichtigstes Moment gehalten, das, worin sie sich dem göttlichen Urbild am meisten annähert. Die Eigenschaft dagegen, Träger von

141 Akzidentien zu sein, entfernt sie vielmehr vom göttlichen Urbild. Von dem her also, was in aller Substanz das zentrale Moment ist, würde man besser von Essenz als von Substanz sprechen.
Das Wort Existenz dagegen bezeichnet, daß man das Sein in sich selbst und zugleich von irgendwoher hat. Und auch das kommt einer jeden Substanz zu. Denn alles, was ist, ist entweder aus sich selbst oder von einem andern her. Das übrige die Existenz Betreffende wurde schon hinreichend dargelegt und braucht nicht nochmals entfaltet zu werden, vor allem dies: daß nicht jede Existenz, sondern nur die ungeteilte individuelle oder unveräußerliche als Person bezeichnet wird.

135 XXIV.
Einfacher und verständlicher vielleicht wäre es zu sagen: „Person ist ein durch sich selbst Existierender, nach einer bestimmten einmaligen Weise vernunfthafter Existenz." Was „Existierender" heißt, dürfte nunmehr klar sein. „Durch sich selbst" wird beigefügt, weil Person richtig immer nur von einem Einzelnen, durch eine unveräußerliche Eigenheit von allen übrigen Geschiedenen ausgesagt wird. Aber durch sich selbst existieren ist allen Individuen gemeinsam, belebten und unbelebten. Dagegen wird als Person immer nur ein Vernunftwesen benannt. Daher wird noch der

Beisatz gemacht: „nach einer bestimmten einmaligen Weise vernunfthafter Existenz." Aber deren gibt es mehrere. Es gibt eine Weise vernunfthafter Existenz, die mehreren Naturen gemeinsam ist, eine andere ist gemeinsam den mehreren Substanzen einer gleichen Natur, eine andere schließlich den mehreren Personen einer gleichen Substanz. Aber die personale Eigentümlichkeit erfordert eine „einmalige Weise vernunfthafter Existenz"; ohne diese gibt es keine Person. Damit ein durch sich Existierender Person sein kann, muß er also eine „einmalige Weise vernunfthafter Existenz" besitzen.

Wie die einzelnen Termini zu verstehen sind, geht sattsam aus dem Gesagten hervor, wir brauchen hier nicht mehr zu verweilen. Das ist es, was wir unserem Vermögen gemäß über Bedeutung, Abwandlung, Beschreibung der Person zu sagen vermochten. Wenn jemand den Begriff Individuum oder Person oder Existenz anders faßt als wir, und mit diesem seinem Sinngehalt Überlegungen anstellt und zu unhaltbaren Schlüssen kommt, der wisse wohl, daß er uns damit nicht anficht. Meint er das, so macht er sich nur lächerlich, ohne es zu wissen.

a Die Zwischentitel und die Anmerkungen b–f sind von H. U. v. Balthasar.
b Präfation am Dreifaltigkeitsfest (früher an allen Sonntagen).
c Vgl. oben Kp. VI.
d De Trin. VII, 4 (PL 42, 939).
e Liber de persona et duabus naturis 3 (PL 64, 1343).
f Ähnliche Kritik an der Definition des Boethius bei Robert v. Melun (Sent I, 3,13) und Abaelard: Theol. christ. 3 (PL 178, 1258). Thomas erinnert an die Kritik Richards, hält aber trotzdem an der boethianischen Definition fest (S. Th. I, 29, 3 ad 4).

Mechtild von Magdeburg (um 1208/1210–1282 oder 1294)
Das fließende Licht der Gottheit

136 Die Dreifaltigkeit im Antlitz Jesu

Mechthild von Magdeburg, Das fließende Licht der Gottheit, eingeführt von Margot Schmidt, mit einer Studie von H. U. v. Balthasar (Einsiedeln, Zürich, Köln 1955) = Menschen der Kirche in Zeugnis und Urkunde 3.
Lit.: M. Schmidt, Mechtild von Magdeburg, in: LThK VII (1962), 225; H. U. von Balthasar (s.o.).

Die mystischen Aufzeichnungen Mechtilds, die ersten deutschsprachigen in der Mystik, entstanden seit 1250, wurden von Heinrich v. Halle OP zu 6 Büchern „Das fließende Licht der Gottheit" zusammengefaßt. Ihre Vision des dreieinen Gottes, vermittelt durch die Menschheit Jesu, führt in bemerkenswerter Weise zur „heilsökonomischen" Trinität.

Buch I, 2:
55 Der wahre Gottesgruß,
Der da kommt von der himmlischen Flut
Aus dem Brunnen der fließenden Dreifaltigkeit,
Der hat (in sich) so große Kraft,
Daß er dem Leibe benimmt all seine Macht,
Und die Seele wird sich selbst offenbar.

Buch IV, 2:
170 Da ließ mich Gott nirgends allein. Er brachte mich in so wonnigliche Süßigkeit, in so heilige Erkenntnis und in so unbegreifliche Wunder, daß ich irdische Dinge wenig brauchen konnte. Da wurde erst mein Geist über mein Gebet zwischen Himmel und Luft erhoben. Ich sah mit den Augen meiner Seele in himmlischer Wonne die herrliche Menschheit unseres Herrn Jesus Christus und erkannte an seinem hehren Antlitz die Heilige Dreifaltigkeit: die Ewigkeit des Vaters, die Leiden des Sohnes und die Süßigkeit des Heiligen Geistes.

Bonaventura (1217/1221 – 1274)

Der italienische Franziskaner Bonaventura lehrte an der Universität Paris, war Generalminister des Ordens und noch spät Kardinal und Bischof von Albano. Das „Breviloquium" stellt ein Kompendium der Dogmatik dar.

Breviloquium (um 1253)

137 Erstheit und Unzeugbarkeit des Vaters

Lat.: Tria opuscula Seraphici Doctoris S. Bonaventurae: Breviloquium, Itinerarium mentis in Deum, De reductione artium ad theologiam (Quaracchi ⁵1938).
Dt.: Breviloquium des hl. Bonaventura, Ein Abriß der Theologie, übersetzt von F. Imle unter Mitwirkung von J. Kaup (Werl i. Westf. 1931).
Lit.: A. Stohr, Die Trinitätslehre des heiligen Bonaventura, I (Münster 1923); I. Vanderheyden (Hrsg.), Bonaventura. Studien zu seiner Wirkungsgeschichte (Werl 1976); K. Fischer, De Deo trino et uno. Das Verhältnis von productio und reductio in seiner Bedeutung für die Gotteslehre Bonaventuras (Göttingen 1978); W. Dettloff, Bonaventura (um 1217–1274), in: H. Fries, G. Kretschmar (Hrsg.), Klassiker der Theologie, Bd. 1 (München 1981), 198–211; Ders., Bonaventura, in: TRE VII (1981), 48–55; Bonaventura, Itinerario dell'anima a Dio. Breviloquio. Riconducione etc., ed. L. Mauro (Mailand 1985) (ausführliche Bibliographie); E. J. Butterworth, The Doctrine of the Trinity in Saint Thomas Aquinas and Saint Bonaventura (Fordham University 1985); H. Heinz, Trinitarische Begegnungen bei Bonaventura (Münster 1985); M. Schlos-

ser, Lux inaccessibilis. Zur negativen Theologie bei Bonaventura, in: Franziskanische Studien 68 (1986), 3–140; ders., Caligo illuminans. Gotteserkenntnis bei Bonaventura, in: WissWeish 50 (1987), 126–139.

Bonaventuras Trinitätslehre, die wie seine ganze Theologie vom Glauben ausgeht und ihn vernunftgemäß durchdringen will, ohne ihn durch rationales Beweiswissen zu verdrängen, weist auf die mystische Gottesschau als Ziel hin. Bemerkenswert ist die Konzeption des dreieinen Gottes von der liebenden Selbstmitteilung aus. Die Begrifflichkeit ist zuweilen neuplatonisch bzw. griechisch gefärbt *(emanationes, hypostases)*. Die negative Formulierung „innascibilitas" (des göttlichen Vaters) wird in mystischer Sprache positiv gedeutet: quellhafte Fülle.

26 1. Teil, 2. Kapitel:
Die Dreieinigkeit der Personen und die Einheit des Wesens
Über die Dreieinigkeit ist ein Dreifaches zu betrachten, nämlich auf welche Weise die Einheit der Substanz oder Natur zusammenbesteht: 1. mit der Mehrheit der Personen, 2. der Erscheinungen und 3. der Zueignungen.
Darlegung: Über die Mehrheit der Personen in der Einheit der Natur gebietet der rechte Glaube, dieses festzuhalten. In der einen Wesenheit sind drei Personen, Vater, Sohn und Hl. Geist. Die erste geht aus keiner [a nulla], die zweite durch Zeugung [per generationem] aus der ersten, die dritte aber durch Hauchung bzw. Ausgang [per spirationem sive processionem] aus der ersten und zweiten hervor. So schließt demnach die Dreiheit der Personen die höchste Einheit, Einfachheit, Unermeßlichkeit, Ewigkeit, Unveränderlichkeit, Notwendigkeit und Erstheit [primitas] von der göttlichen Wesenheit nicht aus, vielmehr allerhöchste Fruchtbarkeit [fecunditas], Liebe, Freigebigkeit, Gleichheit, Nächstverwandtschaft, Gleichförmigkeit, Unzertrennlichkeit ein. All dieses erkennt der gesunde Glaube in der allerheiligsten Dreifaltigkeit.
Begründung: Dieser Glaube ist die Grundlage der Gottesverehrung und die Grundfeste der „Lehre, die zur Gottseligkeit führt". Und er gebietet, über Gott erhaben und fromm zu

27 denken. Wir würden aber nicht erhaben denken, wenn wir nicht für wahr hielten, daß Gott sich selber mitteilen kann, und zwar auf allerhöchste Weise. Wir würden nicht fromm denken, wenn wir meinten, daß er dieses wohl könne, aber nicht wolle. Weil der Glaube also erhaben und fromm denkt, lehrt er, daß Gott sich selbst auf die allerhöchste Art mitteilt und von Ewigkeit her seinen Geliebten und Mitgeliebten hat, wodurch er eben der Eine und Dreieinige ist.

138 29 1. Teil, 3. Kapitel:
Die rechte Erkenntnis dieses Glaubens
Darlegung: Zum richtigen Verständnis dieser Glaubenssätze lehrt die Theologie, daß in Gott zwei Hervorgänge, drei Personen, vier Relationen, fünf Notionen und darum nur drei personenbildende Besonderheiten sind [duae emanationes, tres hypostases, quatuor relationes, quinque notiones, et ex his tantum tres proprietates personales].

Begründung: Das erste und höchste Prinzip ist, eben weil es das erste und höchste ist, als das erste ganz einfach und als das höchste ganz vollkommen. Und weil es ganz vollkommen ist, teilt es sich auch auf vollkommenste Weise mit, weil es absolut einfach ist, wahrt es nach jeder Richtung seine Unteilbarkeit. Demgemäß sind in ihm bei unbeeinträchtigter Einheit der Natur verschiedene Arten vollkommener Hervorgänge. Es gibt nun zwei Möglichkeiten des vollkommenen Hervorgehens, nämlich der Natur oder dem Willen nach. Die erste ist Zeugung, die zweite Hauchung oder Ausgang. Diese beiden also finden sich hier.

Weil die beiden Hervorgänge selbstandbildend sind, müssen sie zwei Personen ausströmen. Ferner muß man aber annehmen, daß die erste, zeugende Person von keiner anderen ausgeht, um sich nicht ins Unendliche zu verlieren. So gibt es also in Gott nur drei Personen.

Da nun aber einem jeden Hervorgange ein doppeltes Beziehungsverhältnis entspricht, sind in Gott vier Relationen, nämlich Vaterschaft, Sohnschaft, Hauchen und Hervorgehen.

Also werden uns in diesen Beziehungen die

30 Personen der Gottheit kund. Und außerdem erkennen wir, daß diejenige Person, welche den ersten Ausgang begründet, selbst von keiner anderen hervorgebracht wird. Darin eben besteht ihre besondere Auszeichnung. Somit haben wir fünf Notionen (Erkenntnismerkmale) in Gott: die erwähnten vier Relationen und dazu noch die Innascibilität.

Weil jede dieser Personen ihre besondere Eigentümlichkeit hat, durch die sie hauptsächlich kenntlich wird, gibt es nur drei personenbildende Besonderheiten, welche eigentlich und hauptsächlich mit dem Namen Vater, Sohn und Hl. Geist bezeichnet werden.

Dem Vater eignet es, unerzeugbar und unerzeugt, das Prinzip ohne Prinzip und Vater zu sein. Die Unmöglichkeit hervorzugehen [innascibilitas] bezeichnet ihn verneinend, wenn auch daraus eine Bejahung gefolgert werden muß; bedeutet sie doch im Vater quellhafte Fülle [fontalis plenitudo].

Prinzip ohne Prinzip bezeichnet ihn bejahend bei gleichzeitiger Verneinung. Vater aber kennzeichnet ihn nur positiv nach seiner Dauerbeziehung und zwar eigentlich, vollständig und bestimmt. Ähnlicherweise ist der Sohn Bild, Wort und Sohn. Bild macht ihn kenntlich als die ausgedrückte, Wort als die ausdrückende, Sohn als die persönliche Ähnlichkeit; ferner charakterisiert ihn das Bild als die gleichgestaltige, Wort als die geistige und Sohn als die natürliche Ähnlichkeit.

Endlich ist dem Hl. Geiste eigen Gabe, Band oder Wechselliebe und Hl. Geist zu sein. Gabe bezeichnet ihn als freies, Liebe oder Band als freies und hervorragendes, Hl. Geist als freies, hervorragendes und persönliches Geschenk. – So werden durch diese drei Namen Vater, Sohn und Hl. Geist die drei personenbildenden Besonderheiten ausgedrückt. – Das also ist die gesunde Lehre über die Dreieinigkeit.

Bonaventura
Pilgerbuch der Seele zu Gott (1269)

139 Das Gute ist das, was sich selbst verströmt

Lat. u. Dt.: Bonaventura, Itinerarium mentis in Deum, De reductione artium ad theologiam, eingeleitet, übersetzt und erläutert von J. Kaup (Darmstadt 1961).

Bonaventuras „Itinerarium" beschreibt in theologischer Meditation den (rückkehrenden) Aufstieg der menschlichen Seele zu Gott, der sich als Weg über sechs Stufen bis zur siebten, dem Frieden in der mystischen Vereinigung mit Gott, vollzieht. Die betrachtende Seele macht auf der fünften Stufe die Erfahrung der notwendigen Existenz Gottes und seiner Seinsvollkommenheiten. Hier thematisiert Bonaventura die Idee des absoluten Seins. Auf der sechsten Stufe betrachtet die Seele Gott als das Gute; da Bonaventura dieses als Sich-selbst-verströmen-Wollendes versteht, ist für ihn im Begriff des Guten jene Selbstmitteilung Gottes immer schon mitgesagt, die die Trinität konstituiert.

VI. Kapitel:
VI. Die Betrachtung der Heiligsten Dreifaltigkeit in ihrem Namen: Die Gutheit
Nachdem wir die göttliche Wesenheit betrachtet haben, müssen wir jetzt unser geistiges Auge zur Schau der Heiligsten Dreifaltigkeit erheben, damit der eine Cherub bei dem anderen stehe. Wie aber für die Erkenntnis des Wesenhaften „das Sein selbst", durch das alles übrige erkannt wird, Grundprinzip und Name ist, so bietet „das Gute selbst" für die Betrachtung der Hervorgänge die hauptsächlichste Grundlage dar.

Siehe also und beachte: Das Beste ist, was schlechthin nicht besser gedacht werden kann. Dies kann aber richtigerweise nicht als nichtseiend gedacht werden, denn Sein ist durchaus besser als Nichtsein. Es ist aber auch von solcher Beschaffenheit, daß es nicht richtig erfaßt werden kann, wenn man es nicht als dreifaltig und eins zugleich denkt. Denn „vom Guten sagen wir, daß es sich mitteile". Also teilt sich das höchste Gut auf die vollkommenste Weise mit. *[Nam „bonum dicitur diffusivum sui" (Dionys., de Caelest. Hierarchia 4); summum igitur bonum summe diffusivum est sui]*a. Die höchste Selbstmitteilung muß aber wirklich und innerlich, substantiell und persönlich, naturhaft und willensmäßig, frei und notwendig, fehlerlos und vollkommen sein. Wenn also in dem höchsten Gut nicht von Ewigkeit her ein wirklicher und wesensgleicher Hervorgang statthätte und es nicht durch Zeugung und Hauchung eine dem Hervorbringenden gleicherhabene Hypostase gäbe — ein ewiges Mitprinzip des ewigen Prinzips —, also einen Geliebten und Mitgeliebten, einen Gezeugten und Gehauchten, nämlich Vater, Sohn und Hl. Geist, dann wäre es nicht das höchste Gut, weil es sich nicht auf die höchste Weise mitteilte. Denn die zeitliche Mitteilung im Geschöpf ist nur wie die Mitte

139 oder der Punkt im Vergleich zu der Unermeßlichkeit der ewigen Güte. Darum läßt sich noch eine größere Mitteilung denken, nämlich jene, in der der Mitteilende seine ganze Substanz und Natur dem anderen schenkt. Es wäre darum nicht das höchste Gut, wenn ihm diese (höchste Mitteilung) in der Wirklichkeit oder in unserem Denken fehlen könnte.

Wenn du also mit den Augen des Geistes die Gutheit in ihrer Reinheit schauen kannst, welche die lautere Wirklichkeit des Urgrundes ist, der selbstlos in geschenkter, geschuldeter und beide vereinigender Liebe liebt, welche die vollkommenste Mitteilung in der Weise der Natur und des Willens ist, eine Mitteilung nach Art des Wortes, in dem alles ausgesprochen, und des Geschenkes, in dem alles übrige gegeben wird, dann kannst du sehen, daß durch die höchste Mitteilsamkeit des Guten die Dreieinigkeit des Vaters, des Sohnes und des Hl. Geistes notwendig gegeben ist. In ihnen muß wegen der höchsten Güte höchste Mitteilsamkeit, wegen der höchsten Mitteilsamkeit höchste Wesensgleichheit, wegen der höchsten Wesensgleichheit höchste Gleichförmigkeit, darum auch höchste Gleichartigkeit und eben deshalb höchste Gleichewigkeit und auf Grund all des Genannten höchste Gleichinnerlichkeit herrschen. Dadurch ist der eine infolge der höchsten Wechseleinwohnung notwendig ganz im anderen, und jeder wirkt mit dem anderen infolge der gänzlichen Ungeteiltheit der Substanz, Kraft und Wirksamkeit der Heiligsten Dreifaltigkeit zusammen.

[a] Vgl. K. Kremer, Dionysius Pseudo-Areopagita oder Gregor von Nazianz? Zur Herkunft der Formel: „Bonum est diffusivum sui", in: PhTh 63 (1988), 579–585.

Thomas von Aquin (1224/1225–1274)

Thomas von Aquin, Dominikaner italienischer Herkunft, der bedeutendste Theologe und Philosoph der Scholastik, dozierte Theologie in Paris und war auch in Italien tätig. In den allgemeinen geistigen Aufbruch seiner Zeit brachte er seine umfassende Traditionskenntnis und – im Zusammenhang mit der Aristotelesrezeption – seine von ihm selber geschaffene Philosophie ein.

Lit.: M. Schmaus, Der Liber propugnatorius des Thomas Anglicus und die Lehrunterschiede zwischen Thomas von Aquin und Duns Scotus, 2. Teil, Die trinitarischen Lehrdifferenzen, 1. Bd.: Systematische Darstellung und historische Würdigung (Münster 1930); P. Vanier, Théologie trinitaire de St. Thomas d'Aquin (Montréal–Paris 1953); R. Imbach, Deus est intelligere (Fribourg 1976); W. M. Neidl, Thearchia. Die Frage nach dem Sinn von Gott bei Pseudo-Dionysius Areopagita und Thomas von Aquin (Regensburg 1976); N. Molloy, The Trinitarian Mysticism of S. Thomas, in: Angelicum 57 (1980), 373–388; F. van Steenberghen, Le Problème de l'existence de Dieu dans les écrits de St. Thomas (Brüssel 1980); U. Kühn, Thomas von Aquin (1225–1274), in: H. Fries, G. Kretschmar (Hrsg.), Klassiker der Theologie, Bd. 1 (München 1981), 212–225; R. Schönberger, Nomina divina. Zur theologischen Semantik bei Thomas von Aquin (Frankfurt 1981); E. J. Butterworth, The Doctrine of the Trinity in Saint Thomas Aquinas and Saint Bonaventura (Fordham University 1985); F. Courth, Trinität. In der Scholastik (Freiburg 1985), 100–118; H. Jorissen, Zur Struktur des Traktates ‚De Deo' in der Summa theologiae des Thomas von Aquin, in: M. Böhnke, H. Heinz (Hrsg.), Im Gespräch mit dem dreieinen Gott (FS W. Breuning) (Düsseldorf 1985), 231–257; G. Scherer, Die Unbegreiflichkeit Gottes und die Trinität bei Thomas von Aquin, in: ebd. 258–275; E. Booth, Confrontation between the Neo-Platonisms of St. Thomas Aquinas and Hegel, in: Angelicum 63 (1986), 56–89; M. J. Dodds, The Unchanging God of Love: A Study of the Teaching of St. Thomas Aquinas (Fribourg 1986); J.-A. Fidalgo Herranz, La SS. Trinidad en la Suma contra los Gentiles, in: Estudios Biblicos 44 (1986), 147–193; A. Patfoort, Missions divines et expérience de Personnes divines selon St. Thomas, in: Angelicum 63 (1986), 545–559; L. J. Elders, Die Metaphysik des Thomas von Aquin in historischer Perspektive, 2 Bde (Salzburg 1985, 1987), = Salzburger Studien zur Philosophie 16/17; W. Hoye, Zur Problematik des Begriffs „Gotteserfahrung" bei Thomas von Aquin, in: ThGl 77 (1987), 407–442; A. Zimmermann (Hrsg.), Thomas von Aquin. Werk und Wirkung im Licht neuerer Forschungen (Berlin–New York 1988); E. Brito, Nommer Dieu. Thomas d'Aquin et Hegel, in: Revue théologique de Louvain 19 (1988) 160–190; O. H. Pesch, Thomas von Aquin (Mainz 1988).

Summe gegen die Heiden (1259 bis um 1267)

140 Wir wissen nicht, was Gott ist

ScG I,30: Thomas von Aquin, Summe gegen die Heiden, hrsg. und übersetzt von K. Albert und P. Engelhardt, Bd. I, Buch I (Darmstadt 1974) = Texte zur Forschung 15.

Im zitierten Text, der die Beschäftigung mit Dionysius Areopagita erkennen läßt, wird ein Grundsatz thomanischer Philosophie deutlich: Das Erkennen beginnt bei den Sinnen. Das so schlußfolgernde Denken rührt an Gott, ohne den alles Überragenden erfassen zu können – eine Weiterführung der apophatischen (negativen) Theologie.

127 30. Kapitel:
Die von Gott aussagbaren Namen
Auf Grund dessen läßt sich auch darüber nachdenken, was von Gott gesagt oder nicht gesagt werden kann, sowie auch darüber, was sich nur von ihm und was sich zugleich von ihm und den anderen Dingen aussagen läßt.
Weil man nämlich alle Vollkommenheit des Geschöpfes in Gott finden kann, aber auf eine andere, hervorragendere Weise, werden alle die Namen, die eine Vollkommenheit an sich und ohne Mangel bezeichnen, von Gott und von den anderen Dingen ausgesagt, wie ‚Gutsein', ‚Weisheit', ‚Sein' und anderes dieser Art. – Jeder Name aber, der geschöpfliche Vollkommenheiten in der den Geschöpfen eigenen Weise ausdrückt, kann von Gott nur nach der Weise einer Ähnlichkeit oder Metapher ausgesagt werden, durch die das, was dem einen Ding eignet, einem anderen beigemessen zu werden pflegt, wie ein Mensch wegen der Starrheit seines Verstandes ‚Stein' genannt wird. Zu dieser Gruppe aber gehören alle Namen, die gegeben werden, um die Art eines geschaffenen Dinges zu bezeichnen, wie ‚Mensch' und ‚Stein', denn einer jeden Art gebührt eine ihr eigene Weise der Vollkommenheit und des Seins. Ebenso auch alle die Namen, die Eigenschaften von Dingen bezeichnen, welche aus den eigenen Prinzipien der Arten verursacht werden. Deshalb können sie von Gott nur metaphorisch ausgesagt werden. – Die [Namen] aber, die geschöpfliche Vollkommenheiten in der Weise des Überragens ausdrücken, in der sie Gott zukommen, werden allein von Gott ausgesagt, wie ‚das höchste Gute', ‚das erste Seiende' und anderes dergleichen.
Ich sage aber, daß einige der genannten Namen eine Vollkommenheit ohne Mangel in bezug auf das besagen, zu dessen Bezeichnung der Name gegeben wurde; in bezug auf die Weise des Bezeichnens ist indessen jeder Name mit Mangel behaftet. Denn

durch den Namen drücken wir die Dinge in der Weise aus, in der wir sie mit dem Verstande

129 begreifen. Unser Verstand aber, dessen Erkennen bei den Sinnen beginnt, übersteigt nicht die Weise, die sich bei den sinnenfälligen Dingen findet, bei denen wegen der Zusammensetzung aus Form und Materie Form und Formhabendes zweierlei sind. Die Form aber findet sich bei diesen Dingen zwar als eine einfache, aber als eine unvollkommene, nämlich als eine nicht selbständige. Das Formhabende jedoch findet man zwar als Selbständiges, aber nicht als einfaches, sondern vielmehr als eines, dem Zusammengefügtsein eigen ist. Deswegen bezeichnet unser Verstand alles, was er als selbständig bezeichnet, nach Art eines Zusammengefügten. Was er aber als einfach bezeichnet, bezeichnet er nicht als ‚was es ist', sondern als ‚wodurch es ist'. Daher findet sich in jedem Namen, der von uns ausgesagt wird, in bezug auf die Weise des Bezeichnens eine Unvollkommenheit, die Gott nicht anhaftet, obschon die bezeichnete Sache Gott in einer hervorragenden Weise zukommt, wie in den Namen ‚das Gutsein' und ‚das Gute' ersichtlich ist. Denn ‚Gutsein' bezeichnet etwas als ein nicht Selbständiges, ‚das Gute' aber bezeichnet es als ein Zusammengefügtes. Und in bezug darauf wird kein Name Gott sachgerecht beigemessen, sondern einzig in bezug auf das, zu dessen Bezeichnung der Name gegeben wird. Es können also, wie Dionysius lehrt, diese Namen bezüglich Gottes bejaht oder verneint werden, und zwar bejaht wegen des Sinngehaltes des Namens, verneint dagegen wegen der Weise des Bezeichnens.

Die alles überragende Weise aber, in der sich die genannten Vollkommenheiten in Gott finden, kann durch von uns gegebene Namen nicht bezeichnet werden, es sei denn entweder durch Verneinung, so wie wir Gott ‚ewig' oder auch ‚unendlich' nennen, oder aber durch die Beziehung von ihm zu anderem, wie er ‚erste Ursache' oder auch ‚höchstes Gut' genannt wird. Wir können nämlich von Gott nicht erfassen, was er ist, sondern nur, was er nicht ist und wie anderes sich zu ihm verhält, wie aus dem oben Gesagten ersichtlich ist (I 14).

Thomas von Aquin
Summe gegen die Heiden

141 Gott ist das höchste Gut

ScG I, 41: Thomas von Aquin, Summe gegen die Heiden, hrsg. und übersetzt von K. Albert und P. Engelhardt, Bd. I, Buch I (Darmstadt 1974) = Texte zur Forschung 15.

Die Redeweise vom „höchsten Gut" bedeutet nicht, daß Gott für Thomas in das Seiende als die Spitze einer Pyramide eingereiht würde, eine von Aristoteles her naheliegende Gefahr. Thomas hebt die radikale Einzigartigkeit und Unvergleichlichkeit Gottes dadurch hervor, daß er Gott das Gutsein durch sein Wesen – d. h. durch das, was etwas zu dem macht, was es ist – zuschreibt, während allem Nichtgöttlichen das Gutsein nur durch Teilhabe gewährt wurde, eine Synthese mit dem Denken Platons.

153 41. Kapitel:
Gott ist das höchste Gute
Quod Deus sit summum bonum
Daraus läßt sich nun darlegen, daß Gott das höchste Gute ist. Denn das allumfassende Gute überragt jedes Teilgute, wie „das Gut des Volkes besser ist als das Gut des einzelnen". Das Gutsein und die Vollkommenheit des Ganzen überragen nämlich das Gutsein und die Vollkommenheit des Teils. Das Gutsein Gottes aber verhält sich zu allem anderen wie das allumfassende Gute zum Teilguten, da er „das Gute alles Guten" ist, wie dargelegt wurde (I 40). Er ist also das höchste Gute.
Außerdem. Das, was auf Grund seines Wesens ausgesagt wird, wird wahrheitsgemäßer ausgesagt als das, was auf Grund von Teilhabe ausgesagt wird. Gott aber ist gut durch sein Wesen, das andere hingegen durch Teilhabe, wie dargelegt wurde (I 38). Er ist also das höchste Gute.
Ebenso. „Was das Größte in einer jeden Gattung ist, das ist die Ursache des anderen, das zu jener Gattung gehört"; die Ursache ist nämlich mächtiger als die Wirkung. Von Gott her aber hat alles den Charakter des Guten, wie dargelegt wurde (I 40). Er ist also das höchste Gute.
Weiter. Wie das weißer ist, was weniger mit Schwarzem vermischt ist, so ist das besser, was weniger mit Schlechtem vermischt ist. Gott ist aber ganz und gar nicht mit Schlechtem vermischt, da in ihm das Schlechte weder dem Akt noch der Potenz nach sein kann, und das kommt ihm auf Grund seiner Natur zu, wie dargelegt wurde (I 39). Er ist also das höchste Gute.
Deshalb heißt es 1 Sam 2,3: „Keiner ist so heilig wie der Herr."

Thomas von Aquin
Summe der Theologie I (um 1267)
142 Die fünf Wege

Sth I q. 2 a.3: Die Gottesbeweise in der „Summe gegen die Heiden" und der „Summe der Theologie". Text mit Übersetzung, Einleitung und Kommentar, hrsg. v. H. Seidl (Hamburg 1982, ²1986).

Das Denken des Thomas stützt sich im Hinblick auf die Erkenntnisfähigkeit des menschlichen Geistes stark auf Aristoteles. Er traut der „ratio" zu, die Wirklichkeit der Welt zu erkennen, das Sein als Gemeinsamkeit aller erfahrbaren Wirklichkeit zu erfassen und den Grund allen Seins von jeder übrigen Kausalität zu unterscheiden. So geht dieser Erkenntnisweg nicht vom geglaubten Gott, sondern von der Erfahrung aus, um an seinem Ziel sagen zu können: „Gott ist". Die „fünf Wege" finden sich hier in einer Kurzfassung (ausführlich in ScG lib. I cap. 13). Die einzelnen Elemente des Gedankengangs sind Traditionsgut, das Thomas aus Platon, Aristoteles, Johannes von Damaskus, den Arabern, Maimonides usw. kombiniert hat.

Artikel 3
Ob Gott ist
Zum dritten wird so vorgegangen. Es scheint, daß Gott nicht ist: 1. weil von konträr Entgegengesetztem, wenn das eine unendlich ist, das andere völlig vernichtet werden wird. Man versteht aber dies unter dem Namen Gott, nämlich daß Er etwas unendlich Gutes ist. Wenn also Gott wäre, würde sich kein Übel finden. Es findet sich aber Übel in der Welt. Also ist Gott nicht.
2. *Außerdem:* Was durch weniger Prinzipien erfüllt werden kann, geschieht nicht durch mehr Prinzipien. Es zeigt sich aber, daß alles was in der Welt erscheint, auch durch andere Prinzipien erfüllt werden kann, unter Annahme, daß Gott nicht sei, weil die Dinge, die natürliche sind, auf ein Prinzip zurückgeführt werden, das die Natur ist. Die Dinge jedoch, die aus (menschlicher) Zielsetzung sind, werden auf ein Prinzip zurückgeführt, das menschliche Vernunft oder Wille ist. Es besteht also keine Notwendigkeit anzunehmen, daß Gott ist.
Aber dagegen steht was in *Exodus 3,14* von der Person Gottes her gesagt wird: „Ich bin der Ich bin".

143 *Ich antworte:* Daß Gott ist, kann, so läßt sich sagen, auf fünf Wegen bewiesen werden. Der *erste* und augenfälligere Weg aber ist der, welcher von der Bewegung her genommen wird. (a) Es ist nämlich gewiß und steht für die Sinneswahrnehmung fest, daß einige (Dinge) in dieser Welt bewegt werden. Alles aber, was

bewegt wird, wird von etwas anderem bewegt. Nichts nämlich wird bewegt, außer sofern es sich zu dem in Möglichkeit verhält, wozu es bewegt wird. Etwas bewegt aber, sofern es in Wirklichkeit ist; denn bewegen heißt nichts anderes, als etwas aus der Möglichkeit in die Wirklichkeit überführen. Aus der Möglichkeit kann aber etwas nicht überführt werden außer durch etwas Seiendes in Wirklichkeit; z. B. etwas Warmes in Wirklichkeit, wie das Feuer, bewirkt, daß das Holz, das warm der Möglichkeit nach ist, in Wirklichkeit warm wird, und dadurch bewegt es dieses und verändert es. Es ist aber nicht möglich, daß dasselbe (Ding) zugleich in derselben Hinsicht in Wirklichkeit und in Möglichkeit sei, sondern nur in verschiedenen Hinsichten: Was nämlich in Wirklichkeit warm ist, kann nicht zugleich in Möglichkeit warm sein, sondern es ist zugleich kalt in Möglichkeit. Es ist also unmöglich, daß etwas in derselben Hinsicht und auf dieselbe Weise bewegend
55 und bewegt ist oder sich selbst bewegt. Alles also, was bewegt wird, muß von etwas anderem bewegt werden. (b) Wenn also das, wovon es bewegt wird, (seinerseits) bewegt wird, dann muß es auch selbst von einem anderen bewegt werden, und jenes (wiederum) von einem anderen. Hier aber kann es nicht ins Unendliche gehen, weil so nicht etwas erstes Bewegendes wäre, und infolgedessen auch kein anderes Bewegendes, weil die zweiten bewegenden (Ursachen) nur dadurch bewegen, daß sie von einem ersten Bewegenden bewegt sind, wie z. B. der Stab nur dadurch (etwas) bewegt, daß er von der Hand bewegt ist. (c) Also ist es notwendig zu etwas erstem Bewegenden zu kommen, das von nichts bewegt wird. Und dies verstehen alle als Gott.

144 *Der zweite Weg* ist aus dem Begriff der bewirkenden Ursache (genommen). (a) Wir finden nämlich, daß in den sinnlich wahrnehmbaren (Dingen) hier eine Ordnung der wirkenden Ursachen besteht. Es findet sich jedoch nicht und ist auch nicht möglich, daß etwas Wirkursache seiner selbst sei, da es so früher wäre als es selbst, was unmöglich ist. (b) Es ist aber nicht möglich, daß die Wirkursachen ins Unendliche gehen, weil bei allen geordneten Wirkursachen (insgesamt) das Erste Ursache des Mittleren, und das Mittlere Ursache des Letzten ist, sei es daß das Mittlere mehreres oder nur eines ist. Ist aber die Ursache entfernt worden, dann wird auch die Wirkung entfernt. Wenn es also kein Erstes in den Wirkursachen gibt, wird es kein Letztes und auch kein Mittleres geben. Wenn aber die Wirkursachen ins Unendliche gehen, wird es keine erste Wirkursache geben, und so wird es weder eine letzte Wirkung, noch mittlere Wirkursachen geben: was offenbar falsch ist. (c) Also ist es notwendig, eine erste Wirkursache anzunehmen. Diese nennen alle Gott.

145 *Der dritte Weg* ist von dem Möglichen und Notwendigen her genommen und verläuft so: (a) Wir finden nämlich unter den Dingen solche, welche die Möglichkeit haben zu sein und nicht zu sein, da sich einiges findet, das entsteht und vergeht und infolgedessen die Möglichkeit hat zu sein und nicht zu sein. Es ist aber unmöglich, daß alles von dieser Art [ewig] sei, weil das, was möglicherweise nicht sein kann, auch einmal nicht ist. Wenn also alles die Möglichkeit hat nicht zu sein, dann war hinsichtlich der Dinge auch einmal nichts. Wenn dies aber wahr ist, dann wäre auch jetzt nichts, weil das, was nicht ist, nur anfängt zu sein durch etwas, was ist. Wenn also (einmal) nichts Seiendes war, dann war es auch unmöglich, daß etwas zu sein anfing, und so wäre nun nichts: was offenbar falsch ist. Also ist nicht alles Seiende nur Mögliches, sondern es muß auch etwas Notwendiges unter den Dingen geben. (b) Jedes Notwendige aber hat die Ursache seiner Notwendigkeit entweder von anderswoher oder nicht. Es ist aber nicht möglich, daß es ins Unendliche bei den notwendigen (Dingen) gehe, die eine Ursache ihrer Notwendigkeit haben, wie dies auch bei den Wirkursachen nicht möglich ist, wie (oben) bewiesen. (c) Also ist es notwendig etwas anzunehmen, das an sich notwendig ist und die Ursache seiner Notwendigkeit nicht von anderswoher hat, sondern das (vielmehr) Ursache der Notwendigkeit für die anderen (Dinge) ist. Dies nennen alle Gott.

146 *Der vierte Weg* wird von den Graden her genommen, die sich bei den Dingen finden. (a) Es findet sich nämlich bei den Dingen etwas mehr und weniger Gutes, Wahres und Edles, und so von anderem der Art. Mehr und weniger wird aber von verschiedenen (Dingen) ausgesagt, sofern sie sich in verschiedener Weise einem (Prinzip) annähern, das am meisten (d. h. in höchstem Grad) ist, wie z. B. das mehr warm ist, was dem am meisten Warmen näher kommt. Also gibt es etwas, was am wahrsten, besten und edelsten ist und infolgedessen am meisten seiend; denn was am meisten (d. h. in höchstem Grad) wahr ist, ist am meisten seiend, wie es in *Metaphys. II* heißt. (b) Was aber so beschaffen genannt wird, daß ihm am meisten eine Eigenschaft in einer Gattung zukommt, ist die Ursache von allen (Dingen mit dieser Eigenschaft), die zu dieser Gattung gehören, wie z. B. das Feuer, das am meisten warm ist, die Ursache von allen warmen (Dingen) ist, wie in demselben *(Metaphys.-)* Buch gesagt wird. (c) Also gibt es etwas, was von allem Seienden die Ursache des Seins, der Gutheit und jeder anderen Vollkommenheit ist. Und dies nennen wir Gott.

147 59   *Der fünfte Weg* wird von der (zweckvollen) Leitung der Dinge genommen. (a) Wir sehen nämlich, daß einige (Dinge), die des Denkens entbehren, nämlich die natürlichen Körper(dinge), wegen eines Ziels (Zweckes) tätig sind: was daraus deutlich wird, daß sie immer oder meistens auf dieselbe Weise tätig sind, um das zu erreichen, was (jeweils) das Beste ist. Daraus ist offenbar, daß sie nicht aus Zufall, sondern aus (zweckvoller) Absicht zu ihrem Ziel gelangen. (b) Diejenigen (Dinge) aber, die kein Denken haben, streben nicht zu ihrem Ziel, außer weil sie geleitet sind von einem Denkenden und vernünftig Erkennenden, wie der Pfeil vom Bogenschützen geleitet wird. (c) Also gibt es etwas vernünftig Erkennendes, von dem alle Naturdinge auf ein Ziel hin geordnet werden. Und dies nennen wir Gott.

Zum ersten also muß man so sagen, wie Augustinus im *Enchiridium* sagt: „Da Gott im höchsten Maße gut ist, würde Er auf keine Weise zulassen, daß ein Übel in seinen Werken sei, wenn Er nicht so allmächtig und gut wäre, daß Er auch aus dem Übel Gutes tun könnte. Das betrifft also die unendliche Gutheit Gottes, daß Er Übel zuläßt, und aus ihnen Gutes wirkt."
Zum zweiten muß man sagen: Da die Natur wegen eines bestimmten Zieles tätig ist, das sie aus der Leitung eines höheren tätigen Prinzips hat, muß man notwendig das, was von Natur geschieht, auch auf Gott zurückführen, wie auf eine erste Ursache. In gleicher Weise muß man auch das, was aus (menschlicher) Absicht geschieht, auf eine höhere Ursache zurückführen, die nicht menschlicher Verstand und Wille ist, weil diese veränderlich und mangelhaft sind. Man muß aber alles Veränderliche und zum Mangelhaften hin Mögliche zurückführen auf ein erstes Prinzip, das unbewegt und an sich notwendig ist, wie oben gesagt (in der Antwort).

Thomas von Aquin
Summe der Theologie I
148 Gott ist das Sein selbst

> Sth I q.3 a.4: Die deutsche Thomas-Ausgabe, Bd. I, übersetzt von Dominikanern und Benediktinern Deutschlands und Österreichs (³1934, Nachdruck: Graz, Wien, Köln 1982).
>
> Der Text gibt Einblick in das schöpferische Philosophieren des Thomas. Er erreicht eine Art Gottesbegriff, wenn er Gott als das Sein selbst versteht, aber er zeigt zugleich, wie sich Gott diesem und jedem Begreifen entzieht. Die Philosophie sagt für Thomas schlüssig, daß Gottes Sein sein Wesen ist: Die Frage nach dem Wesen fragt nach dem, wodurch etwas das ist, was es ist. Wäre Gott nicht durch sich selber da, dann wäre er durch Teilhabe an einem anderen, abhängig von einem andern da – und damit wäre er nicht mehr Gott. Das Sein Gottes selbst aber ist und bleibt uns ebenso wie sein Wesen unbekannt. So führt diese Philosophie zu der theologischen Erkenntnis, daß Gott das Geheimnis schlechthin ist.

Sind in Gott Wesenheit und Sein dasselbe?

62 [Utrum in Deo sit idem essentia et esse]
Argument: 1. Wenn in Gott Wesenheit und Sein dasselbe sind, erfährt das Sein Gottes keine nähere Bestimmung [durch die es erst den Charakter eines göttlichen Seins *erhalten* würde]. Das Sein aber ohne nähere Bestimmung ist das allgemeine Sein, das von allen Dingen ausgesagt wird. Also wäre Gott das allgemeine Sein, das man von allen Dingen aussagt. Das widerspricht aber den Worten der Schrift (Weish 14,21): „Den Namen, den man keinem Wesen beilegen darf, legten sie Bäumen und Steinen bei." Also ist das Sein Gottes nicht dasselbe wie sein Wesen.
Argument: 2. Wir wissen von Gott wohl, *daß* er ist, nicht aber, *was* er ist (2, 3 Zu 3). Also kann das Sein Gottes nicht dasselbe sein wie sein Wesen oder seine Natur.

63 *Anderseits* sagt schon Hilarius: „Das Sein in Gott ist nicht etwas [zum Wesen] Hinzukommendes, sondern in sich ruhende Wahrheit." Also ruht das Sein Gottes in sich selbst [und nicht in einem ihm zugrunde liegenden „Wesen"].
Antwort: Gott ist nicht nur, wie (Art. 3) gezeigt wurde, sein Wesen, er ist auch sein Sein.
[*Respondeo* dicendum quod Deus non solum est sua essentia, ut ostensum est [art. praec.], sed etiam suum esse.]ª
Dafür mehrere Gründe. Erstens: Alles das, was sich in einem Ding außer seiner nackten Wesenheit sonst noch findet, muß sich entweder herleiten lassen aus den Wesensgründen wie alle art-not-

wendigen Eigenschaften – z. B. das Lachen-Können, das dem Menschen eigentümlich ist und aus den Wesensgründen dieser bestimmten Seinsart „Mensch" notwendig folgt –; oder es muß sich herleiten lassen aus einer äußeren Ursache, wie z. B. die Wärme des Wassers verursacht wird vom Feuer. So auch mit dem Sein. Ist es verschieden vom Wesen, so muß es sich herleiten lassen entweder aus einer äußeren Ursache oder aber aus den Wesensgründen des Dinges selbst. Es ist aber unmöglich, daß sich das Sein eines Dinges rein aus seinen Wesensgründen ableiten lasse, denn kein Ding, dem ein solches abgeleitetes Sein eigen ist, ist sich selbst soweit genug, daß es Ursache seines eigenen Seins sein könnte. Sobald also bei einem Ding das Sein vom Wesen verschieden ist, ist das ein Zeichen dafür, daß wir es mit einem von anderswoher abgeleiteten Sein zu tun haben. Das dürfen wir aber von Gott nicht sagen, der nach unserer [früheren] Feststellung die erste aller Wirkursachen ist [2, 3]. Es ist also unmöglich, daß Gottes Sein etwas anderes ist als sein Wesen.

[Impossibile est ergo quod in Deo sit aliud esse, et aliud ejus essentia.]

Zweitens: Das Sein ist die Verwirklichung jeder Form oder Natur; denn wir sprechen von Gutsein oder von Menschennatur als wirklichen nur, sofern sie irgendwie Sein haben. Wo also das Sein vom Wesen verschieden ist, muß es sich zu diesem verhalten wie die bestimmungsmächtige Seins-Wirklichkeit zur bestimmungsbedürftigen Seinsanlage. Wir haben aber oben (Art. 1) gezeigt, daß sich in Gott kein Schatten einer solchen bestimmungsbedürftigen Seinsanlage findet [vgl. 3, 2; Antw.]. Also kann in ihm die Wesenheit nichts anderes sein als sein Sein. Sein Wesen ist also sein Sein.

[Sua igitur essentia est suum esse.]

Drittens: Wie das, was glüht und doch nicht selbst Feuer ist, seine Glut von einem anderen haben muß durch Teilhabe, so kann auch das, was *Sein* hat und doch das Sein nicht selbst *ist,* dieses Sein nur durch Teilhabe besitzen. Gott aber *ist* seine Wesenheit, wie wir ebenfalls oben (Art. 3) gezeigt haben. Wäre er also nicht auch zugleich sein Dasein, so würde er sein durch Teilhabe und nicht durch sein Wesen. Er wäre also nicht das erste Sein – eine absurde Behauptung. Gott ist also auch sein Sein und nicht nur sein Wesen.

[Est igitur Deus suum esse, et non solum sua essentia.]

Zu 1. Daß etwas „keine weitere Bestimmung erfährt", kann doppelt verstanden werden: einmal so, daß der Begriff des betreffen-

den Dinges eine weitere Bestimmung
65 positiv ausschließt; so schließt der Begriff des nicht-vernünftigen Sinnenwesens die Bestimmung „vernünftig" positiv aus. Daß etwas „keine weitere Bestimmung erfährt", kann zweitens so verstanden werden, daß der Begriff des betreffenden Dinges eine weitere Bestimmung *nicht* positiv ausschließt [sie aber auch nicht positiv einschließt, sondern einfach von ihr absieht]. So sagt der Allgemeinbegriff „Sinnenwesen" nichts von „vernünftig", weil es, in dieser Allgemeinheit gefaßt, nicht zum Begriff „Sinnenwesen" gehört, Vernunft zu haben. Ebensowenig freilich liegt es im Begriff des Sinnenwesens, *keine* Vernunft zu haben. Im ersten Sinne bedeutet „das Sein ohne weitere Bestimmung" das göttliche Sein, im zweiten Sinne das allgemeine Sein.

Zu 2. Das Zeitwort „Sein" findet sich in zweierlei Bedeutung vor. Einmal bezeichnet es das Sein [= Da-sein] als Verwirklicht-sein [oder: als Wirklich-sein]. Zweitens wird es gebraucht, um die Verbindung zwischen Subjekt und Prädikat eines Satzes herzustellen, der als solcher nur im Denken Sein hat. Nehmen wir das Zeitwort „Sein" in der ersten Bedeutung, dann kennen wir freilich das „Sein" Gottes nicht, sowenig wir sein Wesen kennen. Wir kennen vielmehr das „Sein" Gottes nur in der zweiten Bedeutung dieses Zeitwortes; wir können nämlich erkennen, daß der von uns aufgestellte Satz: Gott „ist" [= es gibt einen Gott] der Wahrheit entspricht; und zwar erkennen wir das aus den Werken Gottes (2, 2).

a Noch prägnanter als in dem hier vorliegenden Text formuliert Thomas in der quaestio 44, daß Gott das in sich gründende Sein selbst ist [quod Deus est ipsum esse per se subsistens] (q.44 a.1 resp.: Die deutsche Thomas-Ausgabe Bd. IV, 5).

Thomas von Aquin
Summe der Theologie I

149 Ist Gott „Person"?

Sth I q.29 a.3 u. 4: Die deutsche Thomas-Ausgabe, Bd. III (Salzburg, Leipzig 1939).

Der Text bezeugt das Problembewußtsein des Thomas: „Person" ist kein biblischer Begriff, er ist auch in der lateinisch-griechischen Tradition noch nicht geklärt. Akzeptiert man die Definition des Boethius, dann muß bei Gott jedenfalls das Prinzip beachtet werden: was von Gott ausgesagt wird, darf Gott nicht in eine Reihe mit Geschöpfen einordnen. In trinitätstheologischer Sicht hat der Begriff für Thomas eine eigene Problematik. In bewußter Weiterführung des Augustinus versteht Thomas unter Person eine für sich bestehende (subsistens) Hinordnung. Er ist damit wegweisend für ein relationales Personverständnis, das über eine Orientierung an Selbstbewußtsein und Selbstbesitz hinauskommt.

3. Artikel:
Ob man den Namen Person im Göttlichen verwenden darf
[Utrum nomen personae sit ponendum in Divinis]
Argument: 1. Dionysius sagt: *Im allgemeinen darf man nicht wagen, von der überwesentlichen, verborgenen Göttlichkeit etwas auszusagen oder zu denken, außer dem, was in göttlicher Weise aus den heiligen Aussprüchen ausdrücklich offenbart ist.* Der Name *Person* aber kommt in der Heiligen Schrift des Alten und des Neuen Bundes nicht vor. Also darf man den Namen *Person* im Göttlichen nicht verwenden.

2. Boethius sagt: *Der Name Person scheint hergenommen zu sein von jenen Masken, die in den Schau- oder Trauerspielen die Menschen darstellten; persona nämlich wird abgeleitet von personare [= hindurchtönen], weil sie [die Maske] durch die eigene Höhlung größer sein muß, damit der Ton trage. Die Griechen aber nannten diese Masken prosopa, weil sie im Gesicht getragen wurden und vor den Augen [befindlich] die Gesichtszüge verbargen.* Das kann aber im Göttlichen nicht zutreffen als höchstens im übertragenen Sinne. Also wird der Name *Person* von Gott nur im übertragenen Sinne [metaphorice] gebraucht.

3. Jede Person ist Hypostase [omnis persona est hypostasis]. Der Name *Hypostase* aber scheint Gott nicht zuzukommen; denn nach Boethius bezeichnet er das, was den Eigenschaften, die es in Gott nicht gibt, zugrunde liegt. Auch Hieronymus meint, in diesem Namen *Hypostase sei das Gift unter dem Honig verborgen.* Also ist der Name *Person* von Gott nicht zu gebrauchen.

4. Auf wen eine Wesensbestimmung [diffinitio] nicht zutrifft, auf den trifft auch das nicht zu, was [durch sie] bestimmt wird. Die oben (Art. 1) gegebene Wesensbestimmung von *Person*[a] scheint aber auf Gott nicht zuzutreffen; sowohl weil *Vernunft* eine fortschreitende Erkenntnis voraussetzt, die Gott nicht zukommt (14, 7: Bd. 2) – also kann Gott nicht genannt werden: *vernunftbegabter Natur* [‚rationalis naturae']; als auch weil Gott nicht *Einzelsubstanz* [‚individua substantia'] genannt werden kann; denn der Grund der Vereinzelung ist der Stoff, Gott aber ist unstofflich. Auch ist Er nicht Träger der Eigenschaften, daß Er Substanz genannt werden könnte. Also darf der Name *Person* Gott nicht beigelegt werden.

Anderseits heißt es im Glaubensbekenntnis des Athanasius: *Eine andere ist die Person des Vaters, eine andere die des Sohnes, eine andere die des Heiligen Geistes.*

Antwort: Person bezeichnet das, was das Vollkommenste ist in der ganzen Natur, nämlich das Für-sich-Bestehende vernunftbegabter Natur. Da nun alles, was vollkommen ist, Gott zugeschrieben werden muß, weil Seine Wesenheit in sich alle Vollkommenheit enthält[b], so ist es angebracht, daß dieser Name *Person* von Gott ausgesagt werde. Freilich nicht in derselben Weise, wie er von den Geschöpfen gebraucht wird, sondern in erhabenerem Sinne [excellentiori modo];

wie auch die anderen Namen, die wir zunächst den Geschöpfen geben und dann auf Gott übertragen, wie wir oben gezeigt haben, als von den göttlichen Namen die Rede war (13, 3: Bd. 1).

Zu 1. Wenn auch der Name *Person* als von Gott gebraucht in den Schriften des Alten und Neuen Bundes nicht vorkommt, so wird doch das, was der Name bezeichnet, in vielfacher Weise in der Heiligen Schrift von

Gott behauptet: nämlich daß Er im höchsten Maße durch sich seiend und in vollkommenster Weise erkennend ist. Wenn man aber von Gott buchstäblich nur das aussagen dürfte, was die Hl. Schrift von Gott überliefert, könnte niemals jemand in einer anderen Sprache von Gott sprechen als in jener, in der zu allererst die Schrift des Alten und des Neuen Bundes überliefert ist. Die Notwendigkeit, sich mit den Irrlehrern auseinanderzusetzen, zwang jedoch, neue Namen zu finden, die den alten Glauben von Gott bezeichneten. Auch liegt kein Grund vor, diese Neuheit zu vermeiden, da sie nicht weltlich ist und mit dem Sinn der Hl. Schrift nicht in Widerspruch steht. Der Apostel lehrt aber [nur], *weltliche Neuerungen im Ausdruck zu vermeiden* (1 Tim 6,20).

Zu 2. Wenn auch der Name *Person* Gott nicht zukommt in bezug auf das, wovon der Name genommen ist, in bezug auf das, was er bezeichnen soll, kommt er Ihm im höchsten Grade zu. Weil nämlich in den Lust- und Trauerspielen berühmte Männer dargestellt wurden, so wurde dieser Name *Person* gewählt zur Bezeichnung solcher, die eine Würde innehatten. So gewöhnte man sich daran, in den Kirchen solche Menschen *Personen* zu nennen, die eine Würde bekleideten. Deshalb bestimmen auch einige das Wesen der Person dadurch, daß sie sagen: Person ist eine *Hypostase, die durch eine in den Bereich der Würde gehörende Eigentümlichkeit [von anderen] unterschieden ist.* Und weil es eine hohe Würde bedeutet, in vernunft-

54 begabter Natur für sich zu bestehen, so wird jedes Einzelwesen vernunftbegabter Natur Person genannt (Art. 1). Die Würde der göttlichen Natur aber überragt jede Würde und dementsprechend gebührt Gott im höchsten Grade der Name *Person*.

Zu 3. Auch der Name *Hypostase* [lat. zunächst „substantia"] gebührt Gott nicht in bezug auf das, wovon der Name genommen ist, da Gott nicht Träger von Eigenschaften ist [cum non substet accidentibus]; er gebührt Ihm jedoch, insofern er ein für sich bestehendes Wirkliches [rem subsistentem] bezeichnen soll.

Hieronymus aber meint, unter diesem Namen sei Gift verborgen, weil die Irrlehrer, bevor die Bedeutung dieses Namens bei den Lateinern voll bekannt war, mit diesem Namen die einfachen Leute durch Täuschung dahin brachten, daß sie mehrere Wesenheiten bekannten, wie sie [die Griechen] mehrere Hypostasen bekennen [vgl. Art. 2 Zu 2]; deshalb, weil der Name *Substanz,* dem im Griechischen der Name *Hypostase* entspricht, bei uns gewöhnlich für Wesenheit genommen wird.

Zu 4. Gott kann *vernunftbegabter Natur* genannt werden, insofern Vernunft nicht die fortschreitende Erkenntnis besagt, sondern allgemein die verstandhafte Natur bezeichnet. *Einzelwesen* [‚Individuum'] aber kann Gott nicht zukommen, insoweit der Grund der Vereinzelung der Stoff ist; sondern nur insoweit es die Unmitteilbarkeit bezeichnet. *Substanz* hinwiederum kommt Gott zu, insofern es das Durch-sich-selbst-Dasein bezeichnet.

[‚Substantia' vero convenit Deo, secundum quod significat per se existere.]

55 Einige sagen freilich, die oben (Art. 1) durch Boethius gegebene Wesensbestimmung sei nicht die Wesensbestimmung von Person, soweit wir von Personen in Gott sprechen. Deshalb sagt Richard von St. Viktor, der diese Wesensbestimmung verbessern wollte, Person, soweit es von Gott ausgesagt werde, sei *die nicht mitteilbare Existenz der göttlichen Natur.*

(Im folgenden Artikel 4 geht Thomas auf die Frage ein, ob denn der Name „Person" auch eine Beziehung bezeichnen könne [Utrum hoc nomen persona significat relationem]? Diese Frage zielt auf die Schwierigkeit, daß der Name „Person" „im Göttlichen ... in der Mehrzahl von den Dreien ausgesagt wird" (56). Thomas' Antwort:)

150 58 Um in dieser Frage zur Klarheit zu kommen, muß man bedenken, daß etwas in der Bezeichnung des weniger Allgemeinen gegeben

ist, was jedoch nicht in der Bezeichnung des mehr Allgemeinen liegt; so ist *vernunftbegabt* eingeschlossen in der Bezeichnung *Mensch,* und ist doch nicht gegeben in der Bezeichnung *Sinnenwesen.* Es ist also etwas anderes, nach der Bedeutung von *Sinnenwesen* fragen, und etwas anderes, nach der Bedeutung von *Sinnenwesen, das Mensch ist,* fragen. Ebenso ist es etwas anderes, nach der Bedeutung des Namens *Person* im allgemeinen fragen und nach der Bedeutung von *göttliche Person* fragen. Person im allgemeinen bezeichnet nämlich die Einzelsubstanz vernunftbegabter Natur (Art. 1). Einzelwesen aber ist das, was in sich ununterschieden, von anderen aber unterschieden ist. Person also in irgendeiner Natur bezeichnet das, was in jener Natur [von den anderen Einzelwesen derselben Natur] unterschieden ist; so bezeichnet es in der menschlichen Natur dieses Fleisch und dieses Gebein und diese Seele, die die Vereinzelungsgründe des Menschen sind; sind diese auch nicht gegeben in der Bezeichnung *Person,* so sind sie doch gegeben in der Bezeichnung *menschliche Person.* Eine Unterscheidung im Göttlichen aber erfolgt nur durch die Ursprungsbeziehungen (28, 3).
[Distinctio autem in divinis non fit nisi per relationes originis, ut dictum est supra.]
Die Beziehung im Göttlichen ist aber nicht wie eine Eigenschaft, die dem Träger innehaftet, sondern ist die göttliche Wesenheit selbst; sie ist daher für sich bestehend, wie die göttliche Wesenheit für sich bestehend ist.
[Relatio autem in divinis non est sicut accidens inhaerens alicui subjecto, sed est ipsa essentia divina; unde est subsistens, sicut et essentia divina subsistit.]

59 Wie also die Gottheit Gott ist, so ist die göttliche Vaterschaft Gott Vater, der eine göttliche Person ist. *Göttliche Person* bezeichnet nämlich die Beziehung *als für sich bestehend.* Und das heißt: die Beziehung bezeichnen nach der Weise der Substanz, die die in göttlicher Natur für sich bestehende Hypostase ist, wenn auch das in göttlicher Natur für sich Bestehende nichts anderes ist als die göttliche Natur selbst.
Und dementsprechend ist es richtig, daß der Name *Person* direkt die Beziehung, indirekt die Wesenheit bezeichnet, doch die Beziehung nicht, insofern sie Beziehung ist, sondern insofern sie bezeichnet wird nach der Weise der Hypostase. – In ähnlicher Weise bezeichnet er [der Name *Person*] auch die Wesenheit direkt, die Beziehung indirekt, insofern Wesenheit dasselbe ist wie Hypostase. Die Hypostase aber wird im Göttlichen bezeichnet als durch

die Beziehung [von den anderen Hypostasen] unterschieden. Ebenso fällt die Beziehung, wenn sie nach der Weise der Beziehung bezeichnet ist, indirekt unter den Begriff *Person*.
Danach läßt sich nun Folgendes sagen: Diese Bedeutung des Namens *Person* war vor den falschen Aufstellungen der Irrlehrer noch nicht erkannt; deshalb war auch der Name *Person* nur in Gebrauch wie einer der anderen beziehungslos gebrauchten Namen. Nachher aber ist der Name *Person* soweit angeglichen worden, daß er für einen beziehungshaften gelten konnte, und zwar aus der Ange-
60 messenheit seiner Bezeichnung heraus, so daß er ebendies, daß er als Beziehungsname gilt, nicht nur aus dem Gebrauch hat, sondern auch aus seiner Bedeutung.

a Die von Thomas angegebene Definition von „Person" ist die des Philosophen Boethius (Text Nr. 112): „Person ist Einzelsubstanz der vernunftbegabten Natur" [„Persona est rationalis naturae individua substantia"] (Sth I q.29 a.1 ag.1).
b Zur Vollkommenheit Gottes siehe Sth I q.4: „De Dei perfectione".

Johannes Duns Scotus (1265/1266−1308)

Der schottische Franziskanertheologe lehrte in Oxford, Paris und Köln. Die „Ordinatio" ist ein Kommentar zu den Sentenzen des Petrus Lombardus. Er trug ihn erstmals (vor 1302) in Oxford vor. Im Dienst theologischer Erkenntnis bemühte er sich dabei um die philosophische Tradition, insbesondere um Aristoteles. Unter Aufnahme von Gedankengängen Augustins und Anselms von Canterbury formulierte er den aristotelischen „Gottesbeweis" vom unbewegten Beweger um. Dabei thematisierte er auch Gottes Allmacht.

Ordinatio (nach 1300)

151 Der vollkommenste Gottesbegriff: Unendliches Seiendes

Lat.: Doctoris subtilis et mariani Johannis Duns Scoti OFM, Ordinatio Liber primus, distinctio prima et secunda (Civitas Vaticana 1950) = Opera omnia II.
Dt.: Johannes Duns Scotus: Gottes Dasein und Einzigkeit, Ordinatio I, d.2, q.1 und 3 übersetzt und erklärt von H. L. Fäh, in: Franziskanische Studien 44 (1962) 192−241, 343−382.
Lit.: E. Wölfel, Seinsstruktur und Trinitätsproblem. Untersuchungen zur Grundlegung der natürlichen Theologie bei Johannes Duns Scotus (Münster 1965); F. Wetter, Die Trinitätslehre des Johannes Duns Scotus (Münster 1967); L. Honnefelder, Ens inquantum ens. Der Begriff des Seienden als solchen als Gegenstand der Metaphysik nach der Lehre des Johannes Duns Scotus (Münster 1979); W. Dettloff, Johannes Duns Sco-

tus (1265/1266–1308), in: H. Fries, G. Kretschmar (Hrsg.), Klassiker der Theologie, Bd. 1 (München 1981), 226–237; W. Dettloff, L. Honnefelder, Duns Scotus/Scotismus, in: TRE IX (1982), 218–240; S. D. Dumont, The quaestio si est and the Metaphysical Proof for the Existence of God according to Henry of Ghent and John Duns Scotus, in: Franziskan. Stud. 66 (1984), 335–367.

Der Beweisgang im ganzen kann hier nicht dokumentiert werden (er enthält nicht weniger als 30 zusammenhängende, logisch scharfsinnige Schlußfolgerungen). Duns Scotus kommt über die Unendlichkeit als Inbegriff aller Vollkommenheit zum „unendlichen Seienden" als vollkommenstem Begriff für Gott, erfahrbar im Vollzug der Liebe und erkennbar als im höchsten Maß Denkbares. Von hier aus gelangt er auch zum Begriff eines unendlichen Willens, mit dem Gott sich selber als Grund seiner Seligkeit liebt. Die „skotistische" Theologie ist bis in die Gegenwart einflußreich geblieben.

Ordinatio, d.2, q.1:

343 n. 111 Nachdem diese Voraussetzungen gezeigt wurden, tue ich die Unendlichkeit auf vier Wegen dar.

Erstens auf dem Weg der Bewirksamkeit, wo das Behauptete auf zweifache Weise gezeigt werden wird: Erstens, weil es das erste Bewirkende aller Dinge ist; zweitens, weil so bewirkend, nämlich indem es alles Machbare deutlich erkennt; drittens wird die Unendlichkeit auf dem Wege des Ziels gezeigt werden, und viertens auf dem Wege des Überragens.

Den ersten Weg, denjenigen von seiten der Ursache, berührt der Philosoph im Achten der Physik und im Zwölften der Metaphysik: Weil es durch eine unendliche Bewegung bewegt; also besitzt es unendliche Macht.[a] ...

344 n. 117 Der letzte Wahrscheinlichkeitsgrund, der sich darbietet, um das Folgeverhältnis des Philosophen zu erklären, ist dieser: Was immer zugleich Macht hat zu irgendwelchen Vielen, deren jedwedes irgendeine ihm eigene Vollkommenheit erfordert, von dem läßt sich aus der Mehrzahl solcher folgern, daß es vollkommener ist. So scheint man vom ersten Tätigen zugeben zu müssen: Wenn es zugleich unendlich viele Dinge verursachen könnte, wäre seine Kraft unendlich; und folglich: Wenn das erste Tätige zugleich die Kraft hat, unendlich viele Dinge zu verursachen, könnte es, soviel an ihm liegt, sie zugleich hervorbringen; obschon die Natur der Wirkung es nicht zuläßt, ergibt sich dennoch die Unendlichkeit seiner Kraft. Dieses letzte Folgeverhältnis wird erwiesen, weil ein solches, das nicht zugleich Weiß und Schwarz verursachen kann, nicht weniger vollkommen ist, weil sie nicht zugleich verursach-

345 bar sind; diese Nichtgleichzeitigkeit nämlich rührt von ihrem Widerstreit her und rührt nicht von einem Mangel des Tätigen her.

n. 118   Daraus erweise ich die Unendlichkeit so: Wenn das Erste jede Ursächlichkeit zugleich formal besäße, obschon die Verursachbaren nicht zugleich ins Sein gesetzt werden könnten, wäre es unendlich; weil es, soviel an ihm liegt, zugleich unendlich vieles hervorbringen könnte; und zugleich Zahlreicheres zu können, auf größere Macht im Sinn der Geballtheit schließen läßt. Wenn es also jede Ursächlichkeit auf vollkommenere Weise besitzt, als wenn es sie formal besäße, folgt noch eher die Unendlichkeit im Sinn der Geballtheit. Aber es besitzt jede Ursächlichkeit jedwedes Dinges gemäß dem Ganzen, das in dem Dinge selbst ist, auf überragendere Weise, als wenn sie [in ihm] auf formale Weise wäre.

n. 119   Obschon ich also der Ansicht bin, daß man die Allmacht im eigentlichen Wortgebrauch, nach dem Verständnis der Gottesgelehrten, nur glaubt und nicht durch die natürliche Vernunft erweisen kann, wie in der zweiundvierzigsten Abteilung gesagt werden wird, wird dennoch auf natürlichem Wege eine unendliche Macht erwiesen, die, soviel an ihr liegt, jede Ursächlichkeit zugleich besitzt, die zugleich zu unendlich vielen Dingen vermögend wäre, wenn sie zugleich machbar wären.

n. 120   Wenn du einwendest: ‚das Erste hat nicht aus sich zugleich zu unendlich vielen Dingen Macht, weil nicht erwiesen wurde, daß es die gänzliche Ursache der unendlich vielen Dinge ist', verschlägt dies nichts; denn wenn es zugleich besäße, was erforderlich wäre, um die gänzliche Ursache zu sein, wäre es um nichts vollkommener, als es jetzt ist, wo es besitzt, was erforderlich ist, um die erste Ursache zu sein. – Einmal, weil jene zweiten Ursachen nicht wegen einer Vollkommenheit beim Verursachen erforderlich sind, denn dann wäre das von der ersten Entferntere vollkommener, weil es die vollkommenere Ursache erfordern würde. Wenn nach den Philosophen die zweiten Ursachen zusammen mit der ersten erforderlich sind, ist dies vielmehr wegen der Unvollkommenheit der Wirkung, damit das Erste zusammen mit irgendeiner unvollkommenen Ursache ein Unvollkommenes verursachen könne, das es nach ihnen nicht unmittelbar verursachen könnte. – Sodann, weil die Vollkommenheiten in ihrem Ganzen nach Aristoteles auf überragendere Weise im Ersten sind, als wenn ihre Formalitäten selbst ihm innewären, wenn sie innesein könnten. Dies wird erwiesen, weil die der ersten nächste zweite Ursache ihre ganze verursacherische Vollkommenheit allein von der ersten hat. Also besitzt jene ganze Vollkommenheit die erste Ursache auf vollkommenere Weise als die zweite Ursache, die sie formal besitzt. Das Folgeverhältnis liegt zutage, weil die erste im Hinblick auf jene zweite Ursache gänzliche und artverschiedene Ursache ist. Entsprechend frage man nach der dritten Ursache im Hinblick auf die zweite oder im Hinblick auf die erste. Wenn im Hinblick auf die erste, steht das Behauptete fest. Wenn im Hinblick auf die zweite, folgt, daß die zweite auf überragende Weise die ganze Vollkommenheit enthält, die formal in der dritten ist. Aber die zweite verdankt es der ersten, daß sie so die Vollkommenheit der dritten enthält, aus dem vorhin gezeigten [Satz]. Also kommt es der ersten auf überragendere Weise zu, die Vollkommenheit der dritten zu enthalten, als der zweiten; und so von allen anderen, bis zur letzten. Daß also die erste Ursache auf überragende Weise die ganze verursacherische Vollkommenheit aller besitzt, und auf vollkommenere Weise, als wenn sie die Ursächlichkeit aller formal besäße, wenn es möglich wäre, [dies] scheint meines Erachtens der Grund des Aristoteles vom unendlichen Selbstandwesen, der dem Achten der Physik und dem Zwölften der Metaphysik entnommen ist und weiter oben aufgestellt wurde, dartun zu können.

n. 125   Nachdem das Behauptete auf dem Weg der ersten Bewirksamkeit gezeigt wurde, weil jene erste Bewirksamkeit die Unendlichkeit mit sich bringt, folgt der zweite Weg, daraus, daß er alles Machbare deutlich versteht. Hier begründe ich so: Die verstehbaren [Gegenstände] sind unendlich viele, und dies in Wirklichkeit, in einem Verstand, der sie alle versteht. Also ist ein Verstand, der diese zugleich in Wirklichkeit versteht, unendlich. Solcher Art ist der Verstand des Ersten.

n. 130   Desgleichen wird auf dem dritten Wege, nämlich von seiten des Ziels, diese Begründung gegeben: Unser Wille kann über jedes Endliche hinaus etwas anderes, Größeres erstreben und lieben, wie der Verstand [ein Größeres] verstehen [kann]. Und es scheint, daß die Neigung, ein unendliches Gut aufs höchste zu lieben, in noch höherem Maße naturhaft ist, denn daraus wird eine naturhafte Neigung zu etwas im Willen dargetan, daß der freie Wille aus sich, ohne ein Gehaben, mit Bereitschaft und mit Lust jenes will. Es scheint, daß wir beim Vollzug der Liebe zu einem unendlichen Gut solches erfahren; ja der Wille scheint in einem anderen nicht vollkommen zur Ruhe zu kommen. Und wie würde

er jenes nicht naturhaft hassen, wenn es seinem Gegenstand entgegengesetzt wäre, wie er naturhaft das Nichtsein haßt (nach Augustinus, Über den freien Willen, im dritten Buch, 8. Kapitel)? Es scheint
349 auch, daß er, wenn das Unendliche dem Guten widerstritte, auf keine Weise im Guten unter dem Gesichtspunkt des Unendlichen zur Ruhe käme, noch nach jenem mit Leichtigkeit streben würde, wie auch nicht nach etwas, das seinem Gegenstand widerstreitet. Dieser Grund wird auf dem folgenden Weg, dem vom Verstande, bekräftigt werden.

154 [d. Vierter Weg, aus dem ersten Überragen. Deutung des Beweisgrundes des heiligen Anselmus (nn. 131–139)]
n. 131   Desgleichen wird das Behauptete viertens auf dem Weg des Überragens gezeigt, und ich gebe diese Begründung: Mit dem Überragendsten ist es unverträglich, daß etwas vollkommener sei, wie vorher zutage getreten ist. Mit einem Endlichen aber ist es nicht unverträglich, daß etwas vollkommener sei. Darum usw.
350 n. 137   Dadurch kann jener Grund des Anselmus vom höchsten denkbaren Gut im Proslogion eine Färbung erhalten; und zu verstehen ist seine Umschreibung so: Gott ist jenes, über das hinaus, wenn es ohne Widerspruch erkannt wird, ein Größeres ohne Widerspruch nicht gedacht werden kann. Und daß man hinzufügen muß: ‚ohne Widerspruch', liegt zutage, denn in wessen Erkenntnis oder Gedachtwerden ein Widerspruch eingeschlossen ist, jenes wird ein nicht Denkbares genannt, weil dann zwei entgegengesetzte Denkbare vorliegen, die auf keine Weise ein einiges Denkbares ausmachen, weil keines das andere bestimmt.
n. 138   Das vorhin genannte höchste ohne Widerspruch Denkbare kann in der Dingwelt sein. Dies wird zuerst vom washeitlichen Sein erwiesen, weil in einem solchen Denkbaren der Verstand im höchsten Maße zur Ruhe kommt. Also ist in ihm der Sinngehalt des ersten Gegenstandes des Verstandes, nämlich des Seienden, und dies im höchsten Maße. – Und sodann wird weiter dargetan, daß jenes ist, wobei wir vom Sein des Daseins sprechen: Das im höchsten Maße Denkbare ist nicht nur im denkenden Verstand; denn dann könnte es sein, weil ein mögliches Denkbares, und könnte nicht sein, weil es seinem Sinngehalt widerstreitet, von irgendeiner Ursache her zu sein, wie vorher, in der zweiten Schlußfolgerung auf dem Weg der Bewirksamkeit zutage getreten ist. Ein größeres Denkbares also ist jenes, das in der Dingwelt ist, als jenes, das nur im Verstande ist. Man darf dies aber nicht so

verstehen, daß dasselbe, wenn es gedacht wird, dadurch ein größeres Denkbares sei, wenn es da ist; sondern daß über jedes hinaus, das nur im Verstande ist, irgendein größeres ist, das da ist. n. 139 Oder anders erhält [der Grund] diese Färbung: Ein größeres Denkbares ist jenes, das da ist; das heißt ein vollkommeneres Erkennbares, weil anschaubar oder durch eine anschauende Verstehung verstehbar. Wenn es nicht da ist, weder in sich noch in einem Vornehmeren, zu dem es nichts hinzufügt, ist es nicht anschaubar. Das Anschaubare aber ist das vollkommenere Erkennbare als das nicht Anschaubare, sondern nur auf abziehende Weise Verstehbare. Also ist das vollkommenste Erkennbare da.

[a] Duns Scotus erinnert hier an die Beweisgänge bei Aristoteles in Physik VIII Kap. 10 und Metaphysik XII Kap. 7; vgl. dazu F. Ricken, Aristoteles, in: K.-H. Weger (Hrsg.), Argumente für Gott (Freiburg 1987), 33–40. – Für ein genaueres Verständnis des Textes sei ausdrücklich auf die kommentierenden Anmerkungen von H. L. Fäh (s.o.) hingewiesen.

Meister Eckhart (um 1260–um 1328)

Der Dominikaner Eckhart wirkte als theologischer Lehrer in Paris und Köln und war auch als Seelsorger und in Ordensfunktionen tätig. In seiner Gotteslehre stand er in der Tradition seines Ordens, insbesondere aber im Gefolge Alberts und anderer deutscher Dominikaner mit ihrer eigenen Interpretation neuplatonischer und aristotelischer Gedanken. Seine lateinischen Predigtentwürfe sind Bestandteil eines großangelegten, nur in Fragmenten niedergeschriebenen Werkes.

Sermones de tempore IV:
Am Dreifaltigkeitsfest über die Epistel
nach dem Römischen Meßbuch

155 Gott in allem – alles in Gott

Meister Eckhart, Die deutschen und lateinischen Werke, hrsg. im Auftrag der Deutschen Forschungsgemeinschaft (Stuttgart 1936 ff.); Die lateinischen Werke, hrsg. v. J. Koch u. a., Bd. IV: Sermones (1956), 22–32.
Lit.: V. Lossky, Théologie négative et connaissance de Dieu chez Maître Eckhart (Paris 1973); R. Imbach, Deus est intelligere (Fribourg 1976); J. Sudbrack, Wege zur Gottesmystik (Einsiedeln 1980), 87–133; U. Kern, Meister Eckhart, in: TRE IX (1982), 258–264; M. Egerding, Gott bekennen. Strukturen der Gotteserkenntnis bei Meister Eckhart (Frankfurt–Bern 1984); K. Flasch (Hrsg.), Von Meister Dietrich zu Meister Eckhart (Hamburg 1984); A. M. Haas, Meister Eckhart (ca. 1260–ca. 1328), in: G. Ruhbach, J. Sudbrack (Hrsg.), Große Mystiker (München 1984), 222–236; E. Zum Brunn, A. de Libera, Maître Eckhart. Métaphysique du Verbe et théologie négative (Paris 1984); R. Hauke, Trinität und Denken. Die Unterscheidung der Einheit von Gott und Mensch bei

Meister Eckhart (Tübingen 1985); K. Ruh, Meister Eckhart. Theologe, Prediger, Mystiker (München 1985); S. Breton, Le rapport: être-Dieu chez Maître Eckhart, in: D. Bourg (Hrsg.), L'être et Dieu (Paris 1986), 43–58.

Die wiedergegebene Skizze enthält wesentliche Aspekte seiner Gottesauffassung. Auch Thomas von Aquin hatte gesagt, daß Gott in allen Dingen ist (Sth I q.8 1) und daß alles in Gott ist (Sth I q.8 a.1 ad 2; q.39 a.8), aber originell ist die Interpretation Eckharts, die von dem Gedanken ausgeht, daß nur Gott allein Sein ist und daß innerhalb Gottes alles um seiner selbst und nichts um eines anderen willen geschieht. So kommt Eckhart auch zu der Feststellung, daß Gott und das Nichtgöttliche zusammen nicht mehr sind als Gott allein. Die Überlegung endet mit dem Hinweis auf die Unaussagbarkeit Gottes.

1.
22 Röm. 11,36: *Aus ihm, durch ihn und in ihm ist alles*
20. Bemerke: wenn es heißt: *durch ihn ist alles,* so ist der Sinn von *durch ihn* der, daß er in allem ist. Denn ganz allgemein ist alles, wodurch etwas ist, sicherlich in diesem. So ist die Weiße, durch die etwas weiß ist, in diesem. Denn nichts ist weiß durch die Weiße, die in einem andern ist. Der Apostel will also sagen und lehren, daß alles von Gott ist, Gott in allem und alles in ihm.
21. Zweitens bemerke, daß er nicht sagt noch zufügt: ‚seinetwegen' *ist alles:* erstens, weil Gott, und folglich auch der göttliche Mensch, nicht wegen eines Warum und Weshalb
23 wirkt. Zweitens, weil alle Wesen aus Gott und durch Gott wirken, was sie in Gott wirken, aber auch (weil) Gott selbst alles in sich selbst wirkt. *In ihm* aber gibt es kein Wegen. Drittens, weil der wahrhaft um Gottes willen wirkt, der aus Gott, durch Gott und in Gott wirkt, wie der Gerechte Gerechtes oder auf gerechte Weise (wirkt), nicht aber wegen (der Gerechtigkeit), soweit ‚wegen' von ‚aus', ‚durch', und ‚in' unterschieden wird. Alles ist also *aus ihm, durch ihn und in ihm.* Das Schriftwort aber: ‚alles hat der Herr um seiner selbst willen gewirkt' (Spr. 16,4) läßt sich auf Grund des bereits Gesagten auslegen. Oder er sagt: ‚um seiner selbst willen', nicht um eines andern willen, entsprechend dem Wort: ‚bei mir selbst habe ich geschworen' (Gen. 22,16). Bemerke, daß diese drei: *aus, durch* und *in* den göttlichen Personen nicht nur zugeeignet, sondern eigentümlich zu sein scheinen. Zweitens bemerke, daß sie dasselbe sind, wie weiter unten erhellt. Drittens
24 bemerke: auch für die Geschöpfe gilt allgemein, daß, wor*aus* ein einzelnes Wesen ist, es auch *durch* dasselbe und *in* demselben ist. Viertens ist zu bemerken, daß *aus* nicht Wirkursache im eigentlichen Sinne ist, sondern vielmehr die Idee der Wirkursache.

22. *Aus ihm, durch ihn und in ihm ist alles. Aus ihm,* dem Vater, *durch ihn,* den Sohn, *in ihm,* dem Heiligen Geist. *Zu in ihm* bemerke, daß in dem Heiligen Geist alle Dinge so sind, daß das, was nicht in ihm ist, notwendigerweise nichts ist. *In ihm,* sagt er, ist alles. Was nicht innerhalb von allem, sondern außerhalb von allem ist, ist notwendigerweise nichts. Wer nämlich sagt *alles,* nimmt nichts aus. *In ihm aber* ist alles. Das besagt das Wort: ‚das ohne ihn', das heißt nicht in ihm ‚Gemachte ist nichts' (Joh. 1,3).

23. Zweitens bemerke: *so ist in ihm alles,* daß der Heilige Geist, falls etwas nicht im Heiligen Geist selbst sein sollte, nicht Gott wäre. So wie die Weiße, wenn etwas weiß neben oder außerhalb der Weiße wäre, nicht Weiße wäre, da ja alles durch die Weiße weiß ist, so ist das, was nicht im Sein ist, sondern neben oder außer dem Sein, nichts. Denn wie sollte es sein oder etwas sein außer dem Sein oder ohne das Sein oder nicht im Sein? Das Sein aber ist von Gott allein, und er allein ist das Sein: ‚ich bin, der ich bin', und: ‚der ist, hat mich gesandt' (Exodus 3,14). Wenn aber etwas außer ihm oder
nicht in ihm wäre, so wäre er selbst nicht das Sein, und wäre folglich auch nicht Gott. Daher heißt es wiederum: ‚alles ist durch ihn geworden' (Joh. 1,3). ...

2.
Über die Dreieinigkeit
Aus ihm, durch ihn und in ihm ist alles.

29. Dieses Wort wird gewöhnlich von der Dreieinigkeit ausgelegt. Sage also, daß *aus* dem Bewirkenden *durch* die Form und *im* Ziel alles ist. Gott also ist es, *aus* dem alles ist, das heißt der alles Bewirkende, *durch* den alles ist, das heißt die Form aller Dinge oder der alles Formende, *in* dem alles ist, weil er das Ziel von allem ist. Hierzu ist zu bemerken, daß viele in diesem Punkt eine grobe und falsche Vorstellung haben, weil sie sich erstens einbilden, dadurch werde den geschaffenen Dingen Wirken, Form und Ziel genommen. Sieh nach unter actio.[1] Zweitens (meinen sie), das Bewirkende, die Form und das Ziel in den Geschöpfen seien (zusammen) mit Gott zwei Bewirkende oder ein zweifaches Bewirkendes, zwei Formen, zwei Ziele. Das ist (eine) grobe (Einbildung), einmal weil kein Seiendes mit Gott zusammen eine Zahl bildet, – denn das Sein bildet mit dem Seienden, das Sein mit dem Nichts, aber auch die Form mit dem von ihr Geformten keine Zahl; das Sein ist aber mehr im Innern einer jeden Form und bildet (mit

30 ihr) noch weniger eine Zahl (als die Form mit dem Geformten) – weiter, weil jedes Seiende, (jedes) Bewirkende, (jede) Form und (jedes) Ziel außerhalb und neben dem Sein begriffen oder mit dem Sein zusammengezählt nichts ist, weder ein Seiendes noch ein Bewirkendes noch Form noch Ziel, weiter, weil das Sein, nämlich Gott, das Innigste ist für alles Seiende, alle Form und (alles) Ziel, und umgekehrt alles Seiende, (alle) Form und (alles) Ziel im Sein selbst ist. Ja, alles Bewirkende bewirkt durch sein Sein, (alle) Form formt durch ihr Sein, alles Ziel bewegt durch sein Sein, durch gar nichts anderes; wo aber das eine um des andern willen ist, sind sie in beiden Fällen nur eins. Außerdem nimmt alle Zahl oder Zweiheit eins außerhalb des andern oder neben einem andern; alles Bewirkende aber, alle Form und alles Ziel ist, außerhalb des Seins genommen, nichts. (Gott und Geschöpf) sind also nicht zwei Bewirkende, zwei Formen, zwei Ziele.

31 30. Zusammenfassend bemerke, daß alles, was von der Heiligen Dreieinigkeit geschrieben oder gesagt wird, keineswegs so sich verhält oder wahr ist. (Das ergibt sich) erstens aus der Natur des Teilungsgegensatzes, der vornehmlich zwischen dem Unterschiedenen und dem Ununterschiedenen, zwischen den Dingen der Zeit und denen der Ewigkeit, zwischen dem sinnlichen und dem geistigen Himmel, zwischen dem stofflichen und dem geistlichen Leib besteht. Zweitens: da Gott in seiner Natur und aus seiner Natur unsagbar ist, so ist das, was er nach unsern Aussagen ist, nicht in ihm. Daher sagt der Psalm: ‚alle Menschen sind Lügner' (Psalm 115,11). Wahr ist aber, daß etwas in Gott ist, was der Dreieinigkeit entspricht, die wir von ihm aussagen, und auch den übrigen ähnlichen (Aussagen). Drittens: jeder Name und überhaupt alles, was eine Zahl einführt oder eine Zahl in (unseren) Begriff oder in (unseren) Gedanken eintreten läßt, ist ferne von Gott, weil er nach Boethius „das wahrhaft Eine ist, in dem keine Zahl" ist, nicht einmal eine gedachte Zahl.

Demgemäß bemerke zweierlei: erstens, daß (Begriffe wie:) gut, wahr, Wahrheit, Güte und ähnliches nicht eigentlich von Gott ausgesagt werden können, weil sie (etwas zu Gott) hinzufügen oder eine Zahl in den Gedanken oder die Begriffsbildung oder die Idee ein-

32 führen. Zweitens: deshalb empfand Magdalena, die den Einen suchte, nämlich Gott, noch größeren Schmerz, als sie die Zweizahl – der Engel nämlich – (im leeren Grab) erblickte.

[1] Vielleicht Anspielung auf ein von ihm benutztes (von ihm stammendes?) Lexikon philosophischer Begriffe.

Nikolaus von Kues (1401–1464)

Nikolaus von Kues, humanistisch, mathematisch und naturwissenschaftlich gebildet, übte kirchliche beratende und diplomatische Tätigkeiten aus; er wurde Kardinal und Bischof von Brixen. Seine Abhandlungen zu Philosophie und Theologie sind in freier Form gehalten. Sie zeigen Einflüsse Platons, des Neuplatonismus, des Dionysius Areopagita, Meister Eckharts und der „Brüder vom gemeinsamen Leben". Das Gottesdenken des Nikolaus kann sich nur in Paradoxien und in Sprachformen der apophatischen (negativen) Theologie äußern.

Lit.: R. Haubst, Das Bild des Einen und Dreieinen Gottes in der Welt nach Nikolaus von Kues (Trier 1952); M. Alvarez, Añoranza y conocimiento de Dios en la obra de Nicolás de Cusa, in: L. Scheffczyk, W. Dettloff, R. Heinzmann (Hrsg.), Wahrheit und Verkündigung (FS M. Schmaus), Bd. I (München 1967), 651–685; S. Dangelmayr, Gotteserkenntnis und Gottesbegriff in den philosophischen Schriften des Nikolaus von Cues (Meisenheim 1969); G. Schneider, Gott – das Nichtandere. Untersuchungen zum metaphysischen Grunde bei Nikolaus von Kues (Münster 1970); H. Schnarr, Modi essendi. Interpretationen zu den Schriften De docta ignorantia, De coniecturis und De venatione sapientiae von Nikolaus von Kues (Münster 1973); W. Beierwaltes, Visio absoluta. Reflexion als Grundzug des göttlichen Prinzips bei Nicolaus Cusanus (Heidelberg 1978); Ch. H. Lohr, Ramón Lull und Nikolaus von Kues, in: ThPh 56 (1981), 218–231; P. M. Watts, Nicolaus Cusanus (Leiden 1982); W. J. Hoye, Gott – Das Maximum, in: ThGl 74 (1984), 377–390; K. Kremer, Die Hinführung (manuducatio) von Polytheisten zum Einen, von Juden und Muslimen zum dreieinen Gott, in: R. Haubst (Hrsg.), Der Friede unter den Religionen nach Nikolaus von Kues (Münster ⁶1985), 126–159, 159–163; E. Meuthen, Nikolaus von Kues (Münster ⁶1985); J. Stallmach, Vernunft als „Sinn für Gott". Zur Frage natürlicher Gotteserkenntnis im Anschluß an Nikolaus von Kues, in: K. Kremer (Hrsg.), Um Möglichkeit oder Unmöglichkeit natürlicher Gotteserkenntnis heute (Leiden 1985), 73–91; K. Kremer, Gott – in allem alles, in nichts nichts. Bedeutung und Herkunft dieser Lehre des Nikolaus von Kues, in: Mitteilungen und Forschungsbeiträge der Cusanus-Gesellschaft 17 (1986), 188–219; Nikolaus von Kues, Vom Sehen Gottes. Ein Buch mystischer Betrachtung. Mit einem Nachwort von A. M. Haas (Zürich 1987); B. H. Helander, Die visio intellectualis als Erkenntnisweg und -ziel des Nicolaus Cusanus (Stockholm 1988).

Der verborgene Gott (1444/1445)

157 Das Gleichnis vom Nichts und der Farbe

Lat. u. Dt.: Nikolaus von Kues, Philosophisch-theologische Schriften, hrsg. und eingeführt von L. Gabriel, übersetzt und kommentiert von D. und W. Dupré, Studien- und Jubiläumsausgabe Lateinisch-Deutsch, Bd. I (Wien 1964), 299–309.

Das Textbeispiel macht deutlich, in welcher für seine Zeit völlig neuen Weise Nikolaus über die Grenzen des Erkennens und der Sprache reflektierte, wobei ihm die Gewißheit von der Existenz Gottes gerade nicht verlorenging.

301 Ein Gespräch zweier Männer, von denen der eine Heide, der andere Christ ist, über den verborgenen Gott
Heide: Ich sehe, wie du voll Ehrfurcht niedergebeugt, aus tiefstem Herzen Tränen der Liebe vergießt, ohne zu heucheln. Bitte, sage mir, wer du bist!
Christ: Ich bin ein Christ.
H: Wen betest du an?
C: Gott.
H: Wer ist der Gott, den du anbetest?
C: Das weiß ich nicht.
H: Wie kannst du mit solchem Ernst etwas anbeten, das du nicht kennst?
C: Eben weil ich ihn nicht kenne, bete ich ihn an.[a]
H: Seltsam, daß ein Mensch von etwas ergriffen wird, das er nicht kennt.
C: Noch seltsamer ist, daß ein Mensch von etwas ergriffen wird, das er zu wissen meint.
H: Warum?
C: Weil er das, was er zu wissen glaubt, weniger weiß als das, von dem er weiß, daß er es nicht kennt.
H: Bitte, erkläre mir das!
C: Wer glaubt, etwas zu wissen, obwohl man doch nichts wissen kann, scheint mir wahnsinnig zu sein.
H: Mir scheinst vielmehr du den Verstand völlig verloren zu haben, wenn du sagst, man könne nichts wissen.
C: Unter Wissen verstehe ich: die Wahrheit erfaßt haben. Wer sagt, daß er weiß, behauptet damit, daß er die Wahrheit erfaßt hat.
H: Das glaube ich auch.
C: Wie kann man aber die Wahrheit erfassen außer durch sie selbst? Denn man erfaßt sie nicht, wenn zuerst das Erfassende kommt und dann das Erfaßte.
H: Ich verstehe nicht, daß die Wahrheit nur durch sich selbst erfaßt werden kann.
C: Glaubst du, daß sie auf andere Weise und in etwas anderem erfaßt werden kann?
H: Ja!
C: Du irrst ganz offenbar; denn es gibt keine Wahrheit außerhalb der Wahrheit, keinen Kreis außerhalb des Kreisseins, keinen Menschen außerhalb des Menschseins. Daher findet man keine Wahrheit außerhalb der Wahrheit, weder anders noch in anderem.
303 *H:* Auf welche Weise ist mir dann bekannt, was ein Mensch ist und was ein Stein ist, und alles andere, von dem ich Kenntnis habe?

C: Du weißt nichts von diesen, du glaubst nur zu wissen. Denn wenn ich dich nach der Washeit dessen, was du zu wissen meinst, fragte, so würdest du gestehen, daß du die eigentliche Wahrheit des Menschen und des Steines nicht ausdrücken kannst. Die Tatsache, daß du weißt, daß ein Mensch kein Stein ist, kommt nicht aus einem Wissen, durch das du den Menschen und den Stein und ihren Unterschied wüßtest, sondern aus ihren zufälligen, äußeren Eigenschaften, aus der Verschiedenheit ihrer Handlungen und Gestalten, welchen du, wenn du sie unterscheidest, verschiedene Bezeichnungen gibst. Die Bewegung in dem unterscheidenden Verstand gibt diese Namen.

H: Gibt es eine oder mehrere Wahrheiten?

C: Es gibt nur eine einzige. Denn es gibt nur eine Einheit und die Wahrheit fällt mit der Einheit zusammen, weil es wahr ist, daß es nur eine Einheit gibt. Wie man in der Zahl nur eine einzige Einheit findet, so auch in den vielen Dingen eine einzige Wahrheit. Und darum wird der, der die Einheit nicht erreicht, die Zahlen nie kennen und der, der die Wahrheit in der Einheit nicht erreicht, nichts wahrhaft wissen. Und obwohl er glaubt, in Wahrheit zu wissen, erfährt er doch leicht, daß das, was er zu wissen glaubt, wahrer gewußt werden kann. Das Sichtbare zum Beispiel kann wahrer gesehen werden, als es von dir gesehen wird, und zwar durch schärfere Augen. Also siehst du es nicht so, wie es in Wahrheit sichtbar ist. Ebenso verhält es sich mit dem Gehör und den übrigen Sinnen. Da aber nun alles, das zwar gewußt wird, aber nicht mit jenem Wissen, mit dem es gewußt werden kann, nicht in Wahrheit, sondern anders und auf andere Weise gewußt wird – anders aber und auf andere Weise als die Wahrheit ist, wird diese nicht gewußt – ist jeder von Sinnen, der glaubt, in Wahrheit zu wissen und die Wahrheit nicht kennt. Hielt man nicht jenen Blinden für verrückt, der die Unterschiede der Farbe zu wissen glaubte, ohne die Farbe zu kennen?

H: Welcher Mensch ist denn dann ein wissender, wenn man nichts wissen kann?

C: Nur den kann man für einen Wissenden halten, der um sein Nichtwissen weiß. Und nur der wird die Wahrheit verehren, der weiß, daß er ohne sie nichts erfassen kann, weder Sein noch Leben noch Verstehen.

H: Vielleicht ist es das, was dich zur Anbetung bewog: das Sehnen, in der Wahrheit zu sein.

C: Ja, genau dies. Ich verehre Gott, nicht den, den ihr Heiden fälschlich nennt und zu kennen glaubt, sondern Gott selbst, der die unsagbare Wahrheit ist.

305 *H:* Da du nun, Bruder, den Gott verehrst, der die Wahrheit ist, und da wir ja auch nicht einen Gott verehren wollen, der nicht in Wahrheit Gott ist, so frage ich dich, worin besteht der Unterschied zwischen euch und uns?
C: Es gibt viele Unterschiede, aber der größte und bedeutendste ist der, daß wir die absolute, unvermischte, ewige und unaussprechliche Weisheit selbst verehren; ihr dagegen verehrt sie nicht so, wie sie absolut in sich selbst ist, sondern so, wie sie in ihren Werken ist; nicht die absolute Einheit, sondern die Einheit in Zahl und Menge. Und dabei irrt ihr, denn die Wahrheit, die Gott ist, kann keinem andern mitgeteilt werden.
H: Ich bitte dich, Bruder, führe mich dazu, daß ich vermag, das, was du von deinem Gott weißt, einzusehen. Antworte mir, was du von dem Gott weißt, den du verehrst.
C: Ich weiß, daß alles, was ich weiß, nicht Gott ist, und daß alles, was ich erfasse, ihm nicht gleichkommt, daß er es vielmehr überragt.
H: Also ist Gott nichts.
C: Er ist nicht nichts, denn dieses Nichts hat selbst den Namen „nichts".
H: Wenn er nicht nichts ist, ist er also etwas?
C: Er ist auch nicht etwas, denn etwas ist nicht alles, Gott aber ist nicht eher etwas als alles.
H: Seltsam. Du behauptest, der Gott, den du verehrst, ist weder nichts noch etwas. Das kann kein Verstand begreifen.
C: Gott steht über dem Nichts und über dem Etwas. Ihm gehorcht das Nichts, so daß es zu Etwas wird. Und dies ist seine Allmacht. Durch sie überragt er alles, was ist und nicht ist und es gehorcht ihm gleicherweise das, was ist und das, was nicht ist. Denn er läßt das Nicht-sein in das Sein übergehen, und das Sein in das Nicht-sein. Er ist also nichts von allem, das ihm unterworfen ist und dem seine Allmacht vorangeht. Und da alles von ihm stammt, kann man ihn nicht eher so oder anders nennen.
H: Kann er überhaupt genannt werden?
C: Gering ist, was genannt wird. Er, dessen Größe unfaßlich ist, bleibt unsagbar.
H: Ist er also unsagbar?
C: Er ist nicht unsagbar, sondern vielmehr über alles aussagbar. Er ist der Grund alles Nennbaren. Wie könnte der, der dem andern seinen Namen gibt, selbst ohne Namen bleiben?

H: Demnach ist er beides zugleich, sagbar und unsagbar.
C: Nein, auch das trifft nicht zu. Denn Gott ist nicht Wurzel und Ursprung des Widerspruches, sondern die Einfachheit, die vor jedem Ursprung steht. Daher kann man dies, daß er sagbar und unsagbar ist, auch nicht behaupten.

307 *H:* Was willst du dann von ihm sagen?
C: Daß er weder genannt noch nicht genannt, noch genannt und nicht genannt werden kann, sondern daß alles, was ausgesagt werden kann, gemeinsam und getrennt in Übereinstimmung und Widerspruch ihm wegen der Außerordentlichkeit seiner Unendlichkeit nicht entspricht. Er ist der eine Ursprungsgrund und steht vor jedem Gedanken, den man von ihm bilden könnte.
H: So kommt Gott das Sein nicht zu?
C: Du hast Recht.
H: Er ist also nichts!
C: Er ist weder nichts noch ist er nicht, noch ist er und ist er nicht, sondern er ist die Quelle und der Ursprung aller Gründe des Seins und Nicht-seins.
H: Ist Gott also die Quelle der Gründe des Seins und Nicht-seins?
C: Nein.
H: Aber das hast du gerade behauptet!
C: Ich habe die Wahrheit gesagt, als ich es bejahte und sage nun wiederum die Wahrheit, wenn ich es verneine. Denn wenn es Ursprungsgründe des Seins und Nicht-seins gibt, dann geht Gott ihnen voran. Aber das Nicht-sein hat nicht als Prinzip das Nicht-sein, sondern das Sein. Denn das Nicht-sein braucht ein Prinzip, um zu sein. So ist also das Prinzip des Nicht-seins, weil das Nicht-sein ohne es nicht ist.
H: Ist Gott nicht die Wahrheit?
C: Nein, sondern er geht aller Wahrheit voran.
H: Ist er etwas anderes als sie?
C: Nein, denn das Anderssein kann ihm nicht zukommen. Aber er ist vor alledem, was von uns als Wahrheit begriffen und bezeichnet wird, unendlich erhaben.
H: Ihr nennt doch Gott „Gott"?
C: Ja!
H: Sagt ihr nun damit etwas Wahres oder Falsches?
C: Keines von beiden! Denn wir sagen nicht das Wahre, wenn wir sagen, daß das sein Name ist, und auch nichts Falsches, denn es ist nicht falsch, daß das sein Name ist. Und wir sagen auch nicht zugleich Wahres und Falsches, denn seine Einfachheit geht allem Benennbaren und Nichtbenennbaren voran.

H: Warum nennt ihr ihn Gott, obwohl ihr seinen Namen nicht kennt?
C: Wegen des darin enthaltenen Gleichnisses seiner Vollkommenheit.
H: Bitte, erkläre mir das!
309 *C:* Die Bezeichnung Gott (Deus) kommt von ϑεωρῶ[b], ich sehe. Denn Gott ist in unserem Bereich wie das Sehen im Bereich der Farbe. Die Farbe kann einzig durch das Sehen erfaßt werden, und auf daß jede beliebige Farbe erfaßt werden könnte, ist das eigentliche Zentrum des Sehens ohne Farbe. Im Bereich der Farbe ist daher das Sehen, das ohne Farbe ist, nicht zu finden. Daher ist in Hinblick auf den Bereich der Farbe das Sehen eher nichts als etwas. Denn das Gebiet der Farbe berührt außerhalb seines Gebietes das Sein nicht, sondern behauptet, daß sich alles Seiende innerhalb seines Gebietes befinde. Und dort findet er das Sehen nicht. Das Sehen, das ohne Farbe existiert, ist im Bereich der Farbe unnennbar, da ihm der Name keiner Farbe entspricht. Aber das Sehen gibt durch Unterscheidung jeder Farbe ihren Namen. Daher hängt jede Benennung im Bereich der Farbe vom Sehen ab, und doch haben wir entdeckt, daß der Name dessen, von dem alle Namen sind, eher nichts ist als etwas. So verhält sich Gott zu allem, wie das Sehen zum Sichtbaren.
H: Was du gesagt hast, gefällt mir. Ich erkenne deutlich, daß im Bereich aller Geschöpfe Gott und sein Name nicht zu finden ist. Und daß Gott nichts entspricht, daß er sich vielmehr jeder Gedankenvorstellung entzieht, da er als etwas, das nicht die Verfassung eines Geschöpfes besitzt, im Bereich der Geschöpfe nicht gefunden werden kann. Auch findet man im Bereich des Zusammengesetzten nicht Nicht-Zusammengesetztes, und alle Namen, die genannt werden, sind Namen von Zusammengesetzten. Das Zusammengesetzte ist aber nicht aus sich selbst, sondern von dem, das allem Zusammengesetzten vorangeht. Und wenn auch das Gebiet des Zusammengesetzten und alles Zusammengesetzte durch dieses das ist, was es ist, so ist es dennoch als ein Nichtzusammengesetztes im Gebiet des Zusammengesetzten unbekannt. So sei Gott, verborgen vor den Augen aller Weisen dieser Welt, in Ewigkeit gepriesen![c]

[a] Lat.: „Quia ignoro, adoro." Im Hintergrund dieses Textes steht Nikolaus' Gedanke von der „Coincidentia oppositorum". Vgl. dazu De visione Dei, Die Gottes-Schau, in: Philosophisch-theologische Schriften, Bd. III, Wien 1967, 93–219; bes. 133: „Daraus erfahre ich, daß ich in die Dunkelheit eintreten muß, den Zusammenfall der Gegensätze [coincidentiam oppositorum] über

alle Fassungsvermögen des Verstandes hinaus zugestehen und die Wahrheit dort suchen muß, wo mir die Unmöglichkeit entgegentritt; über dieser Unmöglichkeit, die über jedem, auch dem höchsten Vernunftaufstieg hinaus liegt, wenn ich zu dem gelangt bin, das für alle Vernunft unerkannt ist, und von dem jede Vernunft meint, es sei von der Wahrheit am weitesten entfernt, finde ich Dich. Dort bist Du, mein Gott, der Du die absolute Notwendigkeit bist. ... Ich habe den Ort gefunden, in dem man Dich unverhüllt zu finden vermag. Er ist umgeben von dem Zusammenfall der Gegensätze [contradictorium coincidentia]. Dieser ist die Mauer des Paradieses, in dem Du wohnst. Sein Tor bewacht höchster Verstandesgeist. Überwindet man ihn nicht, so öffnet sich nicht der Eingang. Jenseits des Zusammenfalls der Gegensätze [ultra coincidentiam contradictoriorum] vermag man Dich zu sehen; diesseits aber nicht."

b Diese Ableitung ist falsch; Nikolaus übernahm sie aus der antiken Tradition.
c Weitere gute Zeugnisse für die Gotteslehre des Cusaners finden sich bei Rudolf Haubst, Das Bild des Einen und Dreieinen Gottes in der Welt nach Nikolaus von Kues, Trier 1952 (Trierer Theologische Studien, Bd. IV). Wichtig ist z. B. die Aussage der 1. Predigt: „Hoc tene! Deum in via cognoscere possumus, quod est (= daß er ist); in patria, sicut est; et nusquam hic vel ubi, quid est, quia incomprehensibilis" (ebd. 319 f.).

Martin Luther (1483 – 1546)

Weihnachtspostille zu Joh 1,1 – 14 (1522)

158 Eine andere Person ist das Wort und eine andere der Gott, bei dem es war

D. Martin Luthers Evangelien-Auslegung, hrsg. v. E. Mülhaupt, 4. Teil: Das Johannes-Evangelium mit Ausnahme der Passionstexte, bearbeitet von E. Ellwein (Göttingen 1954).

Lit.: H. Bandt, Luthers Lehre vom verborgenen Gott (Berlin 1958); P. Althaus, Die Theologie Martin Luthers (Gütersloh 1962, ⁴1975); H.-M. Barth, Fides creatrix Divinitatis. Bemerkungen zu Luthers Rede von Gott und dem Glauben, in: NZSTh 14 (1972), 89–106; R. Jansen, Studien zu Luthers Trinitätslehre (Bern–Frankfurt 1976) (Lit.); R. Weier, Das Theologieverständnis Martin Luthers (Paderborn 1976); J. Brosseder, Martin Luther (1483–1546), in: H. Fries, G. Kretschmar (Hrsg.), Klassiker der Theologie, Bd. 1 (München 1981), 283–313; E. Jüngel, Die Offenbarung der Verborgenheit Gottes, in: K. Lehmann (Hrsg.), Vor dem Geheimnis Gottes den Menschen verstehen (München 1984), 79–104.

Der Text zeigt schön Martin Luthers trinitätstheologische Grundpositionen: Er hält an der traditionellen Begrifflichkeit (Wesen, Person) fest. Er möchte spekulative „Subtilitäten" fernhalten und äußert sich kritisch zur „natürlichen", d. h. vom Glauben nicht erleuchteten Vernunft. Ein Begreifen der Trinität ist allein aus dem Glauben möglich, dieser aber empfängt für Luther die Wahrheit allein aus der Schrift.

1 Dies ist das höchste Evangelium unter allen, doch nicht wie etliche meinen, finster oder schwer. Denn allhie der hohe Artikel von der

Gottheit Christi auf's allerklarste gegründet ist, was billig alle Christen wissen sollen und auch wohl verstehen mögen. Dem Glauben ist nichts zu hoch. Darum wollen wir's, soviel wir (ver)mögen, auf's deutlichste handeln, und nicht wie die Schullehrer mit ihren erdichteten Subtilitäten vor dem gemeinen Mann verbergen oder jemand abschrecken. Es bedarf nicht viel spitziger, scharf(sinniger) Untersuchung, sondern nur des einfältigen, schlichten Aufmerkens auf die Worte.

6 *„Und das Wort war bei Gott"*
Wo sollte es sonst sein? Es war ja außer Gott nichts. Das sagt auch Moses, da er schreibt: „Gott sprach: es werde Licht." Sollte er sprechen, so mußte das Wort ja bei ihm sein. Aber er scheidet hie die Person klar, daß eine andere Person das Wort ist, denn der Gott, dabei es war. Es leidet dieser Spruch Johannis nicht, daß Gott allein gewesen sei, dieweil er sagt, bei Gott sei etwas gewesen, nämlich sein Wort. Wenn nur ein Einziges da gewesen wäre, was (be)durfte er (zu) sagen: bei Gott war das Wort? Etwa bei ihm sein ist nicht allein oder selber sein. Und ist wohl darauf zu merken, daß der Evangelist hart auf das Wörtlein dringet: „bei"; denn er wird's noch einmal sagen, daß er ja klar ausdrücke die persönlichen Unterschiede, zu begegnen der natürlichen Vernunft und zukünftigen Ketzer. Denn dieweil die natürliche Vernunft leichter begreift, daß nur Ein Gott sei, und viel Sprüche der Schrift das bekräftigen,

7 wie denn auch wahr ist, so strebt sie gar hart dawider, daß mehr als eine Person derselbige Gott sein sollten. Und daher ist Sabellius, der Ketzer gekommen, der da sagt: Vater, Sohn, Heiliger Geist wäre eine Person. Wiederum Arius, ob er wohl zugab, daß bei Gott das Wort wäre, wollte er doch nicht, daß es wahrer Gott wäre. Jener bekennt und lehret allzu(sehr) eine große Einfältigkeit in Gott, dieser lehret allzu(sehr) eine große Vielfältigkeit. Jener mischt die Person ineinander, dieser scheidet die Naturen voneinander. Aber die Wahrheit christlichen Glaubens geht mitten hindurch, lehret und bekennt unvermischte Person und unzerteilte Natur. Eine andere Person ist der Vater als der Sohn; aber er ist nicht ein anderer Gott. Wenn das (die) natürliche Vernunft auch nicht begreift, das ist recht; der Glaube soll's allein begreifen. Natürliche Vernunft macht Ketzerei und Irrtum; Glaube lehret und hält die Wahrheit; denn er haftet an der Schrift, die trügt noch lügt nicht.

Johannes Calvin (1509–1564)
Unterricht in der christlichen Religion (1559)

159 Der Vater ist der Ordnung nach der Erste

Johannes Calvin, Unterricht in der christlichen Religion, Institutio Christianae Religionis, nach der letzten Ausgabe übersetzt u. bearbeitet v. O. Weber (Neukirchen-Vluyn ²1963) (³1984).

Lit.: W. Neuser (Hrsg.), Calvinus Theologus (Neukirchen-Vluyn 1976); R. Stauffer, Dieu, la création et la Providence dans la prédication de Calvin (Bern–Frankfurt 1978); A. Ganoczy, Jean Calvin (1509–1564), in: H. Fries, G. Kretschmar (Hrsg.), Klassiker der Theologie, Bd. 1 (München 1981), 329–345; W. Nijenhuis, Calvin, in: TRE VII (1981), 568–592.

Der Genfer Reformator nennt in den Institutiones, seinem Hauptwerk, I 13,22 als hauptsächliche Gegner, gegen die er die göttliche Trinität verteidigt, Arius, Sabellius und Michael Servet, den blasphemischen Antitrinitarier, dessen Verhaftung und Hinrichtung auf dem Scheiterhaufen 1553 Calvin mitbetrieben hatte. In der letzten Ausgabe des Werkes behandelt er die Trinität zusammen mit der Erkenntnis des Schöpfergottes, die zwar durch einen Samen Gottes in den Herzen aller Menschen, selbst der Gottlosen, und durch wahre Zeichen in der Schöpfung möglich, konkret aber immer verdorben ist. Der Text zeigt, wie Calvin die Einheit des göttlichen Wesens (unter Abweisung einer Quaternität, wie sie Gilbert von Poitiers († 1154) vorgeworfen wurde) begründet und im Vater den Anfang und die Quelle der Gottheit sieht; vom Sohn sagt er jedoch, als Gott sei er aus sich selber, als Person aber habe er seinen Anfang aus dem Vater.

I. Buch, Kap. 13, 25 u. 26:

74 25. Der Irrtum unserer Gegner besteht darin, daß man sich in Gott drei Einzelwesen erträumt, die je einen Teil des (göttlichen) Wesens hätten. Aus der Schrift heraus aber lehren wir, daß Gott seinem Wesen nach *einer* ist und daß deshalb das Wesen des Sohnes und des Geistes ungezeugt ist. Freilich, sofern der Vater der Ordnung nach der Erste ist und seine Weisheit aus sich heraus zeugte, heißt er, wie wir oben schon sagten, mit Recht Anfang und Quelle der Gottheit. So ist Gott –

75 ohne nähere Bestimmung – ungezeugt, und der Vater auch hinsichtlich seiner Person ungezeugt. In ihrer Torheit meinen sie aus unserem Satz die Annahme einer *Vierheit* folgern zu können, weil sie fälschlich und lästerlich uns das Gebild ihres Gehirns unterschieben, als ob wir meinten, die drei Personen gingen in der Weise einer Ableitung aus dem einen Wesen (das dann ein Viertes wäre!) hervor. Und dabei leuchtet doch aus unseren Schriften mit Deutlichkeit ein, daß wir die Personen nicht aus dem Wesen *ableiten*, sondern eine *Unterscheidung* setzen, da sie ja in dem Wesen

beruhen. Wären die Personen vom Wesen *geschieden,* so wäre die gegnerische Meinung zu begreifen; aber dann handelte es sich um eine Dreieinigkeit von *Göttern,* nicht aber von *Personen,* die der *eine* Gott in sich umfaßt. So verschwindet auch ihre abgeschmackte Frage, ob denn das göttliche Wesen zur Bildung der Trinität mitwirke — als ob wir uns einbildeten, daß aus dem Wesen drei *Götter* kämen! Wenn sie sagen, dann sei das ja eine Dreieinigkeit ohne Gott, so stammt das aus der gleichen Unsinnigkeit; denn obwohl das göttliche Wesen nicht als Teil oder Glied mit zur Unterscheidung kommt, so sind doch die Personen weder ohne dies Wesen, noch außerhalb seiner: der Vater könnte nicht der Vater sein, wenn er nicht Gott wäre, und der Sohn ist nur dadurch der Sohn, daß er Gott ist. Die Gottheit schlechthin ist aus sich selber, und so bekennen wir, daß der Sohn als *Gott,* abgesehen von der *Person,* aus sich selber ist, daß er aber als *Sohn* vom Vater her ist. So hat sein *Wesen* keinen Anfang, aber seine *Person* hat ihren Anfang in Gott selber. So beziehen auch die rechtgläubigen Schriftsteller, die früher über die Dreieinigkeit gesprochen haben, diesen Begriff ausschließlich auf die *Personen;* denn es wäre widersinnig, grob und gottlos, das *Wesen selbst* zum Gegenstand einer Unterscheidung zu machen. Wer also meint, es wirkten die drei zusammen: das (göttliche) *Wesen,* der Sohn und der Geist, der macht offenkundig das göttliche Wesen des Sohnes und des Geistes selber zunichte! Andernfalls müßten die „Teile" miteinander vermischt werden und zusammenfallen (also sozusagen alle im „Wesen" aufgehen!) — aber damit wäre alle Unterscheidung zunichte! Wenn schließlich „Vater" und „Gott" gleichbedeutende Begriffe wären, der Vater also der Gottschöpfer (deificator) wäre, dann bliebe im Sohne nichts übrig als ein Schatten, und die ganze Dreieinigkeit wäre nichts anderes als die Vereinigung Gottes mit — zwei geschaffenen Dingen!

160 26. Der Einwand, Christus trage, wenn er im eigentlichen Sinne *Gott* sei, die Bezeichnung Gottes *Sohn* zu Unrecht, ist bereits beantwortet worden: Wo eine Person mit der anderen verglichen wird, da wird der Name „Gott" nicht allgemein, schlechthin gebraucht, sondern auf den Vater beschränkt, weil er ja der Anfang der Gottheit ist, und zwar nicht — wie die Schwärmer schwatzen — seinem *Wesen,* sondern der *Ordnung* nach. In diesem Sinne ist Christi Anrede an den Vater aufzufassen: „Das ist das ewige Leben, daß sie dich, *der du allein wahrer Gott bist,* erkennen, und den du gesandt hast . . ." (Joh 17,3). Denn wenn er als der Mittler

redet, so steht er mitten zwischen Gott und den Menschen – aber
darüber wird seine Majestät doch nicht verringert. Denn obwohl
er sich entäußert hat, so hat er doch seine Herrlichkeit, die vor der
Welt verborgen wurde, beim Vater nicht verloren. So scheut sich
auch der Verfasser des Hebräerbriefs, obwohl er bekennt, Christus
sei eine Zeitlang unter die Engel erniedrigt worden (Hebr. 2, 7.9),
doch nicht, gleichzeitig zu behaupten, er sei der ewige Gott, der
die Erde gegründet hat (Hebr 1,10).

Man muß also festhalten: sooft Christus als unser *Mittler* den
Vater anredet, versteht er unter dem Namen „Gott" *die* Gottheit,
die ihm auch selber zukommt. Wenn er zu den Aposteln sagt: „Es
ist gut, daß ich zum Vater gehe; denn der Vater ist größer als ich"
(Joh 16,7; 14,28), so schreibt er sich damit nicht eine Art „Neben-
Gottheit" zu, als ob er auch hinsichtlich der ewigen Gottheit geringer sei als der Va-

76 ter, sondern er sagt es, weil er, im Besitz seiner himmlischen Herrlichkeit, auch die Gläubigen zur Teilnahme an dieser Herrlichkeit
führt. Er gibt dem Vater den höheren Platz, sofern sich die sichtbare Vollkommenheit des Glanzes, die im Himmel erscheint, von
dem Maß der Herrlichkeit unterscheidet, die an ihm in seiner
Fleischgestalt zu sehen war. In diesem Sinne sagt auch Paulus,
Christus werde Gott und dem Vater das Reich zurückgeben, auf
daß Gott sei alles in allen (1 Kor 15,24). Es gibt nichts Widersinni-
geres, als der Gottheit Christi ihren immerwährenden Bestand ab-
zusprechen. Denn er wird nie aufhören, der Sohn Gottes zu sein,
und er wird stets bleiben, der er von Anbeginn war; daraus folgt,
daß hier unter dem „Vater" das *eine* Wesen Gottes zu verstehen
ist, das dem Vater und dem Sohne gemeinsam ist. Und Christus ist
doch gewiß zur Erde gekommen, damit er uns nicht nur zum
Vater ziehe, sondern zugleich zu sich selber, denn er ist ja eins mit
dem Vater. Den Namen „Gott" aber auf den Vater zu beschränken
und ihn dem Sohne zu nehmen, das ist weder erlaubt noch richtig.
Denn wenn Johannes sagt, er sei wahrer Gott (Joh 1,1), so hat er
damit auch vermeiden wollen, daß jemand meinte, er stehe auf
einer zweiten Stufe der Gottheit unter dem Vater. Ich kann mir
auch nicht vorstellen, was sich diese Erschaffer neuer Götter eigentlich denken, wenn sie einerseits bekennen, Christus sei wahrer
Gott – und ihn dann doch von der Gottheit des Vaters ausschließen, als ob einer wahrer Gott wäre, der nicht der *eine* ist, und als
ob eine übertragene Gottheit nicht ein neues Trugbild wäre!

Teresa von Avila (1515–1582)
Leben (1560–1562)

161 Alles und nichts

Span.: Santa Teresa de Jesus, Vida, in: Obras completas I, ed. Efren de la Madre de Dios, Otilio del Niño Jesus (Madrid 1951), 595–877, = Biblioteca de Autores Cristianos.
Dt. Teilübersetzung: Teresa von Avila, Wege zum Gebet, Eine Textauswahl, ausgewählt und übertragen von Irene Behn (Zürich, Einsiedeln, Köln ²1978) = Klassiker der Meditation.
Lit.: O. Steggink, Erfahrung und Realismus bei Teresa von Avila und Johannes vom Kreuz (Düsseldorf 1976); U. Dobhan, Gott – Mensch – Welt in der Sicht Teresas von Avila (Frankfurt–Bern 1978); W. Herbstrith, Teresa von Avila (München ⁴1981); U. Dobhan, Teresa von Avila (Olten ²1982); J. Kotschner (Hrsg.), Der Weg zum Quell. Teresa von Avila 1582–1982 (Düsseldorf 1982); H. D. Egan, Christian Mysticism. The future of a tradition (New York 1984), 118–164; G. Hinricher, Teresa von Avila (1515–1582), in: G. Ruhbach, J. Sudbrack (Hrsg.), Große Mystiker (München 1984), 222–236; E. Lorenz, Ein Pfad im Weglosen. Teresa von Avila – Erfahrungsberichte und innere Biographie (Freiburg 1986).

Die Zeugnisse der Reformerin des Karmelordens, Mystikerin und Kirchenlehrerin dokumentieren eine unmittelbare, gleichwohl bild- und wortlose Gotteserfahrung; sie sind Bestandteil einer apophatischen (negativen) Theologie.

86 Kap. 39, n. 22. ... Mir war, die Himmel öffneten sich, und nicht nur eine Pforte, wie ich es andere Male erschaut hatte. Es zeigte sich mir ein Thron und über ihm ein zweiter, auf dem die Gottheit weilte, wie ich es irgendwie wahrnahm, ohne jedoch irgend etwas zu erschauen. Ich erfaßte: dort war alles zusammen, was immer begehrt werden konnte, und dabei sah ich nichts. Es wurde mir gesagt ..., daß ich hier nur eines zu tun vermöchte: zu begreifen, daß ich nichts begreifen könne, und das Zunichtewerden von allem angesichts dieses Einen zu betrachten. Und danach sah meine Seele mit Beschämung, daß sie bei keinem Geschaffenen sich aufhalten und noch weniger daran hängen konnte; erschien mir doch alles wie ein Ameisenhaufen.

Teresa von Avila
Bericht vom 22. Sept. 1572

162 Einwohnung der Dreifaltigkeit in der Seele

In: Sämtliche Schriften der hl. Theresia von Jesu I: Das Leben der hl. Theresia von Jesu, übersetzt von A. Alkofer (München u. Kempten ²1952).

Unter den Zeugnissen einer unmittelbaren Gotteserfahrung sind die von der Einwohnung des dreieinigen Gottes in der menschlichen Seele eher selten. Die Gründe dafür sind wohl, daß durch die Prägung mit neuplatonischem Denken die Vereinigung mit dem Einen „in der stillen Wüste der Gottheit" im Vordergrund stand; daß seit Augustinus die Gnade als ursächliches Wirken des einen Gottes „nach außen" gesehen wurde und daß die mittelalterliche Christusmystik unter dem menschgewordenen Wort einfachhin Gott verstand (K. Rahner, Dreifaltigkeitsmystik: LThK III 563 f.).

483 28.

Am Tage nach dem Feste des heiligen Matthias befand ich mich in einer Verfassung, in der ich gewöhnlich bin, seitdem mir die Vision der heiligsten Dreifaltigkeit zuteil geworden ist und ich die Art und Weise schaute, wie sie in einer Seele wohnt, die sich im Stande der Gnade befindet. Diese anbetungswürdige Dreifaltigkeit stellte sich mir in einer Weise dar, daß ich sie in Wirklichkeit und durch bestimmte Vergleiche mittels einer imaginären Vision deutlich schaute. Obwohl sich mir öfters die heiligste Dreifaltigkeit mittels einer Verstandesvision darstellte, so konnte sich doch nach Verlauf von einigen Tagen mein Geist nicht mehr wie jetzt mit dieser Wahrheit beschäftigen noch auch daran Trost finden. Heute erkannte ich, daß diese Vision dem entspricht, was ich von den Theologen darüber vernommen habe, wenn ich es auch nicht immer verstanden habe; indessen habe ich diese Wahrheit immer ohne Bedenken geglaubt, da ich nie eine Versuchung gegen den Glauben gehabt habe.

Wir Unwissende glauben, daß alle drei Personen der heiligsten Dreifaltigkeit in einer Person seien, etwa wie wir es an Bildern wahrnehmen, auf welche ein Körper mit einem dreifachen Antlitz gemalt ist. Dies setzt uns so in Staunen, daß es uns unmöglich vorkommt, und wir wagen nicht darüber nachzudenken. Unser Verstand gerät in Verwirrung und Furcht, er möchte an dieser Wahrheit zweifeln; dabei aber verliert er ein großes Verdienst.

Das, was meinem Geiste sich darstellte, sind drei verschiedene Per-

484 sonen, von denen man jede einzelne schauen und ansprechen kann. Und dann habe ich betrachtet, daß der Sohn allein die menschliche Natur angenommen hat, was diese Wahrheit ganz deutlich lehrt. Diese drei Personen lieben sich gegenseitig, teilen sich einander mit und erkennen sich. Aber wenn jede für sich allein ist, wie können wir dann sagen und glauben, daß alle drei eine Wesenheit sind? Es ist das die vollste Wahrheit, und ich wäre bereit, tausendmal dafür zu sterben. Auch ist in den drei Personen

nur ein Wille, ein Können und eine Herrschermacht, so daß keine ohne die andere etwas vermag und alle Geschöpfe nur einen Schöpfer haben.
Könnte etwa der Sohn ohne den Vater auch nur eine Ameise erschaffen? Nein, denn sie haben nur ein Können; dasselbe gilt auch vom Heiligen Geiste. Es gibt also nur einen allmächtigen Gott, und alle drei Personen sind nur ein und dieselbe Majestät. Könnte jemand den Vater lieben ohne den Sohn und den Heiligen Geist? Nein, wer eine von diesen Personen ehrt, ehrt sie alle drei, und wer eine von ihnen beleidigt, beleidigt sie alle drei. Kann der Vater sein ohne den Sohn und den Heiligen Geist? Nein, denn sie sind nur ein Wesen; und da, wo eine Person ist, sind alle drei, da man sie nicht trennen kann. Aber wie sehen wir, daß die drei Personen verschieden sind? Warum hat der Sohn Fleisch angenommen und nicht der Vater und der Heilige Geist? Dies habe ich nicht verstanden; die Theologen wissen es vielleicht. Ich weiß wohl, daß bei jenem Wunderwerke der Menschwerdung die drei Personen mitgewirkt haben; aber ich denke nicht viel daran, auf welche Weise sich dieses Geheimnis vollzog. Denn mein Geist ist gar bald eingenommen von der Wahrheit, daß Gott allmächtig ist, daß er alles vollbracht hat, was er gewollt hat, und noch vollbringen wird, was er will. Und je weniger ich diese Wahrheit verstehe, um so mehr glaube und liebe ich sie. Seine Majestät sei immerdar gepriesen! Amen.

Friedrich Daniel Ernst Schleiermacher (1768–1834)

Angesichts der Absage Kants an die klassische Metaphysik und der rationalistischen Angriffe der Aufklärung auf die kirchlichen Dogmen versuchte Schleiermacher, Theologieprofessor in Halle und Berlin und reformierter Prediger, eine systematische Neubegründung der ganzen Theologie, die ihre Bedeutung auch in der Gegenwart behalten hat.

Der christliche Glaube nach den Grundsätzen der evangelischen Kirche im Zusammenhange dargestellt (1821–1822)

163 Gott als Bedingung des schlechthinnigen Abhängigkeitsgefühls

F. Schleiermacher, Der christliche Glaube nach den Grundsätzen der evangelischen Kirche im Zusammenhange dargestellt, 7. Auflage, Bd. 1, hrsg. v. M. Redeker (Berlin 1960) (kritische Ausgabe der 2. umgearbeiteten Auflage von 1830–1831).

Lit.: G. Ebeling, Schleiermachers Lehre von den göttlichen Eigenschaften, in: Ders., Wort und Glaube, Bd. 2 (Tübingen 1969), 305–342; D. Offermann, Schleiermachers Einleitung in die Glaubenslehre (Berlin 1969); H. Peiter, Friedrich Schleiermacher (1768–1834), in: H. Fries, G. Kretschmar (Hrsg.), Klassiker der Theologie, Bd. 2 (München 1983), 74–88; D. Lange (Hrsg.), Friedrich Schleiermacher 1768–1834 (Göttingen 1985); C. K. Mock, The Development of Schleiermacher's Doctrine of God (Drew University 1986); M. Eckert, Gott – Glauben und Wissen. F. Schleiermachers Philosophische Theologie (Berlin–New York 1987).

Seine Neuformulierung der Dogmatik in „Der christliche Glaube" geht von einer Bewußtseinsanalyse aus, in der er die in allen Menschen gegebene religiöse Grundbeziehung als das „Bewußtsein schlechthinniger Abhängigkeit" bestimmt. Von da aus entwickelt er in starker denkerischer Kraft die Gotteslehre, wobei er „Gott an sich" nicht thematisiert – ein „Sein Gottes abgesehen von den Erweisungen seiner Kraft" wäre eine „völlig leere Vorstellung" – und die Trinität nur am Rande bespricht. Aus dem Text wird deutlich, wie Schleiermacher unter diesen Voraussetzungen die Ewigkeit Gottes, verbunden mit der Allmacht, darstellt und auch nach Gottes Unveränderlichkeit fragt.

174 § 33. Die Anerkennung, daß dieses schlechthinnige Abhängigkeitsgefühl, indem darin unser Selbstbewußtsein die Endlichkeit des Seins im allgemeinen vertritt (vgl. § 8,2), nicht etwas Zufälliges ist, noch auch etwas persönlich Verschiedenes, sondern ein allgemeines Lebenselement, ersetzt

175 für die Glaubenslehre vollständig alle sogenannten Beweise für das Dasein Gottes.

1. Man kann nicht das postulierte Selbstbewußtsein in dem beschriebenen Inhalt zugeben und doch behaupten wollen, daß es etwas Unwesentliches sei, das heißt, daß es in einem menschlichen Dasein vorkommen könne oder auch nicht, je nachdem der Mensch im Verlauf seines Lebens mit diesem oder mit jenem zusammentrifft. Denn das Erscheinen desselben hängt gar nicht davon ab, daß einem soweit entwickelten Subjekt irgend etwas Bestimmtes äußerlich gegeben, sondern nur, daß das sinnliche Selbstbewußtsein irgendwie von außen aufgeregt werde. Was aber innerlich vorausgesetzt wird, ist nur das allen schlechthin Gemeinsame, die Intelligenz in ihrer subjektiven Funktion, welcher die Richtung auf das Gottesbewußtsein mitgegeben ist. – Daß aber das schlechthinnige Abhängigkeitsgefühl an und für sich auch in allen dasselbe ist, und nicht in dem einen so, in dem andern anders, folgt schon daraus, daß es nicht auf irgendeiner bestimmten Modifikation des menschlichen Daseins beruht, sondern auf dem schlechthin gemeinsamen Wesen des Menschen, welches die Möglichkeit aller jener Differenzen in sich schließt, durch welche der besondere Gehalt der einzelnen Persönlichkeit bestimmt wird.

Zweiter Abschnitt
Von den göttlichen Eigenschaften, welche sich auf das fromme Selbstbewußtsein, sofern es das allgemeine Verhältnis zwischen Gott und der Welt ausdrückt, beziehen

§ 50. Alle Eigenschaften, welche wir Gott beilegen, sollen nicht etwas Besonderes in Gott bezeichnen, sondern nur etwas Besonderes in der Art, das schlechthinnige Abhängigkeitsgefühl auf ihn zu beziehen.

Erstes Lehrstück: Gott ist ewig

§ 52. Unter der Ewigkeit Gottes verstehen wir die mit allem Zeitlichen auch die Zeit selbst bedingende schlechthin zeitlose Ursächlichkeit Gottes.

1. Wenn man die Ewigkeit Gottes von seiner Allmacht, welche hier nur in besonderer Beziehung auf die Ewigkeit umschrieben ist, absondert: so bleibt sie nur eine sogenannte ruhende Eigenschaft und so wird sie auch oft beschrieben als die auf die Zeit angewendete Unendlichkeit oder Unermeßlichkeit. Sie aber als eine solche aufzustellen, würde nur die mit dem frommen Bewußtsein gar nicht zusammenhängende, mithin für uns völlig leere Vorstellung begünstigen von einem Sein Gottes abgesehen von den Erweisungen seiner Kraft; eine Vorstellung, welche allemal schon den in Beziehung auf Gott immer verdächtigen, auf dem Gebiet der christlichen Frömmigkeit aber völlig unanwendbaren Gegensatz von Ruhe oder Muße und Tätigkeit in sich schließt. Das fromme Bewußtsein aber wird, indem wir die Welt überhaupt auf Gott beziehen, nur wirklich als das Bewußtsein seiner *ewigen Kraft*.[1] Wenn dichterische Darstellungen dagegen die Ewigkeit Gottes nur als ein Sein vor allem Zeitlichen[2] ausdrücken: so kann dieses nicht ohne Nachteil ebenso in die didaktische Sprache aufgenommen werden; indem auf diesem Gebiet eine Vergleichung von mehr und weniger nur zwischen Gleichartigem angestellt werden kann, die göttliche Ursächlichkeit aber muß, da ja auch die Zeit selbst durch dieselbe bedingt ist[3], um so mehr vollkommen zeitlos gedacht werden.[4] Dieses wird durch Ausdrücke, welche Zeitliches bezeichnen, und also gleichsam bildlich, erreicht, indem man die zeitlichen Gegensätze des Vor und Nach, des Älter und Jünger in Beziehung auf Gott durch Gleichsetzung aufhebt.[5] – Indem wir aber die Ewigkeit Gottes auf seine Allmacht beziehen und sie ihr gleich und mit ihr identisch setzen: so folgt daraus an und für sich noch keinesweges, daß das zeitliche Dasein der Welt einen Rück-

gang in das Unendliche bilden müsse, so daß kein Anfang der Welt gedacht werden dürfe.[6] Denn wie das jetzt in der Zeit Entstehende doch auch in der Allmacht Gottes gegründet, mithin von ihm auf ewige, d. h. zeitlose Weise gewollt und bewirkt worden ist: so könnte auch die Welt zeitlos gewollt doch als im Anfang der Zeit hervorgetreten sein. Nur ist auch auf der andern Seite ebensowenig zu besorgen, daß, wenn die Welt anfangslos und endlos gesetzt wird, deshalb der Unterschied zwischen der göttlichen Ursächlichkeit und der innerhalb des Naturzusammenhanges aufgehoben werde, und die Welt dann ewig wäre wie Gott. Vielmehr bleibt die Ewigkeit Gottes dennoch einzig, indem der Gegensatz zwischen Zeitlichkeit und Ewigkeit auch durch die unendliche Länge der Zeit nicht im mindesten verringert wird.[7]
2. Sehr verdunkelt wird aber dieses Verhältnis freilich durch alle solche Erklärungen der Ewigkeit Gottes, welche sie jener scheinbaren Ewigkeit, nämlich der unendlichen Zeit, teils gleichsetzen[8], teils auch nur sie mit derselben vergleichen.[9] Auch die gewöhnliche Formel, die Ewigkeit Gottes als diejenige Eigenschaft zu beschreiben, vermöge deren er weder angefangen habe noch aufhören werde, ist von dieser Art. Denn indem hier in der zeitlichen Dauer nur die Endpunkte geleugnet werden, wird doch zwischen diesen das Sein Gottes dem zeitlichen gleichgesetzt, mithin die Zeitlichkeit an sich und die Meßbarkeit des göttlichen Seins und also auch Wirkens durch die Zeit nicht geleugnet, sondern indirekt vielmehr behauptet. Wir müssen also alle solche Erklärungen als unangemessen verwerfen, welche nur die Schranken der Zeit, nicht die Zeit selbst, für Gott aufheben und welche den Begriff der Ewigkeit aus dem der Zeitlichkeit, dessen Gegenteil er doch ist, durch Entschränkung bilden wollen. Wenn nun auch dichterische Stellen[10] die Ewigkeit nicht anders als unter dem Bilde der unendlichen Zeit beschreiben können: so lehrt uns das Neue Testament[11] selbst, wie diese für das Didaktische zu ergänzen sind.
Muß man daher von *einigen* Theologen freilich zugeben, daß sie mit Socin nur um anderer dogmatischen Ansichten willen die völlig schriftmäßigen Erklärungen des Augustinus und Boethius verworfen haben: so kann man sich dieses bei *andern* doch nur aus der Besorgnis erklären, daß, wenn man die Ewigkeit als reine Zeitlosigkeit setze, dann eigentlich nichts gesetzt sei. Diese kann aber nur entstehen, wenn man die Ewigkeit unter die ruhenden Eigenschaften setzt und dabei doch denkt, daß jede für sich allein das Wesen des göttlichen Seins ausdrücken soll; sie verschwindet hingegen, wenn man diesen Begriff, so wie wir es fordern, mit dem

der Allmacht verbindet, denn indem eine göttliche Wirksamkeit gesetzt wird, kann zwar etwas Unbekanntes und vielleicht nicht anschaulich Darzustellendes, aber doch keinesweges nichts gesetzt sein. Ja auch für die Anschaulichkeit des Begriffes bietet uns das endliche Sein eine Hilfe dar, indem auch diesem die Zeit überwiegend nur anhängt, sofern es verursacht ist, minder aber sofern verursachend; vielmehr sofern es erfüllte Zeitreihen als dasselbige hervorbringt, und also als sich selbst gleichbleibend – wie z. B. das Ich als beharrlicher Grund aller wechselnden Gemütserscheinungen, namentlich aller Entschlüsse, deren jeder wieder als Moment eine erfüllte Zeitreihe hervorbringt – das beharrliche Verursachende ist zu dem wechselnden Verursachten, wird es auch beziehungsweise zu dem Verursachten als zeitlos gesetzt. Und mit einem solchen analogischen Anknüpfungspunkt müssen wir uns hiebei begnügen.

165 *Zusatz. Von der Unveränderlichkeit Gottes.* Ist der Begriff der Ewigkeit so gefaßt: so ist keine Veranlassung, die Unveränderlichkeit noch als eine besondere Eigenschaft aufzuführen, vielmehr ist sie in jener schon enthalten. Denn ist Gott in seinem ihre schlechthinnige Abhängigkeit bedingenden Verhältnis zur Welt völlig zeitlos: so gibt es darin auch kein mannigfaltiges Nacheinander. Anders scheint es sich zu stellen, wenn man von dem Unterschiede zwischen Substanz und Existenz in Gott ausgehend, die Ewigkeit nun als die eine Seite der Unveränderlichkeit darstellt.[12] Allein es kommt doch für uns auf dasselbe hinaus, da die andere Seite eine ruhende Eigenschaft ist, welche nichts in dem frommen Selbstbewußtsein Vorkommendes aussagt. Man kann also eher, daß Gott unveränderlich ist, nur als einen Kanon aufstellen, um zu verhüten, daß keine fromme Gemütserregung so gedeutet, und keine Aussage von Gott[13] so verstanden werde, daß dabei irgendein Wechsel in Gott müsse vorausgesetzt werden.

---

[1] Röm. 1,19.
[2] Ps. 90,2.
[3] Augustin de Gen. c. Man. I. 3. Deus enim fecit et tempora ... Quomodo enim erat tempus, quod Deus non fecerat, cum omnium temporum ipse sit fabricator. – Dasselbe scheint auch in dem Ausdruck ἄφθαρτος βασιλεὺς τῶν αἰώνων 1 Tim. 1,17. angedeutet zu sein.
[4] Aug. Conf. XI. 16. Nec tu tempore tempora praecedis, alioquin non omnia tempora praecederes; sed praecedis omnia celsitudine semper praesentis aeternitatis. – Boeth. p. 137. Interminabilis vitae tota simul et perfecta possessio. Aeternum necesse est et sui compos praesens sibi semper assistere, et infinitatem mobilis temporis habere praesentem.

⁵ Augustin de Gen. ad litt. VIII, 48. Nullo temporum vel intervallo vel spatio incommutabili aeternitate et antiquior est omnibus, quia ipsa est ante omnia, et novior omnibus, quia idem ipse post omnia. In einer andern Form dasselbe wie 2 Petr. 3,8.
⁶ Vgl. Jo Damasc. c. Man. VI. οὐ γὰρ πρότερον μὴ θέλων ὕστερον ἠθέλησεν, ἀλλ' ἀεὶ ἤθελεν ἐν τῷ ὑπ' αὐτοῦ ὡρισμένῳ καιρῷ γίνεσθαι τὴν κτίσιν.
⁷ Augustin de mus. VI, 29. tempora fabricantur et ordinantur aeternitatem imitantia. – Id. de Gen. c. Man. I, 4. Non enim coaevum Deo mundum istum dicimus, quia non eius aeternitatis est hic mundus, cuius aeternitatis est Deus.
⁸ Socin Praelectt. cap. VIII. – Nec vero in mundi creatione tempus primum extitit ... quamobrem ipsius quoque Dei respectu aliquid praeteritum aliquid vero praesens, aliquid etiam futurum est. Mosheim Theol. dogm. I. p. 254. Aeternitas est duratio infinita. Vgl. zu Cudw. Syst. intell. p. 781. – Reinh. S. 104. Aeternitas est existentiae divinae infinita continuatio, wobei schon eine unzulässige Unterscheidung zwischen Substanz und Existenz in Gott zum Grunde liegt.
⁹ Eckermann Dogm. I. S. 123 nennt sie eine notwendige, indem er sie mit der Unsterblichkeit der Seele und der Unveränderlichkeit der Kräfte vergleicht.
¹⁰ Hiob 36,26, Ps. 102,28.
¹¹ Vgl. 2 Petr. 3,8. mit Ps. 90,2.
¹² Vgl. Reinhard Dogm. S. 105. Betrachtet man sie, die Unveränderlichkeit, an dem Wesen Gottes, so heißt sie Einfachheit; an der Existenz, so ist sie Ewigkeit. – Vorher aber war auch bei ihm die Einfachheit schon eine besondere Eigenschaft, und die Ewigkeit war die an der Existenz betrachtete Unendlichkeit.
¹³ 2 Mos. 32,14. Jerem. 26,13 u. 42,10.

Georg Wilhelm Friedrich Hegel (1770–1831)
Vorlesungen über die Philosophie der Religion, III. Teil (1824)

166 Gott als absolute Bewegung in sich selbst

G. W. F. Hegel, Die absolute Religion (= Vorlesungen über die Philosophie der Religion II/2), hrsg. v. G. Lasson (Hamburg 1929, Nachdruck 1966), = Ph B 63.

Lit.: F. Wagner, Der Gedanke der Persönlichkeit Gottes bei Fichte und Hegel (Gütersloh 1970); Ch. Link, Hegels Wort „Gott selbst ist tot" (Zürich 1974); W. Kern, Dialektik und Trinität in der Religionsphilosophie Hegels, in: ZKTh 102 (1980), 129–155; Ders., Hegel für heute?, in: StdZ 192 (1981), 751–765; P. Koslowski, Hegel – „der Philosoph der Trinität"?, in: ThQ 162 (1982), 105–131; Q. Lauer, Hegels Concept of God (Albany/N. Y. 1982); E. Schmidt, Hegel und die kirchliche Trinitätslehre, in: NZSTh 24 (1982), 241–260; J. Simon, Hegels Gottesbegriff, in: ThQ 162 (1982), 82–104; W. Pannenberg, Der Geist und sein Anderes, in: D. Henrich, R. P. Horstmann (Hrsg.), Hegels Logik der Philosophie. Religion und Philosophie in der Theorie des absoluten Geistes (Stuttgart 1984), 151–159; J. Splett, Die Trinitätslehre G. W. F. Hegels (Freiburg 1965, ³1984); H. Declève, Schöpfung, Trinität und Modernität bei Hegel, in: ZKTh 107 (1985), 287–298; W. Kern, Fragen an Hegels Religionsphilosophie anhand neuer Publikationen, in: ZKTh 107 (1985), 271–286; J. Simon, Hegel/Hegelianismus, in: TRE XIV (1985), 530–560; E. Booth, Confrontation between the Neo-Platonisms of St. Thomas Aquinas and Hegel, in: Angelicum 63 (1986), 56–89; W. Jaeschke, Die Vernunft in der Religion. Studien zur Grundlegung der Religionsphilosophie Hegels (Stuttgart 1986); M. Holzleitner, Gotteslogik – Logik Gottes? Zur Gottesfrage bei G. W. F. Hegel (Frankfurt, Bern 1987), = Regensburger Studien zur Theologie XXXV; E. Brito, Nommer Dieu. Thomas d'Aquin et Hegel, in: Revue théologique de Louvain 19 (1988), 160–190; W. Jaeschke, Hegels Religionsphilosophie als Explikation der Idee des Christentums, in: PhJb 95 (1988), 278–293.

Die Textauszüge zeigen markante Eigentümlichkeiten der Trinitätsphilosophie Hegels, die gegen Kants Abwertung der Trinität wie gegen das gefühlsstarke Liebesdenken des Pietismus gerichtet ist. Hegel denkt Gott in seiner Ewigkeit durchaus trinitarisch, aber Aussagen dazu sind für ihn bloß bildlich, ja kindlich. Das entscheidend Neue ist die Darstellung Gottes als des in Geschichte Lebendigen, die Eröffnung des Prozeßdenkens in der Theologie. Die christliche Offenbarungsreligion ist für ihn die vollkommene Religion, weil sie das Geistsein Gottes ernst nimmt. Geist ist lebendig, und so gehört es zu seinem Wesen, aus der Gedanken-Allgemeinheit herauszutreten und in das radikal Andere seiner selbst einzugehen. Das bedeutet als Prozeß „notwendig" Schöpfung und Menschwerdung. Im Menschlichen, Endlichen ist Gott bei sich selbst, empfängt der Sohn erst die Bestimmung des Anderssein, das aber eben im Tod (in der Negation der Negation) wieder aufgehoben wird. Durch die Rückkehr zu sich wird der absolute Geist erst in seiner Fülle wirksam: gemeindekonstituierend. Die beiden hauptsächlichen Diskussionskomplexe: a) Der Gedanke, daß Gott, der absolute Geist, sich von seinem Wesen her notwendig in das Andere seiner selbst entäußert, wurde vom I. Vaticanum als Angriff auf die Freiheit Gottes abgewiesen. b) Die Meinung, daß es die Bedeutung der Geschichte sei, die Geschichte Gottes zu sein, wird im Namen der von Hegel geschmälerten Subjektwerdung des (jedes) Menschen abgelehnt.

71 Bei der Dreieinigkeit kommt die unglückliche Form der Zahl herein: 1, 2, 3. Man kann mit der Vernunft alle Verstandesverhältnisse gebrauchen, aber diese werden von ihr vernichtet, – so auch hier. Aber für den Verstand ist es hart, daß man damit, daß man die Verstandesverhältnisse gebraucht, über sie ein Recht gewonnen hat. Aber man mißbraucht sie gerade, wenn man sie verstandesmäßig gebraucht wie hier, indem man sagt: Drei ist eins. Widersprüche sind daher leicht in solchen Ideen aufzuzeigen, Unterschiede, die bis zum Entgegensetzen gehen. Alles Konkrete, alles Lebendige ist der Widerspruch in sich; nur der tote Verstand ist identisch in sich. Aber der Widerspruch ist in der Idee auch aufgelöst, und die Auflösung ist die geistige Einheit. Das Lebendige ist ein Beispiel für das, was sich nicht mit dem Verstande fassen läßt. Wenn wir sagen: „Gott ist die Liebe", da ist Gott in der Empfin-

dung; er ist so Person, und das Verhältnis ist so, daß sich das Bewußtsein des einen nur hat im Bewußtsein des andern, daß eins sich nur bewußt ist im andern, in der absoluten Entäußerung; dies ist die geistige Einheit in der Form des Gefühls. In den Verhältnissen der Freundschaft, der Familie ist ebenso diese Identität des einen mit dem andern vorhanden. Dies ist alles gegen den Verstand, daß ich, der ich für mich bin, also Selbstbewußtsein bin, mein Bewußtsein in einem andern habe. Aber die Auflösung, der abstrakte Inhalt ist das substanzielle, allgemeine, sittliche Verhältnis überhaupt.

Ein weiteres ist, daß in der christlichen Religion nicht nur gesagt wird: Gott ist dreieinig, sondern auch: es sind *drei Personen*. Da ist das Fürsichsein auf die höchste Spitze getrieben, die nicht nur Eins ist, sondern die Person, die Persönlichkeit. Da scheint der Widerspruch so weit getrieben, daß keine Auflösung, keine Verwischung der Person möglich ist; aber sie ist vorhanden darin, daß Gott nur einer ist: die drei Personen sind so nur als verschiedene Momente gesetzt. Persönlichkeit spricht aus, daß der Gegensatz absolut zu nehmen sei, daß er

72 nicht so milde ist; und gerade erst auf dieser Spitze hebt er sich selbst auf. Auch in der Liebe, in der Freundschaft ist es die Person, die sich erhält und durch ihre Liebe ihre Subjektivität hat, die ihre Persönlichkeit ist. Wenn man hier in der Religion die Persönlichkeit abstrakt festhält, so hat man drei Götter, und da ist die Subjektivität ebenso verloren; das Moment der Göttlichkeit ist dann nur die unendliche Form, die unendliche Macht – oder, die Persönlichkeit als unaufgelöst: so hat man das Böse. In der göttlichen Einheit ist die Persönlichkeit als aufgelöst gesetzt; nur in der Erscheinung erscheint die Negativität der Persönlichkeit unterschieden von dem, wodurch sie aufgehoben wird.

Die Dreieinigkeit ist in das Verhältnis von Vater, Sohn und Geist gebracht worden. Es ist dies ein kindliches Verhältnis, eine kindliche Form. Der Verstand hat keine solche Kategorien, kein solches Verhältnis, das hiemit in Rücksicht auf das Passende zu vergleichen wäre. Es muß aber dabei gewußt werden, daß der Ausdruck bloß bildlich ist; der Geist tritt nicht in dieses Verhältnis ein. Liebe wäre noch passender, denn der Geist ist allerdings das Wahrhafte.

167 Der abstrakte Gott, der Vater, ist das Allgemeine, die ewige umfangende, totale Allgemeinheit. Wir sind auf der Stufe des Geistes; das Allgemeine schließt hier alles in sich. Das Andere, der Sohn, ist die unendliche Besonderheit, die Erscheinung; das Dritte, der

Geist ist die Einzelheit als solche, – aber alle drei sind der Geist. Im Dritten, sagen wir, ist Gott der Geist; aber dieser ist auch voraussetzend: das Dritte ist das Erste. Dies ist wesentlich festzuhalten, es wird durch die Natur des Begriffs erläutert; bei jedem Zweck und bei jeder Lebendigkeit kommt es vor. Das Leben erhält sich; sich erhalten heißt in den Unterschied gehen, in den Kampf mit der Besonderheit, sich unterschieden finden gegen eine unorganische Natur. Das Leben ist so nur Resultat, indem es sich erzeugt hat, ist Produkt, das zweitens wieder produziert; dies Produzierte ist das Lebendige selbst, d. h., es ist die Voraussetzung seiner, es geht durch seinen Prozeß hindurch, und aus diesem kommt nichts Neues hervor: das Hervorgebrachte ist schon von Anfang. Ebenso ist es in der Liebe und Gegenliebe; insofern die Liebe ist, so ist deren Äußerung, alle Handlungen nur Bestätigung ihrer, wodurch sie zugleich hervorgebracht und unterhalten wird. Aber das Hervorgebrachte ist schon; es ist eine Bestätigung, wobei nichts herauskommt, als was

73 schon ist. Ebenso setzt sich auch der Geist voraus, ist das Anfangende.

Der Unterschied, durch den das göttliche Leben hindurchgeht, ist kein äußerlicher, sondern muß nur als innerlicher bestimmt werden, so daß das Erste, der Vater, wie das Letzte zu fassen ist. Der Prozeß ist so nichts als ein Spiel der Selbsterhaltung, der Vergewisserung seiner selbst. Diese Bestimmung ist in der Rücksicht wichtig, weil sie das Kriterium ausmacht, viele Vorstellungen von Gott zu beurteilen und das Mangelhafte darin zu erkennen. Dies muß erkannt werden, und das Mangelhafte kommt besonders davon her, daß oft diese Bestimmung übersehen wird.

168 164 Eben dies Leiden und dieser Tod, dieser Opfertod des Individuums für alle, dieser ist die Natur Gottes, die göttliche Geschichte, die absolut schlechthin affirmativ allgemeine Subjek-

165 tivität; dies aber ist, die Negation seiner zu setzen. Im Tode kommt das Moment der Negation zur Anschauung. Dies Moment ist wesentlich Moment der Natur des Geistes, und dieser Tod ist es selbst, der in diesem Individuum hervortreten muß. Er muß nicht vorgestellt werden als Tod dieses sinnlichen Individuums; Ketzer haben dies so genommen. Es liegt vielmehr darin, daß Gott gestorben, daß Gott selbst tot ist. Gott ist gestorben; das ist die Negation, und so ist dieses Moment der göttlichen Natur, Gottes selbst. In diesem Tode ist damit Gott genug getan. Gott kann nicht befriedigt werden durch etwas anderes, nur durch sich selbst.

Die Befriedigung ist, daß das Erste, das Unmittelbare negiert wird; dann kommt Gott erst zum Frieden mit sich selbst, dann erst ist die Geistigkeit gesetzt. Gott ist der wahre Gott, Geist, indem er nicht bloß Vater und so verschlossen, sondern indem er Sohn ist, das Andere wird und dies Andere aufhebt. Diese Negation ist angeschaut als Moment der göttlichen Natur; darin sind alle versöhnt.

Die ewige Idee selbst ist dies, die Bestimmung der Subjektivität als wirklicher, vom bloßen Gedanken unterschiedener unmittelbar erscheinen zu lassen. Anderseits ist es der aus dem Schmerz der Welt erzeugte und auf dem Zeugnis des Geistes beruhende Glaube, der sich dann das Leben Christi expliziert. Die Lehre, die Wunder desselben sind in diesem Zeugnisse des Glaubens aufgefaßt und verstanden. Die Geschichte Christi ist auch von solchen erzählt, über die der Geist schon ausgegossen war. Die Wunder sind in diesem Geiste aufgefaßt und erzählt und der Tod Christi ist von demselben wahrhaft so verstanden worden, daß in Christus Gott geoffenbart sei und die Einheit der göttlichen und menschlichen Natur. Der Tod ist dann der Prüfstein sozusagen, an dem sich der Glaube bewährt, indem hier wesentlich sein Verstehen der Erscheinung Christi sich dartut. Der Tod hat nun zunächst diesen Sinn, daß Christus der Gottmensch gewesen ist, der Gott, der zugleich die menschliche Natur hatte, ja bis zum Tode. Es ist das Los der menschlichen Endlichkeit, zu sterben; der Tod ist so der höchste Beweis der Menschlichkeit: und zwar ist Christus gestorben den gesteigerten Tod des Missetäters; nicht nur den natürlichen Tod, sondern sogar den Tod der Schande und Schmach am Kreuze: die Menschlichkeit ist an ihm bis auf den äußersten Punkt erschienen.

An diesem Tode ist zunächst eine besondere Bestimmung hervorzuheben, nämlich seine polemische Seite nach außen. Es ist darin nicht nur das Dahingeben des natürlichen Willens zur Anschauung gebracht, sondern alle Eigentümlichkeit, alle Interessen und Zwecke, worauf der natürliche Wille sich richten kann, alle Größe und alles Geltende der Welt ist damit ins Grab des Geistes versenkt. Dies ist das revolutionäre Element, durch welches der Welt eine ganz andere Gestalt gegeben ist. Aber im Aufgeben des natürlichen Willens ist zugleich dies Endliche, das Anderssein verklärt. Das Anderssein hat nämlich außer der unmittelbaren Natürlichkeit noch einen weiteren Umfang und weitere Bestimmung. Zum Dasein des Subjekts gehört wesentlich, daß es auch für Andere sei; das Subjekt ist nicht nur für sich, sondern ist auch in der

Vorstellung der Andern und ist, gilt und ist objektiv, soviel als es sich bei andern geltend zu machen weiß und gilt. Sein Gelten ist die Vorstellung der Andern und beruht auf der Vergleichung mit dem, was sie achten und was ihnen als das Ansich gilt.

Dem Gotte gegenüber sind die endlichen Menschen; der Mensch, das Endliche, ist im Tode selbst als Moment Gottes gesetzt, und der Tod ist das Versöhnende. Der Tod ist die Liebe selbst; es wird darin die absolute Liebe angeschaut. Es ist die Identität des Göttlichen und Menschlichen, daß Gott im Menschlichen, im Endlichen bei sich selbst ist und dies Endliche im Tode selbst Bestimmung Gottes ist. Durch den Tod hat Gott die Welt versöhnt und versöhnt sich ewig mit sich selbst. Dies Zurückkommen ist seine Rückkehr zu sich selbst, und dadurch ist er Geist, und das Dritte ist daher, daß Christus auferstanden ist. Damit ist die Negation überwunden und die Negation der Negation ist so Moment der göttlichen Natur. Dieser Sohn ist erhoben zur Rechten Gottes.

In dieser Geschichte ist für die Gemeinde die Natur Gottes, der Geist durchgeführt, ausgelegt, expliziert. Dies ist die Hauptsache, und die Bedeutung der Geschichte ist, daß es die Geschichte Gottes ist. Gott ist die absolute Bewegung in sich selbst, die der Geist ist, und diese Bewegung ist hier an dem Individuum vorgestellt. Viele Vorstellungen knüpfen sich hieran, besonders falsche Verhältnisse, die hereingebracht worden sind. Z. B. der Opfertod gibt zu der Vorstellung Anlaß, daß Gott ein Tyrann sei, der Opfer verlange; dies ist unwahr. Sondern es ist die Natur Gottes der Geist, und dann ist die Negation wesentliches Moment.

John Henry Newman (1801–1890)

Zunächst anglikanischer Theologe, war Newman nach seiner Konversion der erste Rektor der Kath. Universität Dublin, später Kardinal.

Entwurf einer Zustimmungslehre (1870)

169 Das Gewissen, Gottes Stimme

J. H. Newman, Essay in Aid of a Grammar of Assent (London 1870).
Dt.: Entwurf einer Zustimmungslehre, übersetzt von Th. Haecker. VII. Bd. der ausgewählten Werke, hrsg. v. M. Laros, W. Becker und J. Artz (Mainz 1962).

Lit.: A. J. Boekraad, H. Tristram, The Argument from Conscience to the Existence of God (Löwen 1961); E. Bischofsberger, Die sittlichen Voraussetzungen des Glaubens. Zur Fundamentalethik Newmans (Mainz 1974); Ch. St. Dessain, J. H. Newman. Anwalt des redlichen Glaubens

(Freiburg 1981); H. Fries, J. H. Newman (1801–1890), in: H. Fries, G. Kretschmar (Hrsg.), Klassiker der Theologie, Bd. 2 (München 1983), 151–173; G. Rombold, J. H. Newman, in: E. Coreth, W. M. Neidl, G. Pfligersdorffer (Hrsg.), Christliche Philosophie im kath. Denken des 19. und 20. Jh.s, Bd. I (Graz 1987), 698–728; G. Biemer, J. H. Newman (Mainz 1989); I. Ker, J. H. Newman (Oxford 1989).

In seinem philosophisch-theologischen Hauptwerk „Essay in Aid of a Grammar of Assent" möchte Newman die bloß begriffliche Zustimmung eines Fürwahrhalteglaubens ergänzen durch personale Akte der realen Folgerung, angespornt durch den „illative sense", die geistige Befähigung zu praktischem Verhalten. Die Folgerung soll sich auf die Konvergenz gut begründeter Tatsachen stützen. Als eine solche zeichnet er in dem Buch das Gewissen als ein ursprüngliches Vermögen des menschlichen Geistes, das stets auf eine transzendente Wirklichkeit verweise, weil es einer solchen entstamme. Newmans Ergänzung der kontinentalen Theologie wurde und wird viel beachtet.

73 Ich habe schon gesagt, daß ich hier nicht vorhabe, das Dasein Gottes zu beweisen. Indessen konnte ich unmöglich vermeiden, zu sagen, wo ich den Beweis dafür suche. Denn ich schaue mich für diesen Beweis in demselben Bereich um, von dem aus ich auch einen Beweis Seiner Attribute und Seines Charakters beginnen würde – mit denselben Mitteln, mit denen ich zeige, wie wir Ihn nicht bloß als einen Begriff erfassen, sondern als eine Wirklichkeit. Nun beschäftigt mich hier zwar allein die letzte dieser drei Untersuchungen, aber ich kann nicht ganz und gar die beiden anderen aus meiner Betrachtung ausschließen. Trotzdem wiederhole ich: Worauf ich direkt ziele, ist, zu erklären, wie wir ein Bild von Gott gewinnen und dem Satz, daß Er existiert, eine reale Zustimmung geben. Um das zu tun, muß ich natürlich zunächst von einem ersten Prinzip ausgehen. Und dieses erste Prinzip, das ich annehme – und zwar ohne den Versuch, es zu beweisen –, ist dasselbe, das ich auch als Grundlage der beiden anderen Untersuchungen verwenden würde, nämlich: daß wir von Natur aus ein Gewissen haben.

Ich nehme also an, daß das Gewissen einen legitimen Platz unter
74 unseren geistigen Akten hat, ebenso wirklich wie die Tätigkeit des Gedächtnisses, des folgerichtigen Denkens, des Einbildens oder wie der Sinn für das Schöne. Und wie es Gegenstände gibt, die – vor den Geist gebracht – ihn veranlassen, Sorge, Kummer, Freude oder Sehnsucht zu fühlen, so nehme ich auch an, daß es Dinge gibt, die in uns Billigung oder Tadel wachrufen und die wir infolgedessen recht oder unrecht nennen; und die, von uns erfahren, jenes spezifische Gefühl der Lust oder Pein in uns erwecken, das unter dem Namen eines guten oder schlechten Gewissens geht.

Das setze ich als anerkannt voraus und will nun zu zeigen versuchen, daß in diesem besonderen Gefühl, das auf das sogenannte Recht- oder Unrechttun folgt, die Materie für die reale Erfassung eines göttlichen Herrn und Richters liegt.

Das Gefühl des Gewissens ist – ich wiederhole es – ein bestimmtes scharfes Empfindungsvermögen, lustvoll oder peinvoll – Selbstbilligung und Hoffnung oder Reue und Furcht – und begleitet gewisse unserer Handlungen, die wir daraufhin recht oder unrecht nennen. Dieses Gefühl des Gewissens ist ein doppeltes: Es ist ein Sinn für das Sittliche *(moral sense)* und ein Sinn für Pflicht *(sense of duty);* ein Urteil der Vernunft und ein herrischer Befehl. Natürlich ist seine Tätigkeit unteilbar; aber es hat doch diese beiden Aspekte, die voneinander verschieden sind und eine gesonderte Betrachtung zulassen. Verlöre ich auch meinen Sinn für die mir obliegende Verpflichtung, mich ehrloser Handlungen zu enthalten, so würde ich infolgedessen doch nicht meinen Sinn dafür verlieren, daß solche Handlungen eine Schmach sind, die ich meiner sittlichen Natur zufüge. Wiederum: Verlöre ich auch meinen Sinn für ihre sittliche Häßlichkeit, ich würde darum nicht meinen Sinn dafür verlieren, daß sie mir verboten sind. So hat das Gewissen sowohl ein kritisches als auch ein richterliches Amt. Und obwohl seine Winke in der Brust der Millionen menschlicher Wesen, denen es gegeben ist, nicht in allen Fällen richtig sind, so sagt das nicht notwendig etwas gegen die Macht seines Zeugnisses und seiner Billigung: seines Zeugnisses, daß es Recht und Unrecht gibt, und seiner Billigung dieses Zeugnisses, die die Gefühle, die rechtes oder unrechtes Handeln begleiten, mit sich bringt. Hier habe ich vom Gewissen unter dem zweiten Gesichtspunkt zu reden, nicht sofern es uns mittels seiner verschiedenen Akte mit den Elementen der Moral versieht, die vom Intellekt in ein ethisches System entwickelt werden können, sondern einfach insofern es der Befehl eines autoritativen Mahners ist, der sich auf die Details der Lebensführung bezieht, wie sie vor uns kommen, und in sich geschlossen ist in seinen verschiedenen einzelnen Akten.

75 So wollen wir nun das Gewissen betrachten – nicht als eine Regel für rechtes Verhalten, sondern als eine Billigung rechten Verhaltens. Das ist sein wichtigster und höchst autoritativer Aspekt; es ist der gewöhnliche Sinn des Wortes „Gewissen". Die halbe Welt würde sich den Kopf zerbrechen müssen, um zu erraten, was mit dem Sinn für das Sittliche gemeint ist; aber jedermann weiß, was mit einem guten oder einem schlechten Gewissen gemeint ist. Das Gewissen ist immer mit Drohungen und Versprechungen nöti-

gend hinter uns her, daß wir dem Rechten folgen und das Unrechte meiden sollen. Soweit ist es ein und dasselbe im Geist eines jeden, welcher Art auch immer seine besonderen Irrtümer sein mögen bei besonderen Geistern, was die Handlungen anbelangt, die es zu tun oder zu meiden befiehlt. Und in dieser Beziehung stimmt es mit unserer Wahrnehmung des Schönen und Häßlichen überein. Wie wir von Natur einen Sinn für das Schöne und Anmutige in Natur und Kunst haben, obgleich der Geschmack sprichwörtlich unterschiedlich ist, so haben wir einen Sinn für Pflicht und Verpflichtung, ob wir ihn nun alle mit denselben besonderen Handlungen verbinden oder nicht. Darin allerdings unterscheiden sich Geschmack und Gewissen: Der Sinn für Schönheit hat nämlich, wie übrigens auch der Sinn für das Sittliche, keine speziellen Beziehungen zu Personen, sondern betrachtet die Gegenstände an sich. Das Gewissen dagegen hat es ganz ursprünglich mit Personen zu tun und mit Handlungen hauptsächlich im Blick auf die Handelnden, oder besser mit dem Selbst allein und den eigenen Handlungen, und mit anderen nur indirekt und wie in Verbindung mit dem Selbst. Und weiter: der Geschmack ist sich selbst Beweis *(evidence)* und appelliert an nichts jenseits seines eigenen Sinnes für das Schöne oder Häßliche und erfreut sich an den Beispielen des Schönen nur um ihrer selbst willen. Das Gewissen aber ruht nicht in sich selbst, sondern langt in vager Weise vor zu etwas jenseits seiner selbst und erkennt undeutlich eine Billigung seiner Entscheidungen, die höher ist als es selbst und bewiesen ist in jenem scharfen Sinn für Verpflichtung und Verantwortung, der sie trägt. Daher kommt es, daß wir gewohnt sind, vom Gewissen zu sprechen als von einer Stimme – ein Ausdruck, den auf den Sinn für das Schöne anzuwenden uns niemals einfallen würde. Und überdies ist es eine Stimme oder das Echo einer Stimme, herrisch und nötigend wie kein anderer Befehl im ganzen Bereich unserer Erfahrung.

Und wiederum: Infolge dieses Vorrechtes zu diktieren und zu befehlen, das zu seinem Wesen gehört, hat das Gewissen eine innige Beziehung zu unseren Gefühlen und Gemütsbewegungen, indem es uns

76 zu Ehrfurcht und Scheu führt, zu Hoffnung und Furcht, im besonderen zur Furcht, einem Gefühl, das meistens nicht nur dem Geschmack, sondern sogar dem Sinn für das Sittliche fremd ist, ausgenommen als Folge zufälliger Assoziationen. Keine Furcht empfindet, wer anerkennt, daß seine Haltung nicht schön gewesen ist, obgleich er sich über sich selbst ärgern mag, wenn er vielleicht

dadurch irgendeinen Vorteil eingebüßt hat. Aber wenn er zu irgendeiner Art Unsittlichkeit verlockt worden ist, so hat er ein lebhaftes Gefühl der Verantwortlichkeit und Schuld, wiewohl die Handlung kein Vergehen gegen die Gesellschaft zu sein braucht, von Qual und Furcht, wiewohl sie sogar von augenblicklichem Nutzen für ihn sein kann, von Verwirrung in Gesicht und Mienen, wiewohl sie keine Zeugen zu haben braucht. Diese verschiedenen Beunruhigungen des Geistes, die für ein schlechtes Gewissen charakteristisch sind und sehr bedeutend sein können — Selbstvorwürfe, stechende Scham, unaufhörliche Gewissensbisse, Schreck und Entmutigung beim Ausblick in die Zukunft — und ihre Gegensätze, wenn das Gewissen gut ist, ebenso wirklich, wenn auch weniger eindringlich: Selbstbilligung, innerer Friede, Leichtigkeit des Herzens und ähnliches — diese Gemütsbewegungen konstituieren einen Artunterschied zwischen dem Gewissen und unseren anderen intellektuellen Sinnen: gesundem Menschenverstand *(common sense)*, Vernünftigkeit *(good sense)*, Sinn für das Praktische, Geschmack, Ehrgefühl und ähnlichem. Freilich würden sie diesen Unterschied auch zwischen dem Gewissen und dem Sinn für das Sittliche konstituieren, wenn diese beiden nicht Aspekte ein und desselben Gefühles wären, das sich auf ein und denselben Gegenstandsbereich hin auswirkt.

Soviel über die charakteristischen Phänomene, die das Gewissen darbietet. Es ist auch nicht schwer, zu bestimmen, was sie einschließen. Ich verweise noch einmal auf unseren Sinn für das Schöne. Dieser Sinn ist begleitet von einem intellektuellen Genuß und ist frei von allem, was irgendwie zur Eigenart der Gemütsbewegungen gehört, ausgenommen in einem Fall, nämlich, wenn es von Personen erregt wird. Dann geschieht es, daß sich das ruhige Gefühl der Bewunderung in eine Erregung des Gemüts und der Leidenschaft verwandelt. Auch das Gewissen, betrachtet als ein Sinn für das Sittliche, ein intellektuelles Gefühl, ist ein Sinn der Bewunderung und des Mißfallens, der Billigung und des Tadels. Aber es ist mehr als ein Sinn für das Sittliche: Es ist immer, was der Sinn für das Schöne nur in gewissen Fällen ist — es ist immer gefühlsbetont. Kein Wunder denn, daß es immer enthält, was jener Sinn nur zuweilen aufweist: daß es immer die Anerkennung eines lebendigen Gegenstandes mit sich bringt, auf den es gerichtet ist. Unbeseelte Dinge können unser Gemüt nicht erregen, immer steht es in Wechselbeziehung zu Personen. Wenn wir, wie es ja der Fall ist, uns verantwortlich fühlen, beschämt sind, erschreckt sind bei einer Verfehlung gegen die Stimme des Gewissens, so schließt das ein, daß hier Einer ist, dem wir verantwortlich sind; vor dem wir beschämt sind; dessen Ansprüche auf uns wir fürchten. Wenn wir nach dem Unrechttun den gleichen tränenvollen, herzbrechenden Gram fühlen, der uns dann erschüttert, wenn wir eine Mutter gekränkt haben; wenn wir nach dem Rechttun die gleiche lichtvolle Heiterkeit des Geistes genießen, die gleiche beruhigende Freude und Befriedigung, die einem Lob folgt, das wir von einem Vater empfangen – so haben wir gewiß in uns das Bild einer Person, auf die unsere Liebe und Verehrung blickt; in deren Lächeln wir unser Glück finden; nach der wir uns sehnen; an die wir unsere Klagen richten; bei deren Zorn wir in Verwirrung geraten und dahinschwinden. Diese Gefühle in uns sind derart, daß sie als erregende Ursache ein intelligentes Wesen erfordern. Wir sind ja nicht zärtlich gegenüber einem Stein, noch fühlen wir Scham vor einem Pferd oder einem Hund. Wir haben keine Gewissensbisse oder Reue, wenn wir ein bloß menschliches Gesetz brechen. Indessen, so ist es: Das Gewissen erregt alle diese peinvollen Gemütsbewegungen, Verwirrung, böse Ahnungen, Selbstverurteilung. Und andererseits ergießt es über uns einen tiefen Frieden, ein Gefühl der Sicherheit, eine Ergebung und eine Hoffnung, die kein sichtbarer, kein irdischer Gegenstand hervorlocken kann. „Der Böse flieht, wenn keiner ihn verfolgt." Aber warum flieht er denn? Woher sein Schrecken? Wer ist es, den er in der Einsamkeit sieht, in der Finsternis, in den verborgenen Kammern seines Herzens? Wenn die Ursachen dieser Gemütsbewegungen nicht dieser sichtbaren Welt angehören, so muß der Gegenstand, auf den seine Wahrnehmung gerichtet ist, übernatürlich und göttlich sein. So ist also das Phänomen des Gewissens als das eines Befehls dazu geeignet, dem Geist das Bild eines höchsten Herrschers einzuprägen, eines Richters, heilig, gerecht, mächtig, allsehend, vergeltend. Es ist das schöpferische Prinzip der Religion, wie der Sinn für das Sittliche das Prinzip der Ethik ist.

Herman Schell (1850–1906)

Die Dogmatik Schells, der Professor für Apologetik, vergleichende Religionswissenschaft und christliche Kunstgeschichte in Würzburg war, ist das Beispiel einer theologischen Systematik, die im Bewußtsein dessen, was Tübinger Schule und Neuscholastik geleistet hatten, sich den Herausforderungen moderner Skepsis und Eklektik zu stellen suchte.

Katholische Dogmatik I (1889)
170 Ewige Selbstbegründung und zeitliche Weltbegründung: Causa sui et mundi

> H. Schell, Katholische Dogmatik, Kritische Ausgabe, hrsg., eingeleitet u. kommentiert v. J. Hasenfuß u. P.-W. Scheele, Bd. I (= Buch 1: Von den Quellen der christlichen Offenbarung, und Buch 2: Von Gottes Dasein und Wesen), (München, Paderborn, Wien 1968).
>
> Lit.: P.-W. Scheele, Herman Schell, Verherrlichung und Gemeinschaft (Paderborn 1957); V. Berning, Gott, Geist und Welt. Herman Schell als Philosoph und Theologe (Paderborn 1978); G. Bleickert, Herman Schell (1850–1906), in: H. Fries, G. Schwaiger (Hrsg.), Katholische Theologen Deutschlands im 19. Jh., Bd. III (München 1975), 300–327 (Lit.); V. Berning, Herman Schell, in: E. Coreth, W. M. Neidl, G. Pfligersdorffer (Hrsg.), Christliche Philosophie im kath. Denken des 19. und 20. Jh.s, Bd. I (Graz 1987), 365–383.
>
> Neben psychologischen Zugängen zum Dasein Gottes verteidigte Schell vor allem den kosmologischen Gottesbeweis, in den er andere Gottesargumente einbezog. Der Text zeigt, wie er Gott als jenen absoluten Geist verstand, der durch eigene Tat des ewigen Gedankens und des ewigen Willens sich selbst „gesetzt" hat. Statt dieses Denken aufzunehmen und dialogisch weiterzuführen, bewirkten enge kirchliche Interpretationen und gewollte Mißverständnisse, daß 1898 die meisten Werke Schells auf den Index verbotener Bücher gesetzt wurden.

Zweites Buch:
Fünftes Thema
Die kosmologische Gotteserkenntnis

§ 4
Der kosmologische Beweis Gottes als des absoluten Wesens aus der Kontingenz der Welt
Inbegriff: Die tatsächliche Welt gründet in keiner Hinsicht in sich selbst, sie ist weder als Einheit noch als Gesamtheit aller Dinge, weder in ihrer Erscheinung noch in ihrem Wesen das wahre, selbständige und selbstbestimmte Sein.
Ihr Dasein beweist demnach das Dasein einer überweltlichen, aus sich selbst seienden, in und durch sich selbst begründeten Ursache, welche das wahre, selbständige Sein ist.
Die Möglichkeit des kontingenten oder unselbständigen Seins hat die Existenz eines selbstbegründeten Notwendigen zur Voraussetzung; die Wirklichkeit des Kontingenten[1] hat die Freiheit oder Selbstmacht dieses Notwendigen zur Vorbedingung, also die Existenz Gottes.[2]
Erster Satz. Subjektives Prinzip: Die forschende Vernunft versteht

erst dann die empirischen Tatsachen, wenn sie das wahre Sein gefunden hat, welches sich selbst nach Inhalt und Form vollkommen erklärt, welches die hinreichende ratio et causa sui ist.
Objektives Prinzip: Ein Seiendes, welches den hinreichenden Grund seines Wesens und Daseins, seines Inhaltes und Tatbestandes nicht in sich selber hat, ist nicht das wahre und selbständige, sondern abgeleitetes und abhängiges Sein. Es setzt demnach eine Ursache voraus, welche es nach Inhalt und Dasein bestimmt und bewirkt hat, und zwar in höchster Instanz eine solche, welche durch sich selbst besteht. Wenn es demnach überhaupt ein Sein gibt, so ist die Existenz des selbständigen Seins bewiesen, nicht aus dem Begriff, sondern aus den Tatsachen. Die Schwierigkeit liegt nur darin, den Nachweis zu führen, daß die empirische Welt weder das selbständige Sein ist, noch enthält, noch verbirgt. Dieser Nachweis kann nur geführt werden, wenn die Eigenschaften des selbständigen Seins begrifflich dargetan worden sind.
Zweiter Satz. Ein Wesen, welches den Grund seines Seins in sich selber hat, welches demnach selbständig bestehen kann und besteht, welches also a se ist, muß in jeder Hinsicht aus sich selbst bestimmt sein = actus purus. Das ens necessarium ist seinem Begriffe nach zugleich das ens realissimum.
Die geforderte Selbstbestimmtheit bezieht sich auf den *Inhalt* wie auf die *Tatsache* seines Seins. Dem Inhalte nach muß es die Fülle des Seins in

252 strengster Einheit, als Tatsache muß es eine ewige Tat und Sache sein, die beides ohne innere Entwicklung weder der Tat aus der Natur noch der Sache aus der Tat, also ohne innere Aufeinanderfolge, demnach ohne Anfang und Nacheinander, ewig ist. Weder hinsichtlich dessen, *was* das wahrhaft und selbständig Seiende ist bzw. nicht ist, noch hinsichtlich der Tatsache, daß es ist, kann der Grund außerhalb desselben liegen; allein, er kann auch nicht in ihm fehlen.
...

253 So müßte das Wesen beschaffen sein, bei dessen empirischer Existenz man sich beruhigen könnte; es müßte die Einheit von Wesen und Dasein, von Natur und Tat, von Unendlichkeit und Einfachheit sein.
Einwand. Kant bestreitet die begriffliche Notwendigkeit, das ens necessarium sive absolutum zugleich als das ens realissimum zu denken, und zwar aus zwei Gründen:
1. Weil man, wenn dieser Satz richtig wäre, das Dasein Gottes a priori beweisen könnte, indem man denselben umkehrt, was in

diesem einzigen Falle zulässig sei, weil das ens realissimum nur als Einheit gedacht werden könnte.

2. Weil die Vernunft mit der Annahme Gottes doch keine wirkliche Lösung des kosmologischen Problems finde, sondern nur eine scheinbare; an die Stelle des *kosmologischen* Rätsels habe man das *theologische* Rätsel gesetzt und halte sich nun für befriedigt. Allein, die angenommene ewige Tatsächlichkeit Gottes sei so rätselhaft wie die vorgefundene Tatsächlichkeit der Welt.

Kant erklärt es als unrichtig, daß es a priori unmöglich sei, auch irgendeinem anderen als dem unendlich vollkommenen Wesen eine urtatsächliche, unbedingte und selbständige Existenz zuzuerkennen. Lotze führt (cf. Religionsphil.³ p. 10, sowie Spencer, Grundlagen der Phil.⁴ p. 31. 35 sq.) diesen Gedanken aus, indem er sagt: „Absolut tatsächlich kann alles sein, Großes und Kleines, Erhabenes und Geringes, sobald es nur sich selbst nicht widerspricht." – Kant erörtert in seiner Kritik der reinen Vernunft bzw. des kosmologischen Beweises also: „Wenn der Satz richtig ist: Ein jedes schlechthin notwendige Wesen ist zugleich das allerrealste Wesen, (als welches der nervus probandi des kosmologischen Beweises ist,) so muß er sich, wie alle bejahenden Urteile wenigstens per accidens umkehren lassen; also: einige allerrealste Wesen sind zugleich schlechthin notwendige Wesen. Nun ist aber ein ens realissimum von einem anderen in keinem Stücke unterschieden, und was also von einigen unter diesem Begriff enthaltenen gilt, das gilt auch von allen. Mithin werde ich['s] (in diesem Falle) auch schlechthin umkehren können, d. i.: Ein jedes allerrealste Wesen ist ein notwendiges Wesen. Weil nun dieser Satz bloß aus seinen Begriffen a priori bestimmt ist, so muß der bloße Begriff des [aller-] realsten Wesens auch die absolute Notwendigkeit desselben bei sich führen, welches eben der ontologische Beweis behauptete und der kosmologische nicht anerkennen wollte, gleichwohl aber seinen Schlüssen, ob zwar versteckter Weise, unterlegte."⁵ Hierzu die spätere Bemerkung: „... wir suchen (beim kosmologischen Argument) nur die negative Bedingung [(conditio sine qua non)], ohne welche ein Wesen nicht absolut notwendig sein würde (ersparen uns daher die schwierige Untersuchung der inneren Möglichkeit eines ens realissimum, welche dem ontologischen Beweis obliegt). Nun würde das in aller anderen Art von Schlüssen aus einer gegebenen Folge auf ihren Grund wohl angehen; es trifft sich aber hier unglücklicherweise, daß die Bedingung, die man zur absoluten Notwendigkeit fordert, nur in einem einzigen Wesen angetroffen werden kann, welches daher in seinem Begriff alles, was zur absoluten Notwendigkeit erforderlich ist, enthalten müßte und also einen Schluß a priori auf dieselbe möglich macht, d. h. ich müßte auch umgekehrt schließen können: Welchem Dinge dieser Begriff [(der höchsten Realität)] zukommt, das ist schlechterdings notwendig. Und kann ich so nicht schließen, (wie ich dies gestehen muß, wenn ich den ontologischen Beweis vermeiden will,) so bin ich auch auf meinem neuen Wege verunglückt und befinde mich wiederum da, von wo ich ausging. Der Begriff des höchsten Wesens tut wohl allen Fragen a priori ein Genüge, die wegen der inneren Bestimmungen eines Dinges können aufgeworfen werden, und ist darum auch ein Ideal ohne Gleichen, weil der allgemeine Begriff dasselbe zugleich als ein Individuum unter allen möglichen Dingen auszeichnet. Er tut aber der Frage wegen seines eigenen Daseins gar kein Genüge."[6]

Erste Lösung. Kant übersieht, daß der ontologische Beweis nur darin fehlte, daß er den Begriff des allerrealsten Wesens für genügend hielt, um sowohl seine ideale Notwendigkeit als seine reale Tatsächlichkeit zu erweisen; daß er indes darin recht hat, wenn er den inneren Zusammenhang zwischen dem ens realissimum und ens necessarium dartut. Daher kann der kosmologische Beweis mit Recht den ontologischen Gedanken zur Geltung bringen, nachdem er die Voraussetzung erfüllt hat, die jener vernachlässigte, die Existenz des ens necessarium oder realissimum auf dem Grunde der Tatsache nachzuweisen. Denn aus dem Begriff des vollkommensten Wesens kann wohl die Notwendigkeit seiner Existenz, vorausgesetzt, daß es überhaupt existiert, also eine Eigenschaft der ihm eigentümlichen Existenzweise, nicht aber die Tatsächlichkeit seiner Existenz abgeleitet werden.

Zweite Lösung. Das Sophisma des zweiten Einwandes liegt darin, daß er diejenigen Tatsachen als absolut betrachtet, deren Anerkennung für unsere Wahrnehmung unabweisbar ist, weil ihre Existenz von unserem Denken und Wollen unabhängig besteht. Daraus folgt indes mitnichten, daß sie absolut unabhängig und in sich selbst begründet seien; sie sind nur von uns unabhängig. Es ist daher falsch, aus der Majestät der objektiven Tatsächlichkeit auf die atomistische Pluralität zu folgern, einfach, weil kein Widerspruch es hindert (cf. Baumann, Rel. Phil.[7] p. 3.4.). Eine Urtatsache bei begrenztem und unvollkommenem Wesensinhalt ist ein Widerspruch, weil sie dem Denken durch Verzicht auf einen hinreichenden Grund ein gewaltsames Ende zumutet, indem sie ein absolutes Rätsel (eine ratio non sufficiens) als Erklärungsprinzip annimmt. Kant selbst legt dies in seiner Kritik des kosmologischen

Beweises aaO. dar: „Die ganze Aufgabe des transzendentalen Ideals kommt darauf an, entweder zu der absoluten Notwendigkeit einen Begriff oder zu dem Begriff von irgendeinem Dinge die absolute Notwendigkeit desselben zu finden. Kann man das eine, so muß man auch das andere können: denn als schlechthin notwendig erkennt die Vernunft nur dasjenige, was aus seinem Begriff notwendig ist. (NB. Der Empirimus wird nicht sagen wollen, irgendeine Menge von Atomen nebst irgendwelchen Wechselwirkungen zwischen denselben sei aus dem Begriff derselben verständlich?) Aber beides übersteigt gänzlich alle äußersten Bestrebungen, unseren Verstand über diesen Punkt zu befriedigen, aber auch alle Versuche, ihn wegen dieses seines Unvermögens zu beruhigen. Die unbedingte Notwendigkeit, die wir als den letzten Träger aller Dinge so unentbehrlich bedürfen, ist der *wahre Abgrund für die menschliche Vernunft*. Selbst die Ewigkeit, so schauderhaft erhaben sie [auch] ein Haller schildern mag, macht lange den schwindligen Eindruck nicht auf das Gemüt; denn sie mißt nur die Dauer der Dinge, aber sie trägt sie nicht. Man kann sich des Gedankens nicht erwehren, man kann ihn aber auch nicht ertragen, daß ein Wesen, welches wir uns auch als das höchste unter allen möglichen vorstellen, gleichsam zu sich selbst sage: ‚Ich bin von Ewigkeit zu Ewigkeit; außer mir ist nichts, ohne das, was bloß durch meinen Willen etwas ist; aber woher bin ich denn?' — Hier sinkt alles unter uns, und die größte Vollkommenheit wie die kleinste schwebt ohne Halt[ung], bloß vor der spekulativen Vernunft, der es nichts kostet, die eine sowie die andere ohne das mindeste Hindernis verschwinden zu lassen."[8]

Das ist in der Tat der Punkt, wo der Gottesglaube die Probe zu bestehen hat, ob auch er das Welträtsel nur durch ein neues und größeres Rätsel — das Dasein Gottes — also nur scheinbar, bzw. in Wahrheit gar nicht zu erklären vermöge. Was Kant als das Dunkel der zur Erklärung des Weltdaseins postulierten Gottesexistenz und daher als deren Widerlegung bezeichnet, machte das esoterische Geheimnis der alten Priesterschulen aus: das ratlose Staunen vor der Tatsache der Welt- oder Gottesexistenz, einer ersten Tatsache, die — ob Stoff oder Geist, ob Nichts (im buddh. Sinne) oder Alles, oder Notwendigkeit — eben nichts als Tatsache, nichts als Rätsel, nichts als Abgrund und Schweigen, absolut unbegreifliches und unverständliches Mysterium ist. Auch der Sänger des Rigveda wurde von diesem Dunkel getroffen, als er den großen Glauben der Menschheit auszusprechen versuchte:

> Von wannen diese Schöpfung sei gekommen,
> Ob sie geschaffen oder ungeschaffen,
> Der auf sie schaut vom höchsten Himmelsraume,
> Der weiß allein es, – oder weiß Er's auch nicht?
>
> Rigveda 10, 129 od. 955⁹

Von diesem rätselhaften Dunkel ist der Gottesbegriff Marcions, der Gnosis, des Arianismus, des Neuplatonismus, der falschen Mystik und des Monismus bestimmt, sowie jedes religiöse oder philosophische System, welches Gott als ein abgründiges, absolut unverständliches, bestimmungsloses, apathisches, seiner selbst nicht mächtiges, in den geheimnisvollen Gegensatz von dunklem Naturgrund und lichtem Geistesleben geschiedenes Wesen denkt. Auf derartige Verdunkelungen des Gottesbegriffs ist es zurückzuführen, wenn man sich genötigt sieht, die Weltschöpfung, das Übel, den Gegensatz in der Weltentwicklung durch Emanationen oder Abschwächungen des Urwesens begreiflich zu machen; wenn der Gedanke auftauchte, das Alte und Neue Testament, Gerechtigkeit und Liebe könnten nicht auf denselben Gott zurückgeführt werden; denn erstere sei sittliches Interesse oder heiliger Eifer, letztere sittliche Apathie.

256 Nicht mit der Annahme irgendwelcher Urtatsache, wie Lotze meinte, auch nicht mit dem Postulat einer Urtatsache von irgendwelcher geistigen und unendlich vollkommenen Wesenssubstanz, wie Kant, der vedische Sänger und die ägyptischen Mysten es taten, kann das Problem der Weltexistenz gelöst werden, nicht mit der Annahme eines ersten Rätsels, sei es in materialistischem, pantheistischem oder scheinbar theistischem Sinne, nicht mit der kabbalistischen Gottesidee eines Nichts, einer intelligibeln Leere und Wüste, mit welcher das buddhistische Nirwana viel Ähnlichkeit hat, sondern nur mit der Annahme einer Ur-Sache, welche im vollen Sinne die ratio sui et mundi in sich birgt und im höchsten Sinne die causa sui et mundi ist, ewige Selbstbegründung und zeitliche Weltbegründung, eine Ur-Sache und Ur-Tat, welche kein dunkles Rätsel, kein Grab des vernünftigen Denkens, keine Abwehr des forschenden „Warum" ist – ganz und gar nicht für sich selbst, und in gewissem Sinne auch nicht für uns. Gott ist der logisch-befriedigende Realgrund der Welt, weil er sein eigener lichter Erklärungsgrund ist, indem seine ewige Existenz in seiner unendlichen Vollkommenheit ihr inneres Recht, ihre Wahrheit und Heiligkeit, ihre wahre und heilige Notwendigkeit aufweist, welche wiederum nicht durch den rätselhaften Zufall eines ewigen Daseins, sondern durch die logische Tat eines ewigen Gedankens

und die ethische Tat eines ewigen Willens, also durch eigene Tat besteht – als die selbstbewußte und selbstgewollte Einheit von Kraft und Tat, von Sein und Wesen. Gott ist also nicht deshalb von Ewigkeit her, weil er eben von Ewigkeit her besteht, sondern weil er sich selbst gesetzt hat, und zwar durch einen Gedanken, dessen Inhalt und Motiv die logische Notwendigkeit der unendlichen Wahrheit und Wesenheit, und durch einen Willen, dessen Inhalt die heilige Notwendigkeit der unendlichen Güte und Vollkommenheit ist. Gott ist also durch sich selbst um seiner wesenhaften Wahrheit und Heiligkeit, um seiner logischen und ethischen, selbstbewußten und selbstgewollten Notwendigkeit willen, durch eine ewige Tat, welche Grund und Gipfel aller Wahrheit und Heiligkeit ist.

Auch dieser Gott ist ein Mysterium, allein, nicht im Sinne eines unverständlichen Postulats oder eines unlösbaren Rätsels, sondern im Sinne der von unserem fernen Standpunkt nicht hinlänglich begriffenen, aber in sich selbst und für sich selbst lichtvollen Wahrheit, die für uns ein Geheimnis ist, so lange wir sie nach keiner adäquaten Analogie und nicht von ihrem Innern heraus zu denken vermögen. Wir kennen eben aus Erfahrung kein Wesen, dessen Tatsächlichkeit durch nichts als den inneren Wert seines Wesens innerlich begründet, dessen unendliche Wesensvollkommenheit hinwiederum durch die eigene Gedanken- und Willenstat mit höchster geistiger und sittlicher Würde in ewiger Wirklichkeit besteht. Vor dem Glanze dieser ewigen Wahrheits- und Willenstat schwindet jeder Rest fatalistischen Zufalls oder blinder Notwendigkeit, die einer Tatsache, die nicht durch eigene Geistestat logisch und sittlich begründet ist, innewohnt, auch wenn sie als unbedingt, anfangslos und ewig gedacht wird. Die Kontingenz ist da nur diktatorisch, nicht begrifflich aufgehoben.

1 Vorlesungsmitschrift von P. Hablitz zur Vorlesung „Gott und Geist", WS 1903/4: „Die Merkmale dieser *Kontingenz* sind: Endlichkeit, Teilbarkeit, Vielheit; Zeitlichkeit, Abhängigkeit, Veränderlichkeit. Das innere Wesen der Kontingenz liegt indessen in dem Ungenügen der Welt auch bei ihrer Erweiterung ins Grenzenlose, um aus sich selbst das Recht und die Kraft zur selbständigen Existenz nachzuweisen." Hablitz 28 f.

2 Vgl. Die göttliche Wahrheit des Christentums, Erstes Buch: Gott und Geist, II. Teil: Beweisführung, Paderborn 1896, 1–144; WS 1903/4: „Der kosmologische Gottesbeweis aus der Kontingenz der Welt geht von der Erfahrungstatsache der Wirklichkeit aus und stellt hinsichtlich der gesamten Wirklichkeit, nicht bloß hinsichtlich der Einzeldinge, die Frage, ob die Welt ihre Beschaffenheit und ihr Dasein aus sich selbst heraus hinreichend zu erklären vermöge,

oder ob ein notwendiger Zusammenhang bestehe zwischen dem, was die Welt ist, und der Tatsache, daß sie existiert, oder zwischen ihrem Wesensinhalt und ihrer Tatsächlichkeit. Hierbei ist zu beachten, daß die Existenz der Welt, die zu erklären wäre, die ewige, selbständige und unbedingte Existenz wäre; denn wenn eine anfangende und bewirkte Existenz angenommen wird, dann ist bereits der Schöpfer angenommen. Den absoluten Zufall eines ursächlichen zeitlichen Entstehens der Welt nimmt keine ernste Weltanschauung an. Die nicht theistischen Weltanschauungen behaupten die anfanglose Existenz der Wirklichkeit, wenigstens in ihren Urgründen, nicht aber deren ursachlose Entstehung." Hablitz 27 f.

[3] H. Lotze, Grundzüge der Religionsphilosophie, Leipzig 1882.
[4] Herbert Spencer, System der synthetischen Philosophie I, Grundlagen der Philosophie, Autorisierte deutsche Ausg., nach d. 4. engl. Aufl. übers. v. B. Vetter, Stuttgart 1875.
[5] I. Kant, Kritik der reinen Vernunft, unv. Neudruck der durch R. Schmidt besorgten Ausgabe (nach der 2. durchgesehenen Aufl. v. 1930) Hamburg 1956, 579 (A 608, B 636).
[6] Kant, aaO. 581 f. (A 611 f., B 639 f.); (beim kosmologischen Argument) und (ersparen uns ... obliegt) sind Zusätze Schells.
[7] Joh. Jul. Baumann, Religionsphilosophie auf modern-wissenschaftlicher Grundlage, o.O. 1886.
[8] Kant, aaO. 582 f. (A 612 f., B 640 f.); (NB ...) von Schell zugefügt.
[9] Vgl. die Übersetzungen in: E. Lehmann/H. Haas, Textbuch zur Religionsgeschichte, Leipzig ²1922, 93 f.; H. v. Glasenapp, Indische Geisteswelt I, Baden-Baden 1958, 20–22; 304; ferner die Kommentierung in: H. v. Glasenapp, Die Literaturen Indiens von den Anfängen bis zur Gegenwart, Wildpark-Potsdam 1929, 53: „In einem tiefsinnigen Hymnus (10, 129) wird die eine Urkraft geschildert, die vor Sein und Nichtsein, vor Tag und Nacht, vor Tod und Unsterblichkeit war, von der die Welt und alle Götter ihren Ursprung haben. Mit skeptischer Resignation scheut sich der Dichter aber dann in der letzten Strophe, die Schöpfung im einzelnen auszumalen, und spricht den Gedanken aus, daß nur der, der im höchsten Himmel auf die Welt herabblickt, von der Schöpfung ein Wissen haben könne – daß aber selbst dieser höchste Aufseher der Welt von ihr vielleicht keine zureichende Kenntnis besitze."

Karl Barth (1886–1968)

Die kirchliche Dogmatik I/1 (1932)

171 Gott als Subjekt der Offenbarung und als Subjekt alles Handelns am Menschen

KD I/1: Die Lehre vom Wort Gottes; Prolegomena zur kirchlichen Dogmatik (Zollikon–Zürich ⁶1952).

Lit.: W. Fürst, Karl Barth, in: H. Vorgrimler, R. Vander Gucht (Hrsg.), Bilanz der Theologie im 20. Jh. Bahnbrechende Theologen (Freiburg 1970), 29–42; H. U. von Balthasar, Karl Barth. Darstellung und Deutung seiner Theologie (Einsiedeln ⁴1976); R. Theis, Die Lehre von der Dreieinigkeit Gottes bei K. Barth, in: FZPhTh 24 (1977), 251–269; E. Jüngel, Karl Barth, in: TRE V (1980), 251–269; B. Krause, Leiden Gottes –

Leiden des Menschen (Stuttgart 1980); E. Jüngel, Barth-Studien (Gütersloh 1982); T. Rendtorff, Karl Barth (1886–1968), in: H. Fries, G. Kretschmar (Hrsg.), Klassiker der Theologie, Bd. 2 (München 1983), 331–346; S. Zoske, Die Mitte der Trinität. Möglichkeiten trinitarischer Rede von Gott nach Karl Barth und Rudolf Bultmann (Rheinbach-Merzbach 1984); N. Y. Kim, Der Gottesbegriff Karl Barths in der heutigen Diskussion (Diss. Tübingen 1985); T. Bradshaw, Karl Barth on the Trinity, in: Scottish Journal of Theology 39 (1986), 145–164; E. Busch, Karl Barths Lebenslauf. Nach seinen Briefen und autobiographischen Texten (München ⁴1986); W. Kreck, Karl Barth, in: M. Greschat (Hrsg.), Gestalten der Kirchengeschichte, Bd. IV (Stuttgart 1986), 102–122; W. Willis, Theism, atheism and the doctrine of the Trinity (Atlanta 1987) (Barth und Moltmann).

Karl Barths Theologie prägt mit ungemeiner Wucht den unendlichen Abstand zwischen Gott und Mensch, die absolute Souveränität Gottes ein; sie läßt zur Gotteserkenntnis keine philosophischen Argumente, sondern nur die Evidenz der sich selbst enthüllenden Wahrheit gelten; sie erneuert die evangelische Rechtfertigungslehre radikal als Botschaft von der doppelten Prädestination, bei der aber die Verwerfung von Gott selber in Jesus Christus übernommen wurde. Das Textbeispiel zeigt, daß und wie Barth am kirchlichen Dogma unter der maßgeblichen Norm des Schriftwortes festhalten wollte: Gottes ganzes Sein, Reden und Handeln ist begründet und vorgebildet in seinem eigenen Wesen, das er enthüllt in Einheit und in drei Seinswesen, in drei charakteristischen Eigenschaften als Heiligkeit, Barmherzigkeit und Liebe. Die Betonung des Subjektseins Gottes als eben dieses unseres Gottes bei der Offenbarung entspricht ganz dieser Konzeption.

4. Der Sinn der Trinitätslehre

Wir verstehen unter der Trinitätslehre die kirchliche Lehre von der Einheit Gottes in den drei Seinsweisen des Vaters, des Sohnes und des Heiligen Geistes oder von dem dreimaligen Anderssein des einen Gottes in den Seinsweisen des Vaters, des Sohnes und des Heiligen Geistes. Alles, was hier im einzelnen auszuführen war und noch sein wird, konnte und kann nur ausführen: die Einheit in der Dreiheit, die Dreiheit in der Einheit Gottes. Diese Lehre steht als solche nicht in den Texten des alt- und neutestamentlichen Zeugnisses von Gottes Offenbarung. Sie ist nicht aus den geschichtlichen Situationen entstanden, denen diese Texte angehören. Sie ist Exegese dieser Texte in der Sprache und das heißt auch im Lichte der Fragen einer späteren Situation. Sie gehört der Kirche an. Sie ist ein Theologumenon. Sie ist Dogma. Wir haben (§ 8,2) nach ihrer Wurzel gefragt, d. h. nach der Möglichkeit, auf Grund derer sie in einer Kirche, die ihre Lehre durch das biblische Zeugnis normieren wollte, Dogma werden konnte. Und wir haben gesehen: ihre Möglichkeit liegt darin, daß Offenbarung in der Bibel bedeutet: die Menschen zuteilwerdende Selbstenthüllung des seinem Wesen nach dem Menschen unenthüllbaren Gottes. Dieser Sachverhalt ist nach dem biblischen Zeugnis so beschaffen, daß wir im Blick auf die drei Momente der Verhüllung, der Enthüllung und der Mitteilung Gottes von einem dreifachen Anderssein des einen Gottes, der sich nach dem Zeugnis der Bibel offenbart hat, zu reden Anlaß haben. Das biblische Zeugnis von Gottes Offenbarung stellt uns vor die Möglichkeit, den einen Satz „Gott offenbart sich als der Herr" dreimal in verschiedenem Sinn zu interpretieren. Diese Möglichkeit ist die biblische Wurzel der Trinitätslehre. Es bleibt aber in der Bibel bei dieser Möglichkeit. Wir fragen nun nach dem Sinn ihrer Verwirklichung, nach der Notwendigkeit und dem Recht, mit dem die Kirche dieses Dogma formuliert hat. Sie *konnte* es tun. Aber *mußte* sie es tun? Welche Einsicht hat sie mit diesem Dogma ausgesprochen und welchen Grund haben wir also, uns um sein Verständnis zu bemühen? ...

400 Die durch die Trinitätslehre beantwortete Frage ist aber eine bestimmte Frage in bezug auf den grundlegenden Begriff bzw. auf die grundlegende, in der Schrift bezeugte Tatsache der *Offenbarung* Gottes. ...

Die bestimmte Frage in bezug auf die Offenbarung, die die Trinitätslehre beantwortet, ist aber die Frage: Wer ist der, der sich offenbart? die Frage nach dem Subjekt der Offenbarung. Man kann den Sinn der Trinitätslehre kurz und einfach dahin zusammenfassen: sie antwortet auf diese Frage streng und folgerichtig, daß *Gott* der ist, der sich offenbart. Aber wenn dieser ihr Sinn ganz sichtbar werden soll, muß man denselben Satz auch umgekehrt betonen: Gott ist der, der sich *offenbart*. Denn gerade darin besteht die Strenge und Folgerichtigkeit der Antwort auf die Frage nach dem Subjekt der Offenbarung, daß wir, nach Interpretation dieser Antwort fragend, uns sofort wieder auf die Offenbarung selbst zurückverwiesen sehen. Die kirchliche Trinitätslehre ist ein in sich geschlossener Kreis. Ihr beherrschendes und entscheidendes Interesse besteht darin, genau und vollständig zu sagen, daß *Gott* der Offenbarer ist. Aber wie könnte sie gerade das genau und vollständig sagen ohne eben

401 damit zu bekunden: kein Anderer als der *Offenbarer* ist Gott? Man könnte noch schlichter sagen: die Trinitätslehre sagt, daß unser Gott – nämlich der in seiner Offenbarung sich zum unsrigen machende wirklich *Gott* ist. Und auf die Frage: Wer aber ist Gott? wäre dann ebenso schlicht zu antworten: eben dieser *unser* Gott. Ist es nicht so: jene übergeordnete zusammen mit dieser unterge-

ordneten Antwort sind die ebenso einfachen wie höchst folgenschweren Voraussetzungen alles christlichen Denkens und Redens von Gott. Christliche Verkündigung hat ihr erstes und letztes Kriterium darin, ob sie sich in dem durch diese beiden Antworten bezeichneten Zirkel bewegt. Christliche Theologie kann nichts anderes bedeuten als Übung in dieser Bewegung. Die in der Bibel selbst nicht gelöste, aber in aller Schärfe gestellte Frage nach dem Subjekt der Offenbarung und damit alles Handelns Gottes am Menschen mußte doch beantwortet werden. Ist die Eile nicht verständlich, mit der man sich zu ihrer Beantwortung aufgerufen fühlte und der gewiß unheimliche Eifer, mit dem man sich an dieses Werk machte? Gerade weil es sich um eine so einfache aber auch so zentrale Sache handelte? Und konnte diese Frage anders als so beantwortet werden? Oder ist dieses Problem in der Bibel etwa nicht gestellt? Oder konnte es etwa doch anders beantwortet werden als es in der Trinitätslehre beantwortet worden ist?

Das auf die kirchliche Trinitätslehre hinweisende Problem, das wir in der Bibel gestellt zu sehen meinten, besteht darin, daß dort das Sein, Reden und Handeln und also das Sichoffenbaren Gottes durchweg beschrieben wird in den Momenten seiner Selbstverhüllung oder seiner Selbstenthüllung oder seiner Selbstmitteilung an Menschen, daß seine charakteristischen Eigenschaften die Heiligkeit, die Barmherzigkeit und die Liebe sind, seine charakteristischen Erweisungen im Neuen Testament bezeichnet durch Karfreitag, Ostern und Pfingsten und dementsprechend sein Name als der des Vaters, des Sohnes und des Heiligen Geistes. Es fehlt in der Bibel die ausdrückliche Feststellung, daß der Vater, der Sohn und der Heilige Geist gleichen Wesens und also im gleichen Sinn Gott selber sind. Und es fehlt auch die andere ausdrückliche Feststellung, daß Gott so und nur so, also als der Vater, der Sohn und der Heilige Geist Gott ist. Diese zwei ausdrücklichen Feststellungen sind, über das Zeugnis der Bibel hinausgehend, der doppelte Inhalt der kirchlichen Trinitätslehre. . . .

403 Die Trinitätslehre sagt – und das ist das Positive, das sie auf ihren polemischen Fronten verteidigt –, daß und inwiefern der, der sich nach dem Zeugnis der Schrift Menschen offenbart, unser *Gott,* daß und inwiefern er *unser* Gott sein kann. Er kann unser *Gott* sein, weil er in allen seinen Seinsweisen sich selbst gleich, ein und derselbe Herr ist. Erkenntnis der Offenbarung, wie sie am Zeugnis der Schrift aufgehen kann, heißt im Sinn der Trinitätslehre in allen Momenten des Ereignisses, auf das uns dieses Zeugnis hinweist: Erkenntnis des Herrn als dessen, der uns begegnet und sich uns

verbindet. Und dieser Herr kann *unser* Gott sein, er kann uns begegnen und sich uns verbinden, weil er Gott ist in diesen drei Seinsweisen als Vater, Sohn und Geist, weil die Schöpfung, die Versöhnung, die Erlösung, das ganze Sein, Reden und Handeln, in dem er unser Gott sein will, begründet und vorgebildet ist in seinem eigenen We-

404 sen, in seinem Gottsein selber. Als Vater, Sohn und Geist ist Gott sozusagen im voraus der unsrige. So sagt uns die Trinitätslehre beides, daß der, der sich nach der Schrift offenbart, zu fürchten und zu lieben ist: zu *fürchten,* weil er Gott sein kann, zu *lieben,* weil er unser Gott sein kann. Daß er beides *ist,* das kann uns die Trinitätslehre als solche nicht sagen. Kein Dogma, keine Theologie als solche kann das. Die Trinitätslehre als solche ist nicht das Wort Gottes, das uns das sagen könnte. Aber wenn es einen Dienst am Worte Gottes gibt, eine Verkündigung, die Wort Gottes werden kann und einen Dienst an diesem Dienst, Dogmatik als kritische Besinnung auf den rechten Inhalt der Verkündigung, dann dürfte doch wohl die Frage nach dem Subjekt der Offenbarung, auf die die Trinitätslehre antwortet, der erste Schritt solcher Besinnung sein. Die Schrift, in der das Problem der Trinitätslehre gestellt ist, ist und bleibt das Maß und der Richter der Lösung dieses Problems. Sie steht über dem Dogma der Kirche und also über der kritischen Besinnung, zu der wir uns durch das Dogma der Kirche anleiten lassen. Aber Alles wohl erwogen wagen wir es, diese Anleitung bis auf bessere Belehrung für eine angemessene zu halten.

Dietrich Bonhoeffer (1906–1945)

Brief an Eberhard Bethge (16. und 18. Juli 1944)

172 Leidender Gott

D. Bonhoeffer, Widerstand und Ergebung, Briefe und Aufzeichnungen aus der Haft, hrsg. v. E. Bethge (Neuausgabe München 1970).

Lit.: G. L. Müller, Für andere da. Christus – Kirche – Gott in Bonhoeffers Sicht der mündig gewordenen Welt (Paderborn 1980); G. Krause, Dietrich Bonhoeffer, in: TRE VII (1981), 55–66; G. L. Müller, Tod und Auferstehung Gottes heute, in: ZKTh 105 (1982), 172–190; G. Kretschmar, Dietrich Bonhoeffer (1906–1945), in: H. Fries, G. Kretschmar (Hrsg.), Klassiker der Theologie, Bd. 2 (München 1983), 376–403; E. Bethge, Dietrich Bonhoeffer (München ⁶1986); H. Ott, Dietrich Bonhoeffer, in: M. Greschat (Hrsg.), Gestalten der Kirchengeschichte, Bd. IV (Stuttgart 1986), 270–289.

In den Gefangenschaftsbriefen Bonhoeffers sind die Grunddaten erkennbar, von denen aus nach der Wirklichkeit Gottes gefragt wird: Die Theologie, die Gott in einem rein transzendenten Jenseits denkt, und die Religiosität, die ihn in der individuellen Innerlichkeit allein sucht, sind durch die Entwicklung der Geschichte als nicht mehr praktikabel erwiesen. Konsequent ist auch einem Systemdenken abzusagen, das „platonisch"-mittelalterlich Gott als höchste und geschichtsmächtige Spitze aller Wirklichkeiten denkt. Die Formel „etsi deus non daretur" des Hugo Grotius wird dabei von ihm umgedeutet. Die Lage der nach Gott Fragenden ist durch Gott selber als „Mündigwerdenmüssen" bestimmt worden. Als wesentliche „Eigenschaften" des gegenwärtig wirklichen Gottes sind seine Ohnmacht und sein Leiden erkennbar. Auf Bonhoeffers Impulse beriefen und berufen sich viele: der anglikanische Bischof John A. T. Robinson, die Theologin Dorothee Sölle, der Theologe Heinrich Ott, die Politische Theologie und die z. T. extrem simplifizierende „Gott-ist-tot"-Theologie.

393 Wo behält nun Gott noch Raum? fragen ängstliche Gemüter und weil sie darauf keine Antwort wissen, verdammen sie die ganze Entwicklung, die sie in solche Notlage gebracht hat. Über die verschiedenen Notausgänge aus dem zu eng gewordenen Raum habe ich Dir schon geschrieben. Hinzuzufügen wäre noch der salto mortale zurück ins Mittelalter. Das Prinzip des Mittelalters aber ist die Heteronomie in der Form des Klerikalismus. Die Rückkehr dazu aber kann nur

394 ein Verzweiflungsschritt sein, der nur mit dem Opfer der intellektuellen Redlichkeit erkauft werden kann. Er ist ein Traum nach der Melodie: „O wüßt' ich doch den Weg zurück, den weiten Weg ins Kinderland". Diesen Weg gibt es nicht, – jedenfalls nicht durch den willkürlichen Verzicht auf innere Redlichkeit, sondern nur im Sinne von Matth 18,3[1] d. h. durch Buße, d. h. durch *letzte* Redlichkeit! Und wir können nicht redlich sein, ohne zu erkennen, daß wir in der Welt leben müssen – „etsi deus non daretur". Und eben dies erkennen wir – vor Gott! Gott selbst zwingt uns zu dieser Erkenntnis. So führt uns unser Mündigwerden zu einer wahrhaftigeren Erkenntnis unserer Lage vor Gott. Gott gibt uns zu wissen, daß wir leben müssen als solche, die mit dem Leben ohne Gott fertig werden. Der Gott, der mit uns ist, ist der Gott, der uns verläßt (Markus 15,34)![2] Der Gott, der uns in der Welt leben läßt ohne die Arbeitshypothese Gott, ist der Gott, vor dem wir dauernd stehen. Vor und mit Gott leben wir ohne Gott. Gott läßt sich aus der Welt herausdrängen ans Kreuz, Gott ist ohnmächtig und schwach in der Welt und gerade und nur so ist er bei uns und hilft uns. Es ist Matth. 8,17[3] ganz deutlich, daß Christus nicht hilft kraft seiner Allmacht, sondern kraft seiner Schwachheit, seines Leidens!

Hier liegt der entscheidende Unterschied zu allen Religionen. Die Religiosität des Menschen weist ihn in seiner Not an die Macht Gottes in der Welt, Gott ist der Deus ex machina. Die Bibel weist den Menschen an die Ohnmacht und das Leiden Gottes; nur der leidende Gott kann helfen. Insofern kann man sagen, daß die beschriebene Entwicklung zur Mündigkeit der Welt, durch die mit einer falschen Gottesvorstellung aufgeräumt wird, den Blick freimacht für den Gott der Bibel, der durch seine Ohnmacht in der Welt Macht und Raum gewinnt. Hier wird wohl die „weltliche Interpretation" einzusetzen haben.
18. 7.
Ob wohl durch die Münchner Angriffe manche Briefe verloren gegangen sind? Bekamst Du den mit den beiden Gedichten? Er war gerade damals unterwegs und enthielt noch einiges Vorbereitende zum theologischen Thema. Das Gedicht über „Christen und Heiden" enthält einen Gedanken, den Du hier wiedererkennen wirst. „Christen stehen bei Gott in seinem Leiden", das unterscheidet Christen von Heiden. „Könnt Ihr nicht eine Stunde mit mir wachen"? fragt Jesus in Gethsemane. Das ist die Umkehrung von allem, was der religiöse Mensch von Gott erwartet. Der Mensch wird aufgerufen, das Leiden Gottes an der gottlosen Welt mitzuleiden. Er muß also wirklich in der gottlosen Welt leben, und darf nicht den Versuch machen, ihre Gottlosigkeit irgendwie religiös zu verdecken, zu verklären; er muß „weltlich" leben und nimmt eben darin an dem Leiden Gottes teil; er *darf* „weltlich" leben, d. h. er ist befreit von den falschen religiösen Bindungen und Hemmungen. Christsein heißt nicht in einer bestimmten Weise religiös sein, auf Grund irgendeiner Methodik etwas aus sich machen (einen Sünder, Büßer oder einen Heiligen), sondern es heißt Menschsein, nicht einen Menschentypus, sondern einen Menschen schafft Christus in uns. Nicht der religiöse Akt macht den Christen, sondern das Teilnehmen am Leiden Gottes im weltlichen Leben. Das ist die μετάνοια, nicht zuerst an die eigenen Nöte, Fragen, Sünden, Ängste denken, sondern sich in den Weg Jesu Christi mithineinreißen lassen, in das messianische Ereignis, daß Jes 53 nun erfüllt wird! Daher: „glaubet an das Evangelium" bzw. bei Joh. der Hinweis auf das „Lamm Gottes, das der Welt Sünden trägt" (nebenbei: A. Jeremias hat kürzlich behauptet, „Lamm" sei im Aramäischen auch durch „Knecht" zu übersetzen. Ganz schön im Hinblick auf Jes 53!).
Dieses Hineingerissenwerden in das messianische Leiden Gottes in Jesus Christus geschieht im Neuen Testament in verschiedenster

Weise: durch den Ruf der Jünger in die Nachfolge, durch die Tischgemeinschaft mit den Sündern, durch „Bekehrungen" im engeren Sinn des Wortes (Zachäus), durch das (ohne jedes Sündenbekenntnis sich vollziehende) Tun der großen Sünderin (Luk 7), durch die Heilung der Kranken (s. o. Matth 8,17), durch die Annahme der Kinder. Die Hirten wie die Weisen aus dem Osten stehen an der Krippe, nicht als „bekehrte Sünder", sondern einfach, weil

396 sie, so wie sie sind, von der Krippe her angezogen werden (Stern). Der Hauptmann von Kapernaum, der garkein Sündenbekenntnis ablegt, wird als Beispiel des Glaubens hingestellt (vgl. Jairus). Den reichen Jüngling „liebt" Jesus. Der Kämmerer (Apg 8), Cornelius (Apg 10) sind alles andere als Existenzen am Abgrund. Nathanael ist ein „Israelit ohne Falsch" (Joh 1,47); schließlich Joseph von Arimathia, die Frauen am Grabe. Das einzige, ihnen allen Gemeinsame, ist das Teilhaben am Leiden Gottes in Christus. Das ist ihr „Glaube". Nichts von religiöser Methodik, der „religiöse Akt" ist immer etwas Partielles, der „Glaube" ist etwas Ganzes, ein Lebensakt. Jesus ruft nicht zu einer neuen Religion auf, sondern zum Leben.

Wie sieht nun aber dieses Leben aus? Dieses Leben der Teilnahme an der Ohnmacht Gottes in der Welt? Davon schreibe ich das nächste Mal, hoffentlich. Heute nur noch dies: Wenn man von Gott „nichtreligiös" sprechen will, dann muß man so von ihm sprechen, daß die Gottlosigkeit der Welt dadurch nicht irgendwie verdeckt, sondern vielmehr gerade aufgedeckt wird und gerade so ein überraschendes Licht auf die Welt fällt. Die mündige Welt ist gottloser und darum vielleicht gerade Gott-näher als die unmündige Welt. Verzeih, es ist noch furchtbar schwerfällig und schlecht gesagt, ich spüre das deutlich. Aber vielleicht hilfst gerade Du mir wieder zur Klärung und Vereinfachung und sei es nur dadurch, daß ich zu Dir darüber sprechen kann und Dich gleichsam immer fragen und antworten höre!

[1] „Es sei denn, daß ihr euch umkehrt und werdet wie die Kinder, so werdet ihr nicht ins Himmelreich kommen."
[2] „Mein Gott, mein Gott, warum hast du mich verlassen?"
[3] „Auf daß erfüllet würde, was gesagt ist durch den Propheten Jesaja, der da spricht: Er hat unsere Schwachheiten auf sich genommen und unsere Seuchen hat er getragen."

Martin Buber (1878–1965)

Ich und Du (1923), um ein Nachwort erweitert (1957)

173 Unmittelbare Gottesbeziehung

Werke I (München, Heidelberg 1962), 77–170.

Lit.: H. U. von Balthasar, Einsame Zwiesprache (Einsiedeln 1958); Ch. Schütz, Verborgenheit Gottes (Einsiedeln 1975); R. Moser, Gotteserfahrung bei M. Buber (Heidelberg 1979); Ch. Schütz, Martin Buber, in: TRE VII (1981), 253–258; J. Bloch, H. Gordon (Hrsg.), Martin Buber. Bilanz seines Denkens (Freiburg 1983); W. Rebell, Mystik und personale Begegnung bei Martin Buber, in: ZRG 38 (1986), 345–358.

„Ich und Du" ist ein Hauptwerk des jüdischen Religionsphilosophen Martin Buber. Es zielt auf eine Bekehrung vom „Ich-Es-Verhältnis" zu der Fähigkeit, begegnen, einen Anruf vernehmen und so eine Beziehung eingehen zu können. In realisierter Gemeinschaft ereignen sich Gotteserfahrungen; in kleinen, bedingten, geschichtlichen Beziehungen äußert sich der Transzendente, Absolute, Unfaßbare – es sei denn, er verberge sich in Epochen der Gottesfinsternis. Der Text zeigt das Persondenken Bubers in kurzer Zusammenfassung und die Begründung, warum eine Menschenbeziehung die Gottesbeziehung nicht beeinträchtigen kann.

169 Die Bezeichnung Gottes als einer Person ist unentbehrlich für jeden, der wie ich mit „Gott" kein Prinzip meint, wiewohl Mystiker wie Eckhart zuweilen „das Sein" mit ihm gleichsetzen, und der wie ich mit „Gott" keine Idee meint, wiewohl Philosophen wie Plato ihn zeitweilig für eine solche halten konnten; der vielmehr wie ich mit „Gott" den meint, der – was immer er sonst noch sei – in schaffenden, offenbarenden, erlösenden Akten zu uns Menschen in eine unmittelbare Beziehung tritt und uns damit ermöglicht, zu ihm in eine unmittelbare Beziehung zu treten. Dieser Grund und Sinn unseres Daseins konstituiert je und je eine Mutualität, wie sie nur zwischen Personen bestehen kann. Der Begriff der Personhaftigkeit ist freilich völlig außerstande das Wesen Gottes zu deklarieren, aber es ist erlaubt und nötig zu sagen, Gott sei *auch* eine Person. Wenn ich, was darunter zu verstehen ist, ausnahmsweise in die Sprache eines Philosophen, die Spinozas, übersetzen wollte, müßte ich sagen, von Gottes unendlich vielen Attributen seien uns Menschen nicht zwei, wie Spinoza meint, sondern drei bekannt: zu Geisthaftigkeit – in der das seinen Ursprung hat, was wir Geist nennen – und Naturhaftigkeit – die sich darin darstellt, was uns als Natur bekannt ist – als drittes das Attribut der Personhaftigkeit. Von ihm, von diesem Attribut stamme mein und aller Menschen Personsein, wie von jenen mein und aller Menschen Geistsein und Natursein stammt. Und nur dieses Dritte, das Attri-

but der Personhaftigkeit, gebe sich uns in seiner Eigenschaft als Attribut unmittelbar zu erkennen.
Nun aber meldet sich, unter Berufung auf den allbekannten Inhalt des Begriffs Person, der Widerspruch an. Zu einer Person, erklärt er, gehöre doch wohl, daß ihre Eigenständigkeit zwar in sich bestehe, aber im Gesamtsein durch die Pluralität anderer Eigenständigkeiten relativiert werde; und das könne selbstverständlich von Gott nicht gelten. Diesem Widerspruch entgegnet die paradoxe Bezeichnung Gottes als der absoluten Person, d. h. der nicht relativierbaren. In die unmittelbare Beziehung zu uns
170 tritt Gott als die absolute Person. Der Widerspruch muß der höheren Einsicht weichen.
Gott nimmt – so dürfen wir nun sagen – seine Absolutheit in die Beziehung mit auf, in die er zum Menschen tritt. Der Mensch, der sich ihm zuwendet, braucht sich daher von keiner andern Ich-Du-Beziehung abzuwenden: rechtmäßig bringt er sie alle ihm zu und läßt sie sich „in Gottes Angesicht" verklären.

Karl Rahner (1904–1984)
Bemerkungen zum dogmatischen Traktat „De Trinitate" (1960)
174 Die ökonomische Trinität ist die immanente Trinität und umgekehrt
Schr Th IV (Einsiedeln ⁵1967), 103–133.
Lit. zu allen Rahner-Texten: K. Lehmann, Karl Rahner, in: H. Vorgrimler, R. Vander Gucht (Hrsg.), Bilanz der Theologie im 20. Jh. Bahnbrechende Theologen (Freiburg 1970), 143–181; E. Jüngel, Das Verhältnis von „ökonomischer" und „immanenter" Trinität, in: ZThK 72 (1975), 353–364; F. X. Bantle, Person und Personbegriff in der Trinitätslehre Karl Rahners, in: MThZ 30 (1979), 11–24; W. Schachten, Das Verhältnis von „immanenter" und „ökonomischer" Trinität in der neueren Theologie, in: Franziskanische Studien 61 (1979), 8–27; Ch. von Schönborn, Immanente und ökonomische Trinität, in: FZPhTh 27 (1980), 247–264; P. Schoonenberg, Zur Trinitätslehre Karl Rahners, in: E. Klinger, K. Wittstadt (Hrsg.), Glaube im Prozeß (FS K. Rahner) (Freiburg 1984), 471–491; K. P. Fischer, Gotteserfahrung. Mystagogie in der Theologie Karl Rahners und in der Theologie der Befreiung (Mainz 1986) (Lit.); B. J. Hilberath, Der Personbegriff in der Trinitätstheologie in Rückfrage von Karl Rahner zu Tertullians „Adversus Praxean" (Innsbruck 1986); H. Vorgrimler, Karl Rahner verstehen (Freiburg ²1988) (Lit.); J. Wohlmuth, Zum Verhältnis von ökonomischer und immanenter Trinität – eine These, in: ZKTh 110 (1988) 139–162; E. Coreth, W. M. Neidl, G. Pfligersdorffer (Hrsg.), Christliche Philosophie im kath. Denken des 19. und 20. Jh.s, Band II (Graz 1988), 600–605, 621 f. (K. Rahner als Philosoph); R. Miggelbrink, Ekstatische Gottesliebe im tätigen Weltbezug. Eine systematisch-theologische Untersuchung über den Beitrag Karl Rahners zur zeitgenössischen Gotteslehre (Altenberge 1989).

Der Aufsatz geht zurück auf Karl Rahners Beschäftigung (Frühjahr 1959) mit Karl Barths Trinitätstheologie. Er bezeichnet den Anfang einer neuen Zuwendung zu dem Thema auf katholischer Seite. Die von Rahner hier erstmals formulierte und begründete These über das Verhältnis von heilsökonomischer und immanenter Trinität hat zu einer auch ökumenischen Diskussion geführt, die bis heute anhält. Rahner analysiert zu Beginn des Aufsatzes zunächst, ausgehend von der für ihn notwendigen Einheit von Spiritualität und Dogmatik, den dürftigen Rang des Trinitätsglaubens im konkreten religiösen Daseinsvollzug des Christen. Er weist auf dogmatische Mängel hin, die mit dafür Ursachen sein mögen: daß der Begriff „Hypostase" ohne Unterschied auf Vater, Sohn und Geist angewendet wurde, daß die göttlichen Werke nach „außen" nur den Dreien „gemeinsam" zugesprochen wurden, so daß weder die Gnade im gerechtfertigten Menschen trinitarisch differenziert wird noch in der Schöpfung sich Zeichen des dreifaltigen göttlichen Lebens finden können. Rahner weist sodann auf die beiden Traktate „De Deo uno" – „De Deo trino" hin, die im lateinischen Westen seit Thomas von Aquin in dieser Reihenfolge ohne inneren Zusammenhang und ohne Folgerungen in den weiteren dogmatischen Traktaten abgehandelt werden, mit den gravierenden Mängeln, daß, spezifisch lateinisch, zunächst philosophisch abstrakt vom einen göttlichen Wesen (mit seinen Eigenschaften), dann lateinisch und griechisch ebenfalls sehr formalistisch von den „Personen" (Hervorgängen und Relationen) gesprochen wird. Dem setzt Rahner in unserem Textauszug seine These entgegen, die er christologisch und gnadentheologisch begründet und gegen den Verdacht des Modalismus absichert.

115 Man wird sagen müssen, daß diese Isoliertheit des Trinitätstraktats sich schon einfach durch ihre Tatsache als falsch erweist: *So kann* es nicht sein. Die Trinität ist ein *Heils*mysterium. Sonst wäre sie nicht geoffenbart. Dann aber muß auch deutlich werden, warum sie ein solches ist. Dann aber muß auch in *allen* Traktaten der Dogmatik deutlich werden, daß diese darin behandelten Heilswirklichkeiten selbst nicht verständlich werden können ohne Rückgriff auf dieses Ursprungsmysterium des Christentums. Wo diese dauernde Perichorese zwischen den Traktaten nicht immer wieder deutlich wird, kann dies nur als Zeichen dafür gewertet werden, daß in dem Trinitätstraktat oder in den anderen Traktaten Zusammenhänge nicht deutlich herausgearbeitet wurden, die erst verständlich machen, daß die Trinität ein Heilsmysterium für uns ist und darum überall uns begegnet, wo von unserem Heil (eben in den anderen Traktaten der Dogmatik) gesprochen wird.

Die Grundthese, die diese Verbindung zwischen den Traktaten herstellt und die Trinität *als* Heilsmysterium für uns (in ihrer Wirklichkeit und nicht erst als Lehre) herausstellt, könnte so formuliert werden: Die „ökonomische" Trinität *ist* die immanente Trinität und umgekehrt. Diesen Satz gilt es zu erklären, nach Möglichkeit zu begründen und auch in seiner Bedeutung und Anwendung auf die Christologie zu verdeutlichen. Diese so gestellten Aufgaben durchdringen und bedingen sich gegenseitig so, daß sie nicht hintereinander, sondern in einem in Angriff genommen werden müssen.

Die „ökonomische" Trinität *ist* die immanente Trinität, so lautet der Satz, der uns beschäftigt. An einem Punkt, in einem Fall ist dieser Satz definierte Glaubenswahrheit:[1] Jesus ist nicht einfach Gott im allgemeinen, sondern der Sohn; die zweite göttliche Person, der Logos Gottes ist Mensch, er und nur er. Es gibt also zumindest eine „Sendung", eine Anwesenheit in der Welt, eine heilsökonomische Wirklichkeit, die nicht bloß einer bestimmten göttlichen Person appropriiert wird, sondern ihr eigentümlich ist. Hier wird nicht bloß „über" diese bestimmte göttliche Person in der Welt *geredet*. Hier ereignet sich außerhalb des innergöttlichen Lebens in der Welt selbst etwas, was nicht einfach Ereignis des in Wirkursächlichkeit in der Welt wirksamen dreipersönlichen Gottes als des einen ist, sondern nur dem Logos allein zukommt, Geschichte einer göttlichen Person im Unterschied zu den anderen göttlichen Personen ist. (Daran ändert sich auch nichts dadurch, daß man sagt, die Verursachung dieser dem Logos allein zukommenden hypostatischen Unio sei das Werk der ganzen Trinität.) Es gibt eine Prädikation heilsgeschichtlicher Art, die von nur einer göttlichen Person geschehen kann. Ist dies aber *einmal* der Fall, dann ist auf jeden Fall der Satz *falsch:* Es gibt nichts Heilsgeschichtliches, nichts „Ökonomisches", was nicht in gleicher Weise vom dreifaltigen Gott als ganzem und von *jeder* Person im einzelnen und für sich gesagt werden kann; *falsch* ist somit auch umgekehrt der Satz: In einer Lehre von der Trinität (als der Aussage von den göttlichen Personen im allgemeinen und im einzelnen) kann es nur Aussagen geben, die Innergöttliches betreffen. Sicher richtig ist der Satz: Trinitätslehre und Ökonomielehre (Trinitätslehre und Heilslehre) lassen sich nicht adäquat unterscheiden.[2]

Die ökonomische Trinität *ist* die immanente Trinität, so lautet der Satz, den es zu erläutern gilt. Wir haben bisher gezeigt, daß es wenigstens einen Fall dieses Axioms gibt, der dogmatisch unbestreitbar ist. Daß dieser Fall aber wirklich ein – *Fall* ist, das ergibt sich erst, wenn auf die Gnadenlehre reflektiert wird. Es handelt sich hier um den Fall der nichtappropriierten Beziehungen der göttlichen Personen zum Gerechtfertigten. Das Problem und die Meinungsverschiedenheiten der Theologen in dieser Frage sind bekannt und brauchen daher hier nicht aufs neue dargelegt zu werden. Jedenfalls und mindestens aber ist diese These von den eigentümlichen, nicht-appropriierten Beziehungen nun in der Theologie freie und dogmatisch nicht zu beanstandende Meinung. Wir setzen sie hier voraus.[3] Es gilt nur, diese bekannte und geläufige, wenn auch nicht unumstrittene Lehre in der Richtung unserer Frage zu entfalten. Die These, die wir hier also als berechtigt voraussetzen[4], besagt, richtig verstanden und ernst genommen, nicht eine scholastische Subtilität, sondern schlicht und einfach: Jede der drei göttlichen Personen teilt sich als je sie selber in ihrer personalen Eigenart und Verschiedenheit dem Menschen in freier Gnade mit, und diese trinitarische Mitteilung (die „Einwohnung" Gottes, die „ungeschaffene Gnade" nicht nur als Mitteilung der göttlichen „Natur", sondern, weil in geistig-freiem, personalem Akt, also von Person zu Person geschehend, auch und sogar primär als Mitteilung der „Personen" verstanden) ist der realontologische Grund des Gnadenlebens im Menschen und (unter den sonstigen Voraussetzungen) der unmittelbaren Schau der göttlichen Personen in der Vollendung. Selbstverständlich geschieht diese Selbstmitteilung der göttlichen Personen entsprechend ihrer personalen Eigenart, d. h. also auch entsprechend und kraft ihrer Bezüglichkeit untereinander. Würde eine göttliche Person sich anders als in und durch ihre Bezüglichkeit zu den anderen Personen mitteilen, um eine eigene Beziehung zum Gerechtfertigten (und umgekehrt dieser zu jener) zu haben, dann wäre dadurch ja gegeben und vorausgesetzt, daß jede einzelne Person (auch und eben als solche in ihrem gedanklichen Unterschied zum einen und selben Wesen) etwas Absolutes und nicht bloß Relatives wäre; die wahre Grundlage der Trinitätslehre wäre verlassen. Das aber heißt wieder: Diese drei Selbstmitteilungen sind die Selbstmitteilung des einen Gottes in der dreifach relativen Weise, in der Gott subsistiert. Der Vater gibt sich also auch uns als *Vater,* d. h. gerade dadurch, daß und indem er, weil selbst (essential) bei *sich* selbst, sich aussagt und *so* den Sohn mitteilt als seine eigene, personhafte Selbsterschließung[5], und dadurch und indem der Vater und der Sohn (vom Vater empfangend), sich in *Liebe* bejahend auf sich selbst hinneigend und bei sich selbst ankommend, so *als* die liebend angenommenen, d. h. als Heiliger Geist, sich mitteilen. Gott verhält sich zu uns dreifaltig, und ebendieses dreifaltige (freie und ungeschuldete) Verhalten zu uns *ist* nicht nur ein Abbild oder eine Analogie zur inneren Trinität, sondern ist diese selbst, wenn auch als frei und gnadenhaft mitgeteilte. Denn eben das Mitgeteilte ist gerade der dreifaltige persönliche Gott, und ebenso kann die (an die Kreatur in freier Gnade geschehende) Mitteilung, *wenn* sie frei geschieht, nur in der innergöttlichen Weise der zwei Mitteilungen des göttlichen Wesens vom Vater an den Sohn und Geist geschehen, weil eine andere Mitteilung gar nicht das mitteilen könnte, was hier mitgeteilt wird, nämlich die göttlichen Personen, da diese gar nichts von ihrer eigenen Mitteilungsweise Verschiedenes sind. Von hier aus läßt sich nun der Zusammenhang von immanenter und ökonomischer Trinität in umgekehrter Richtung betrachten. Der eine Gott teilt sich mit als absolute Selbstaussage und als absolute Gabe der Liebe. Seine Mitteilung ist nun (das ist das absolute Geheimnis, das erst in Christus geoffenbart ist) wahrhaft *Selbst*mitteilung, d. h. Gott gibt seiner Kreatur nicht nur „an sich" Anteil (vermittelt), *indem* er durch seine allmächtige *Wirk*ursächlichkeit geschöpfliche und endliche Wirklichkeiten schafft und schenkt, sondern er gibt in einer *quasiformalen* Kausalität wirklich und im strengsten Sinn des Wortes *sich selbst*.[6] Diese *Selbst*mitteilung Gottes an uns hat nun aber nach dem Zeugnis der Offenbarung in der Schrift einen dreifachen Aspekt: Es ist die Selbstmitteilung, in der das Mitgeteilte das Souveräne, Nicht-Umfaßbare bleibt, das auch als Empfangenes in seiner unverfügbaren, unumgreifbaren Ursprunglosigkeit verbleibt; es ist Selbstmitteilung, in der der Gott, der sich erschließt, als sich aussagende Wahrheit und freie, geschichtlich handelnde Verfügungsmacht „da ist";[7] und ist Selbstmitteilung, in der der sich mitteilende Gott im Empfangenden die Annahme seiner Mitteilung erwirkt, und zwar *so* bewirkt, daß die Annahme nicht die Mitteilung auf das bloß geschöpfliche Niveau hinunterdepotenziert. Dieser dreifache Aspekt der Selbstmitteilung darf nun aber in der Dimension der Mitteilung einerseits nicht als bloß *verbale* Entfaltung einer in sich selbst unterschiedlichen Mitteilung aufgefaßt werden. In der Dimension der Ökonomie des Heils zunächst ist dieser Unterschied vielmehr wirklich „real": Der Ursprung der Selbstmitteilung Gottes, sein sich radikal erschließendes und sich aussagendes „Dasein", das von ihm selbst erwirkte Angenommensein der Selbstmitteilung sind nicht einfach unterschiedslos „dasselbe", das nur mit verschiedenen Worten bezeichnet würde. Mit anderen Worten: Der Vater, das Wort (Sohn) und der Geist (so unendlich unzulänglich auch all diese Worte sind und sein müssen) weisen nach dem Selbstverständnis der Glaubenserfahrung, wie sie in der Schrift bezeugt wird, auf einen wahren Unterschied, auf eine zweifache Vermitteltheit innerhalb dieser Selbstmitteilung hin. *Anderseits* aber ist diese doppelte Vermittlung durch Wort und Geist (wie die Geschichte der sich offenbarenden Selbstmitteilung in immer deutlicher und unausweichlicher Weise gezeigt hat) nicht eine Vermittlung geschöpflicher Art, so daß Gott darin doch nicht wirklich als er selber mitgeteilt würde. Ist aber nach dem Zeugnis des Glaubens die ökonomische Selbstmitteilung Gottes wirklich real dreifaltig, ist zunächst einmal ein *ökonomischer* Sabellianismus falsch und sind anderseits diese vermittelnden Daseinsweisen Gottes bei uns keine kreatürlichen Zwischenwesen, keine geschaffenen Weltpotenzen, weil eine solche im Grunde arianische Konzeption der Mitteilung Gottes eine wahre *Selbst*mitteilung Gottes aufheben und das eschatologische Heilsgeschehen in Christus auf die Ebene immer vorläufiger und offener Vermittlungen (nach Art von Propheten-Knechten, von Engelsmächten oder gnostisch-neuplatonischen, absteigenden Emanationen) herabdrücken würde, dann muß diese reale Vermitteltheit göttlicher Art in der Dimension der Ökonomie auch eine reale Vermitteltheit in Gottes eigenem inneren Leben *sein*. Die „Dreifaltigkeit" des Verhaltens Gottes zu uns in der Gnadenordnung Christi ist schon die Wirklichkeit Gottes, wie sie in sich selbst ist: „Dreipersönlichkeit". Sabellianismus oder Modalismus wäre dieser Satz nur, wenn dieser Satz die „Modalität" des Verhältnisses Gottes zu der übernatürlich erhobenen und mit Gottes eigener Wirklichkeit begnadeten Kreatur in absoluter Verkennung des radikalen *Selbst*erschließungscharakters dieser „Modalität" (in der ungeschaffenen Gnade und in der hypostatischen Union) nicht die Weise sein ließe, wie Gott „an sich" ist, sondern wenn Gott selbst von diesem Verhalten so unberührt gedacht würde, daß diese „Verschiedenheit" (wie bei der Schöpfung und dem natürlichen Verhalten Gottes zur Welt) keinen Unterschied in Gott selbst eintrüge, dieser vielmehr auf seiten der Kreatur wäre.

¹ Allerdings zunächst *nur* an einem Punkt, in einem Fall, der darum noch nicht für sich allein genügt, um die aufgestellte These als ganze und schlechthin als Glaubenswahrheit zu rechtfertigen.
² Man kann natürlich diesem Satz nicht entgehen mit dem schulschlaudummen Hinweis darauf, daß die Unio hypostatica im Logos selbst keine „reale Relation" setze, also vom Logos als solchem gar nichts „Ökonomisches" ausgesagt werden müsse, was ihn selbst betrifft. Wie immer es mit dem scholastisch-metaphysischen Axiom bestellt sein mag, daß Gott keine „realen Relationen" nach außen habe, auf jeden Fall bleibt wahr und muß als richtende *Norm* für dieses Axiom gelten (und nicht umgekehrt!): Der Logos selbst ist in aller Wahrheit Mensch, er selber und nur er und nicht der Vater und nicht der Geist. Und darum bleibt es in alle Ewigkeit wahr: Wenn vom Logos selbst alles, was an ihm wirklich ist und bleibt, gesagt werden muß in einer Lehre

von den göttlichen Personen, dann impliziert diese Lehre selbst eine ökonomische Aussage.
³ Es sei hier nur auf eines aufmerksam gemacht. Wenn man die klassische Ontologie der mittelalterlichen Theologie von der visio beatifica auf die doch unbestreitbare Schau der göttlichen Personen als solcher anwendet, so kann man logisch für die visio diese These nicht bestreiten (und dann auch nicht mehr für die Rechtfertigungsgnade als dem ontologischen Substrat und dem formalen Anfang der unmittelbaren Gottesschau). Eine unmittelbare Schau der göttlichen Personen, die also nicht vermittelt gedacht werden darf durch eine geschaffene „species impressa", sondern nur durch die realontologische Wirklichkeit des Geschauten an sich selbst, das sich in einer quasiformalen Ursächlichkeit seinshafter Art dem Schauenden als ontologische Bedingung der Möglichkeit der formellen Erkenntnis mitteilt, bedeutet notwendig eine realontologische Beziehung des Schauenden zu je den geschauten Personen als solchen in ihrer realen Eigentümlichkeit. Darauf hat vielleicht die mittelalterliche Theologie nicht genügend reflektiert. Aber es liegt absolut in der Konsequenz ihres theologischen Ansatzes für die visio.
⁴ Sie wird, wenn auch nur in Andeutungen, weiter unten noch durch einen Blick auf die faktische Geschichte der Offenbarung der Trinität weiter gestützt werden.
⁵ Es kann hier nicht genauer darauf eingegangen werden, daß und wie in gegenseitiger Einheit die Selbstmitteilung des Vaters in der Aus-sage des Wortes in die Welt sowohl Inkarnation wie *gnadenhafte* Zu-sage dieses Wortes an den (glaubenden) Menschen besagt.
⁶ Daraus ergibt sich schon in formaler Axiomatik: Ist der Unterschied, der in einem von Gott Mitgeteilten als solchem gegeben ist, *nur* auf seiten der Kreatur, so handelt es sich gar nicht um eine Selbst-mitteilung Gottes im strengen Sinn. Handelt es sich aber wirklich um eine *Selbst*mitteilung, in der im Mitgeteilten als solchem, also „für uns", ein wirklicher Unterschied gegeben ist, dann muß Gott „an sich selbst", unbeschadet seiner Einheit (die dann als die des absoluten „Wesens" charakterisiert wird), unterschiedlich sein, was dann als relative Weise des Sich-zu-sich-selbst-Verhaltens charakterisiert wird. Man kann also sagen: Wenn die Offenbarung a) eine wirkliche *Selbst*mitteilung bezeugt, wenn sie b) diese Selbstmitteilung als für uns Unterschiede enthaltend erklärt (vermittelt ansieht, ohne daß diese Vermittlung bloß geschöpflicher Art ist und so den Charakter einer wirklichen Selbstmitteilung aufhebt), dann ist eo ipso Unterschied und Vermittlung in Gott, wie er in sich und an sich selbst ist, behauptet.
⁷ Es darf nicht vergessen werden, daß der Begriff des „Wortes" von seiner alttestamentlichen Inhaltsfülle her zu lesen ist, also das machtvolle, in Tat und Entscheidung gesagte Schöpferwort Gottes ist, in dem der Vater sich aus-sagt, in dem er da ist und handelt, daß es sich also nie um eine bloß theoretische Selbstreflexion handelt. Insofern ist von einem solchen Begriff aus viel leichter die Einheit des „Wortes" Gottes als des fleischgewordenen und als des machtvoll, richtend im Herzen der Menschen verfügenden zu verstehen.

Karl Rahner

Einzigkeit und Dreifaltigkeit Gottes im Gespräch mit dem Islam (1977)

175 **Radikalisierung des Monotheismus**

Schr Th XIII (Zürich 1978), 129–147.

Der Aufsatz bringt über Rahners frühere Bemühungen um die Trinitätstheologie hinaus einen wesentlichen neuen Aspekt, insofern hier der Trinitätsglaube als radikaler Monotheismus aufgezeigt wird. Die von Rahner vorgetragene Identität von heilsökonomischer Trinität, nämlich den beiden radikalen, endgültigen und unüberbietbaren Gegebenheitsweisen (Daseinsweisen) des *einen* Gottes in Geschichte und Transzendenz, und innergöttlicher Trinität, nämlich den beiden Subsistenzweisen der Möglichkeit der geschichtlichen Selbstaussage und der Möglichkeit der Selbstmitteilung, wird hier prägnanter gefaßt als in seinem umfangreichen Beitrag „Der dreifaltige Gott als transzendenter Urgrund der Heilsgeschichte": Mysterium Salutis II (Einsiedeln 1967), 317–397.

133 Ist die Lehre vom Monotheismus und die von der göttlichen Trinität nur durch verbale Kunststücke vereinbar? Ist die gleichzeitige Gegebenheit dieser beiden Aussagen religiös vollziehbar? Unsere Grundthese, die hier vorgetragen werden soll, geht dahin, daß die Trinitätslehre nicht als Zusatz oder Abschwächung des christ-

134 lichen Monotheismus, sondern als dessen Radikalisierung verstanden werden kann und muß, vorausgesetzt nur, daß dieser Monotheismus selbst wieder als konkreter Monotheismus heilsgeschichtlicher Erfahrung wirklich ernst genommen wird, der Gott in seiner Einzigkeit nicht aus der heilsgeschichtlichen Erfahrung des Christentums hinaus und in eine metaphysisch abstrakte Einsamkeit verbannt.

139 Wir gehen von dem Satz aus, daß die ökonomische Trinität die immanente Trinität *ist* und umgekehrt. Ich weiß nicht genau, seit wann und von wem dieses theologische Axiom erstmals formuliert worden ist. Aber es scheint sich doch heute in der Theologie durchzusetzen oder ist mindestens ein Theologoumenon, das nicht von vornherein als heterodox verworfen werden kann, sondern getrost in theologischen Überlegungen eingesetzt werden darf. Daß es ein heilsökonomisches Verständnis der Trinitätslehre gibt, daß es eine heilsgeschichtliche und offenbarungsgeschichtliche Erfahrung dreifaltiger Art gibt, kann ein Christ im Ernst nicht bestreiten. In der Offenbarungs- und Heilsgeschichte hat er es mit dem unaussprechlichen Geheimnis des unumgreifbaren, ursprunglosen Gottes, Vater genannt, zu tun, der nicht in einer metaphysischen Ferne west und verbleibt, sondern bei aller seiner Unbe-

greiflichkeit und Souveränität und Freiheit sich selber der Kreatur mitteilen will als deren ewiges Leben in Wahrheit und Liebe. Dieser eine und unbegreifliche Gott ist in einer unüberholbaren Weise geschichtlich dem Menschen in Jesus Christus nahe, der nicht irgendein Prophet in einer immer offenen Reihe von Propheten ist, sondern die endgültige und unüberholbare Selbstzusage dieses
140 einen Gottes in der Geschichte. Und dieser eine und selbe Gott teilt sich selber dem Menschen als Heiliger Geist in der innersten Mitte der menschlichen Existenz zu dem Heil und der Vollendung mit, die Gott selbst ist. Es gibt also für den christlichen Glauben zwei radikalste und endgültige und unüberbietbare Gegebenheiten, Daseinsweisen des einen Gottes in der Welt, die das frei von Gott gewährte endgültige Heil der Welt sind, in Geschichte und Transzendenz. . . .
141 Entscheidend . . . ist es aber, zu sehen und zu bekennen, daß durch die Zweiheit der Gegebenheiten Gottes für uns die Gegebenheit Gottes in sich selbst nicht verstellt oder durch etwas vermittelt wäre, was nicht Gott selbst ist. Logos und Heiliger Geist dürfen nicht als vermittelnde Modalitäten gedacht werden, die von dem einen Gott verschieden sind. Denn sonst müßten sie, da das Christentum jede neuplatonische, plotinische, gnostische usw. Vorstellung eines absteigend sich selbst entleerenden Gottes ablehnt, als geschaffene Wirklichkeiten gedacht werden, die wie alle andere geschöpfliche Wirklichkeit einen Hinweis auf den immer fernbleibenden Gott an sich tragen würden, aber nicht Gott an sich selbst in seiner innersten Wirklichkeit mitteilen würden. Bei der radikal verstandenen *Selbst*mitteilung Gottes an die Kreatur muß die Vermittlung selbst Gott sein und kann keine kreatürliche Vermittlung bedeuten. Wo und wenn eine, wenn auch theistisch religiöse Existenz gehorsam und demütig allein in einem unendlichen Abstand vor dem unbegreiflichen Gott verharren wollte und gar nicht wagen würde zu realisieren, daß dieser unendliche und unbegreifliche Gott auch der Gott radikalster Nähe und Unmittelbarkeit und nicht nur der Schöpfergott unendlicher Ferne sein könnte, da sind natürlich
142 solche Überlegungen, in denen wir uns befinden, von vornherein ferne liegend. Wo und wenn aber der von Gott selbst dem Menschen mitgeteilte Durst nach Gott in sich selbst vorgelassen wird, wo die letzte unüberbietbare Aussage der Offenbarung, daß Gott selbst an sich selbst den Menschen sich geben will, in radikalster Zuversicht gehört und angenommen wird, so wie diese Aussage im Neuen Testament in der Erfahrung Jesu und seines Geistes

gewagt wird, da wird es unausweichlich, zu sagen, daß es eine doppelte Selbstmitteilung Gottes in Verschiedenheit und Einheit gibt, deren Modalitäten in Einheit und Unterschiedlichkeit nochmals Gott selbst streng als solcher ist. Damit ist aber zunächst einmal in der Dimension der heilsökonomischen Trinität gegeben, daß die Aussage: Der Logos und der Heilige Geist sind Gott selbst, nicht eine Abschwächung oder Verdunkelung des richtig verstandenen Monotheismus ist, sondern seine Radikalisierung. Wir haben ja eingangs bei der Charakterisierung des Monotheismus als religiöser und theologischer Aussage gesagt, daß er nicht eine abstrakt metaphysische Theorie über ein fernes Absolutum ist, sondern die Aussage des einzigen Absolutums gerade von dem Gott, mit dem wir es konkret in der Heilsgeschichte zu tun haben. ...

144 Der Satz von der Identität der Gegebenheitsweisen Gottes mit Gott selbst ist nur die andere Seite des Satzes, daß jede bloß kreatürliche Vermittlung zwischen Gott und Mensch diesen Gott in eine absolute Ferne rückt, aus einem konkreten Monotheismus einen abstrakten macht und den Menschen dann in der Konkretheit seines religiösen Lebens doch verhohlen polytheistisch sein läßt. Gott muß durch sich selbst zu sich vermitteln, sonst bleibt er letztlich fern und nur in dieser Ferne gegeben durch die zerteilende Vielfalt kreatürlicher Wirklichkeiten, die in Gottes Ferne hineinweisen. Das sagt der Satz von der Göttlichkeit der zwei fundamentalen Gegebenheitsweisen Gottes in der Welt, und er ist somit das radikale Ernstnehmen des konkreten Monotheismus.

Wenn wir nun das schon angerufene Axiom von der Identität der heilsökonomischen und der immanenten Trinität an diesem Punkt unserer Überlegungen geltend machen, dann sind wir schon unmittelbar bei der klassischen christlichen Trinitätslehre. Weil diese zwei Gegebenheitsweisen des einen Gottes in und trotz ihrer Verschiedenheit selber Gott sind und nicht etwas kreatürlich von ihm Verschiedenes, müssen sie Gott an sich selber immer und ewig zukommen. Sie heißen dann, um diese Zugehörigkeit

145 zu Gott an sich selbst deutlich zu machen, in der klassischen Trinitätslehre innergöttliche Hervorgänge. Dem ursprunglosen Gott (Vater genannt) kommt von Ewigkeit her die Möglichkeit einer geschichtlichen Selbstaussage zu und ebenso die Möglichkeit, sich als er selber in die innerste Mitte der geistigen Kreatur als deren Dynamik und Ziel einzustiften. Diese beiden ewigen Möglichkeiten, die reine Aktualität sind, sind Gott, sind voneinander zu unterscheiden und sind durch diese Unterschiedenheit auch vom ur-

sprunglosen Gott zu unterscheiden. Insofern sie Gott an sich selbst zukommen, weil sie gar nicht anders Gott selbst sein können, können sie Subsistenzweisen genannt werden, um deutlich zu machen, daß die beiden Gegebenheitsweisen Gottes an sich selbst der Welt gegenüber ihm wirklich an sich selbst zukommen und nicht eine Modalität bedeuten, die nur durch einen freien Entschluß Gottes konstituiert wäre und darum unweigerlich dem Bereich des kreatürlich Endlichen und nicht Gottes selbst angehören würde.

Karl Rahner

Die menschliche Sinnfrage vor dem absoluten Geheimnis Gottes (1977)

176 Die Unbegreiflichkeit Gottes ist die Eigenschaft seiner Eigenschaften

Schr Th XIII (Zürich 1978), 111–128.

Der Beitrag geht aus von den theologiegeschichtlichen Fakten, daß Unbegreiflichkeit und Unaussagbarkeit Gottes in der kirchlichen Lehrverkündigung enthalten sind und in einer negativen Theologie thematisiert wurden. Rahner weist auf die geheime Tendenz hin, diese Unbegreiflichkeit als vorläufige zu behaupten und Gott in schlußfolgernder Theologie als rückhaltlos versöhnende Harmonie und restlos aufklärendes Licht zu deuten. Demgegenüber radikalisiert er die Unbegreiflichkeit Gottes als die zentrale und bleibende Wesenseigenschaft Gottes.

112 *Gottes Unbegreiflichkeit in Glaubenslehre und theologischer Überlieferung*

Es müssen zunächst einige Bemerkungen vorgetragen werden über die Glaubenslehre von der Unbegreiflichkeit Gottes, ohne daß zunächst diese Lehre schon mit der Sinnfrage konfrontiert wird. Die kirchliche Lehre spricht nicht selten von der Unbegreiflichkeit und der Unaussagbarkeit Gottes. Schon in der alten Kirche, bei Leo dem Großen, taucht das Wort „incomprehensibilis" auf (DS 294), ebenso bei Martin I. (DS 501); im XI. Konzil von Toledo (675) wird gesagt, daß Gott in seiner Wesenheit unaussagbar (ineffabilis) sei (DS 525). Im berühmten Glaubensbekenntnis des IV. Laterankonzils von 1215 wird Gott incomprehensibilis und ineffabilis genannt (DS 800; 804). Ebenso heißt Gott in der Erklärung des Ersten Vatikanischen Konzils incomprehensibilis, und es wird von ihm gesagt, daß er über alles, was außer ihm ist und gedacht werden kann, unaussagbar (ineffabiliter) erhaben sei (DS 3001).

Unbegreiflichkeit und Unaussagbarkeit Gottes gehören somit wie selbstverständlich in den kirchlichen Glaubensbekenntnissen zu den Attributen Gottes, mit denen deutlich gemacht werden soll, was mit Gott überhaupt gemeint ist. Diese Unbegreiflichkeit Gottes, die schon im Alten Testament gesehen wird, wenn da auch nicht als die seines Wesens, sondern als die seines schöpferischen Handelns mit seiner Welt und ihrer Geschichte, wird im selben Sinne bei Paulus gefeiert, wenn er nicht nur die gesamte Heilstat Gottes in Christus als Mysterium preist, sondern sie auch ausdrücklich als unauslegbar und als spurenlos bezeichnet (Röm 11,33). Von da aus hat dann die „negative Theologie" den Begriff der Unbegreiflichkeit des Wesens Gottes entwickelt, im Osten vor allem bei den Kappadoziern und im Westen bei Augustinus.

Bei dieser negativen Theologie der Unbegreiflichkeit des Wesens Gottes darf aber, sosehr sie im Recht ist, nicht vergessen werden, daß diese Unbegreiflichkeit auch für die Verfügungen von Gottes Freiheit gilt, an welchen sich ursprünglich das Verständnis für seine Unbegreiflichkeit überhaupt entzündete. Wenn wir hier die franziskanische Metaphysik der Freiheit und der Liebe, die für unsere Frage an sich gewiß eine fundamentale Bedeutung hat, überspringen, dann können wir nach den Untersuchungen von Pius Siller sagen, daß in der mittelalterlichen Philosophie und Theologie die Lehre von der incomprehensibilitas Gottes einen ausgezeichneten Ort und Rang ebenso bei Thomas von Aquin erhält.[1] Bei ihm ist darüber die Rede nicht so sehr innerhalb einer metaphysischen Charakteristik Gottes, sondern innerhalb der Offenbarungstheologie: in der anthropologischen Eschatologie, der Christologie und der theologischen Hermeneutik; diese Unbegreiflichkeit Gottes ermöglicht bei Thomas erst eigentlich die Offenbarung Gottes als solche, ohne daß der Mensch Gott wird.

Wir verzichten hier darauf, die subtile Theologie der Unbegreiflichkeit Gottes bei Thomas und von daher bei Siller genauer zu entfalten und verweisen für diese genauere Frage über die Unbegreiflichkeit als Weise eines Verstehens überhaupt und über die Unbegreiflichkeit Gottes auf Thomas und Siller selbst. Wir dürfen uns hier mit einem etwas einfacheren Begriff der Unbegreiflichkeit Gottes begnügen, zumal ja die kirchenamtliche und normale Theologie sich keine allzu große Mühe geben, diesen Begriff selber noch zu erklären. Hier sei nur zunächst noch angemerkt, daß nach dieser traditionellen Lehre die Unbegreiflichkeit Gottes auch in der unmittelbaren Schau Gottes von Angesicht zu Angesicht bestehen bleibt, also nicht bloß die Eigentümlichkeit der Erkenntnis Gottes im irdischen Leben des Pilgers, sondern auch sein Verhältnis zu Gott in seiner Vollendung der Ewigkeit bestimmt. ...

115 Wenn man die unmittelbare Anschauung Gottes als das eine, eigentliche und allein erfüllende Ziel des Menschen preist, wenn man betet, „ut te relevata cernens facie visu sim beatus tuae gloriae", „daß ich dich schaue enthüllten Angesichts und selig sei im Anschauen deiner Herrlichkeit", dann hat man praktisch doch vergessen, daß diese Seligkeit ewiger Klarheit das Kommen vor die *Unbegreiflichkeit* Gottes in Unmittelbarkeit ist. Man sagt dann nach dem Preis des lauteren unendlichen Lichtes der ewigen Gottheit, das sich endlich in Geist und Herz der Kreatur senkt und alle irdische Nacht für immer vertreibt, hinterdrein und als leise gesprochene Anmerkung, daß Gott auch da unbegreiflich bleibe, aber man empfindet diese Unbegreiflichkeit doch eher als ein Randphänomen, als einen Tribut an die eigene endliche Kreatürlichkeit bei einer Seligkeit als dem ewigen Genuß des an Gott Gesehenen und Begriffenen. Die Unbegreiflichkeit Gottes ist nicht das Gesehene, sondern das Nichtgesehene, von dem man eigentlich nur wegblickt. ...

Dieses Vergessen der Unbegreiflichkeit Gottes dort, wo man bei uns Gott als letzte, einzige, alles erhellende Antwort auf die radikale Sinnfrage des Menschen rühmt, scheint mir offenkundig zu sein. Für uns wandelt der Mensch, der Gott nicht kennt, in Finsternis; im Lichte aber der, der Gott erkennt und ihn in das Kalkül seines Lebens einsetzt als den Posten, der alle Rechnungen aufgehen läßt. Gott wird von uns gepriesen als der eine, umfassende, alle Ratlosigkeiten letztlich auflösende Sinn unserer Existenz, in dem alle partiellen Sinnerfahrungen erst ihren rechten Platz und ihre Integration finden. Gott klärt auf, verbindet, ordnet ein, löst Dissonanzen, ist die selig in sich selbst in reiner Ein-

116 heit weilende Zufluchtsburg, in die wir über alle Unversöhntheiten des Lebens und der Erkenntnis hinweg flüchten dürfen. Er ist für uns das Licht, der ewige Friede, die Versöhnung, die Einheit schlechthin, der Punkt, und zwar für uns erreichbar, von dem aus alle die fürchterlichen Dissonanzen der Natur und der Geschichte in einer reinen, sinnvollen Harmonie zusammenklingen. Er ist *der* Sinn schlechthin, und wenn wir diesen an sich natürlich richtigen Satz sagen, dann denken wir unwillkürlich Sinn nach unserem Sinn, also als das Durchschaute, das Verstandene, das Verfügte, das was sich vor *uns* rechtfertigt und sich in unsere Hand, in unsere Verfügung gibt, damit endlich der Schmerz der Sinnleere der unbeantworteten Frage aufhöre.

All diese Beschwörung Gottes als der einen und umfassenden Antwort auf die eine und ganze unendliche Frage, die der Mensch ist, soll wahrhaftig nicht verworfen werden. Es gibt partielle Sinnerfahrungen, so schwer es sein mag, reflex zu sagen, was mit Sinn eigentlich gemeint ist, und alle diese partiellen Sinnerfahrungen weisen auf den einen im Unendlichen liegenden Punkt hin, an dem sich die partikulären Sinnerfahrungen treffen, in ursprünglicher Einheit schon vorweggenommen und untereinander versöhnt sind, so daß wir diesen ursprünglichsten, alles einenden, utopischen und gerade so realsten Sinn schlechthin mit Recht Gott nennen. Aber wenn wir so mit der letzten Kraft des Geistes und des Herzens, der Theorie und der Praxis das Höchste ahnen und verlangen, stürzen wir dann nicht wieder von der höchsten Höhe unserer Existenz in den leersten Abgrund der Sinn-Losigkeit, wenn wir von diesem Höchsten sagen, es sei unbegreiflich? Wie kann das Unbegreifliche und Namenlose der Sinn sein, den *wir* haben? Man kann doch nicht diese Unbegreiflichkeit als eine Eigentümlichkeit Gottes verstehen, die er auch hat *neben* den anderen Eigenschaften, die, von jener verschieden, dann die Fülle des Sinnes abgeben, nach dem wir verlangen. Eben diese anderen Eigenschaften Gottes, die wir als den Sinn unserer Existenz erklären, sind unbegreiflich; diese Unbegreiflichkeit ist nicht eine Eigenschaft Gottes neben anderen, sondern die Eigenschaft seiner Eigenschaften.

[1] Vgl. die Arbeit des Verfassers: Fragen zur Unbegreiflichkeit Gottes nach Thomas von Aquin, in: Schriften zur Theologie XII, 306–319; in dieser Arbeit sind auch die Untersuchungen meines Schülers P. Siller (bisher ungedruckte Dissertation: Die Incomprehensibilitas Dei bei Thomas von Aquin, Innsbruck 1963) dankbar verwertet worden.

Karl Rahner (1904–1984) / Herbert Vorgrimler (1929)*
Gottesbeweis (1961)

177 Kein Gottesbeweis, sondern transzendentale Grunderfahrung

K. Rahner/H. Vorgrimler, Kleines theologisches Wörterbuch (Freiburg 16. Auflage 1988), 167–169.

Der Text versucht, die notwendige Bejahung Gottes in jedem geistigen Akt des Menschen aufzuzeigen, ohne aus dieser Bejahung einen Beweisgang zu machen. Die unterschiedlichen Formen der „Gottesbeweise" werden auf die Artikulation der transzendentalen Grunderfahrung zurückgeführt.

167 Gottesbeweis bedeutet die systematische auslegende Reflexion auf die notwendige Bejahung dessen, was wir „Gott" nennen, in jedem geistigen (urteilenden und frei entscheidenden) Akt des Menschen. Ein Gottesbeweis will also letztlich nicht eine Kenntnis vermitteln, in der einfach irgendein bisher schlechthin unbekannter und darum auch gleichgültiger Gegenstand von außen an den Menschen herangebracht wird, sondern das reflexe Selbstbewußtsein darüber vermitteln, daß der Mensch immer und unausweichlich in seiner geistigen Existenz mit Gott zu tun hat (ob er ihn „Gott" nennt oder anders, ob er darauf reflektiert oder nicht, ob er es wahr haben, zulassen, frei bejahen will oder nicht). Das macht Eigenart, Selbstverständlichkeit und Schwierigkeit des Gottesbeweises aus: es ist immer der ganze Mensch in der Einheit seiner Einsicht und Freiheit gemeint (obwohl nur die Seite der abstrakten Begrifflichkeit und das Allgemeine im Menschen thematisiert werden kann); es handelt sich um das, was jeder eigentlich schon immer weiß und gerade darum sich nur sehr schwer in begrifflicher Objektivität sagen kann, weil das so begrifflich Vergegenständlichte die unthematische Gewußtheit des Gemeinten nie adäquat einholt (so wie jemand im Durchschnitt des Alltags mehr, als er sich und andern reflex sagen kann, weiß, was Logik, Zeit, Liebe, Freiheit, Verantwortung usw. ist). Der Gottesbeweis oder die Gottesbeweise (man kann ihn verschieden formulieren und verschiedene Gesichtspunkte mehr oder weniger ausdrücklich werden lassen) laufen alle darauf hinaus, daß in jeder Erkenntnis (ja sogar im Zweifel, in der Frage, in der getanen Weigerung, sich auf „Metaphysik" einzulassen), mit was immer sie sich beschäftigt und indem diese Erkenntnis etwas – wenigstens den Akt selbst – real setzt, solches geschieht vor dem Hintergrund des bejahten Seins überhaupt oder schlechthin als des Horizontes, des asymptotischen Woraufhin und des tragenden Grundes von Akt und Gegenstand, wobei es nochmals eine zweitrangige Frage ist, wie man dieses namenlos abweisend Anwesende nennt (Sein schlechthin, Geheimnis, oder – bei Hervorkehren der Freiheitsseite dieser Transzendenz – absolutes Gut, personales, absolutes Du, Grund schlechthinniger Verantwortung usw.). Indem der Mensch die gegenständliche Wirklichkeit seines Alltags ergreift (im Zugriff und umgreifenden Begriff), vollzieht er als Bedingung der Möglichkeit solch zugreifenden Begreifens den unthematischen, ungegenständlichen Vorgriff auf die unbegreifliche, eine Fülle der Wirklichkeit, die in ihrer Einheit zugleich Bedingung der Erkenntnis und des (einzelnen) Erkannten ist und als solche (unthematisch) immer be-

jaht wird, selbst noch in dem Akt, der dies thematisch bestreitet. Der einzelne Mensch erfährt diese unentrinnbare Grundverfassung seines geistigen Daseins in der je individuellen Grundbefindlichkeit seines Daseins: als ungreifbar lichte Helle seines Geistes, als Ermöglichung der absoluten Fraglichkeit, die der Mensch sich selber gegenüber vollzieht und in der er sich selbst radikal übergreift, in der nichtigenden Angst (die etwas anderes ist als gegenständliche Furcht), in der Freude, die keinen Namen mehr hat, in der sittlichen Verpflichtung, in der der Mensch wirklich von sich abspringt, in der Erfahrung des Todes, in der er um seine absolute Entmächtigung weiß: in diesen und vielen anderen Weisen der transzendentalen Grunderfahrung des Daseins west an (ohne „geschaut" zu werden), was alles ist (und darum erst recht Person) und was der Mensch als den Grund seines geistigen Daseins erfährt, ohne sich selbst, den Endlichen, mit diesem Grund identifizieren zu dürfen.

Diese Grundverfassung und ihre Inhaltlichkeit wird in den ausdrücklichen Gottesbeweisen thematisiert. Die Erfahrung, daß der Vollzug jedes Urteils als Tat in dem Getragen- und Bewegtsein durch das Sein schlechthin geschieht, das nicht von Gnaden dieses Denkens lebt, sondern als das Tragende, nicht als das durch das Denken Erdachte waltet, wird thematisiert in dem *metaphysischen Kausalprinzip* (das nicht verwechselt werden darf mit dem naturwissenschaftlichen funktionalen Kausalgesetz, nach dem jedem Phänomen als „Wirkung" ein anderes von „quantitativer" Gleichheit als „Ursache" zugeordnet wird): das kontingente Endliche, das als faktisch und nicht notwendig (als seinen hinreichenden Grund nicht in sich selber tragend) bejaht wird, existiert als „bewirkt" (wie seine Bejahung selbst) von dem absoluten Sein als seiner Ursache her. Diese Ursächlichkeit des anwesenden, den Vollzug des Geistes tragenden alleinen Seins gegenüber jedem Seienden, das als gegenständlich thematisches im Bewußtsein gegeben ist, kann nun hinsichtlich der verschiedenen formalen Aspekte eines Seienden artikuliert werden: Das Seiende einfach als kontingentes weist auf das absolute Sein als seine Ursache: *kosmologischer Gottesbeweis, Kontingenzbeweis* (wobei noch einmal Einzelmomente unterschieden werden können, etwa im Hinblick auf die dem Seienden eingestiftete Finalität: *teleologischer Gottesbeweis;* oder im Hinblick auf die Seinsabhängigkeit jedes Aktes von einem früheren und den Schluß auf den reinen Akt ohne jede Potentialität: *kinesiologischer Gottesbeweis* [erster Beweger]; oder im Hinblick auf den notwendigen ersten Anfang der Welt: *Entropiebe-*

weis; oder im Hinblick darauf, daß jedem Endlichen alle reinen Seinsvollkommenheiten nur durch Teilnahme zukommen: der *Stufenbeweis* des Thomas von Aquin); der absolute Sollenscharakter des (personalen) Seienden verweist auf die Wirklichkeit des absoluten Wertes: *deontologischer, axiologischer, moralischer Gottesbeweis;* die Absolutheit der (real vollzogenen) Wahrheit verweist auf die reale Absolutheit des notwendigen Seins: *noetischer Gottesbeweis;* die übereinstimmende Überzeugung aller Völker vom Dasein Gottes muß im wirklichen Gott ihren Grund haben: *historischer, ethnologischer Gottesbeweis.* Diese Einzelartikulationen der Philosophie über Gott, die in der abendländischen Philosophie seit Anaxagoras und Platon unternommen wurden, werden seit dem 18. Jh. mit wenig Klarheit in metaphysische, physische und moralische Gottesbeweise unterteilt, wobei nicht beachtet wird, daß je ihr Ziel (das nicht und nie im Zwang zur Anerkennung Gottes bestehen kann) nur in dem Maß erreicht wird, als sie je in einzelner Artikulation die transzendentale Grunderfahrung des Daseins reflektieren.

Rudolf Bultmann (1884–1976)

Zur Frage einer „Philosophischen Theologie" (1962)

178 Von Gottes Existenz und Essenz reden?

R. Bultmann, Glauben und Verstehen. Gesammelte Aufsätze. Bd. IV (Tübingen 1965), 104–106.

Lit.: K. Barth, Rudolf Bultmann – Ein Versuch, ihn zu verstehen (Zürich ³1964); W. Schmithals, Rudolf Bultmann, in: TRE VII (1981), 387–396; H. Fries, Rudolf Bultmann (1884–1976), in: H. Fries, G. Kretschmar (Hrsg.), Klassiker der Theologie, Bd. 2 (München 1983), 297–317; B. Jaspert (Hrsg.), R. Bultmanns Werk und Wirkung (Darmstadt 1984); S. Zoske, Die Mitte der Trinität. Möglichkeiten trinitarischer Rede von Gott nach Karl Barth und Rudolf Bultmann (Rheinbach-Merzbach 1984); E. Jüngel, Glauben und Verstehen. Zum Theologiebegriff R. Bultmanns (Heidelberg 1985); K. Berger, Exegese und Philosophie (Stuttgart 1986), 128–176, = SBS 123/124; G. Klein, Rudolf Bultmann, in: M. Greschat (Hrsg.), Gestalten der Kirchengeschichte, Bd. IV (Stuttgart 1986), 52–69.

Der Neutestamentler Rudolf Bultmann verstand seine Bemühungen als unerbittliche Konfrontation mit den hermeneutischen Grundfragen, wie menschliches Reden von (über?) Gott überhaupt möglich und unter den Bedingungen der Neuzeit verständlich zu machen sei. Der kurze Text zeigt, inwiefern für Bultmann, der die letzte und alles bestimmende Wirklichkeit Gott nicht zum „Objekt" machen wollte, doch begriffliches Denken von Gott legitim war.

104 *Zur Frage einer „Philosophischen Theologie"*[*]

Die Forderung einer „philosophischen Theologie" ist erhoben worden von *Schubert M. Ogden* in seinem vor kurzem erschienenen bedeutsamen Buch „Christ without Myth" und in einem dieses Buch ergänzenden Artikel „Bultmann's Demythologizing and Hartshornes Dipolar Theism".[1] In verständnisvoller Weise expliziert er die Intention meiner Arbeit und bejaht sie durchaus, findet aber ihre Durchführung inkonsequent. Er will nun diese Intention konsequent durchführen, um dadurch zu einer „philosophischen Theologie" zu gelangen. Dafür bezieht er sich auf den amerikanischen Philosophen *Charles Hartshorne,* dessen „Dipolar Theism" über die Analyse des menschlichen Daseins, die ich von *Heidegger* gelernt habe, hinausführt. Ich kann hier nun nicht in eine Diskussion mit Ogdens Buch und seinen übrigen Veröffentlichungen eintreten, sondern muß mich darauf beschränken, einen einzelnen Punkt ins Auge zu fassen.

Ogden wirft mir vor, den christlichen Glauben nur als ein Phänomen der menschlichen Existenz dargestellt zu haben. Wenn ich auch – weil der Glaube ja Glaube an Gott ist – von der im Glauben bestehenden Relation zwischen Mensch und Gott rede, so unterlasse ich es doch, von Gott als der *einen* Seite der Relation ausdrücklich zu

105 reden, weil ich behaupte, daß Gott nicht zum Objekt begrifflichen Denkens gemacht werden kann. Ein solches begriffliches Reden über Gott sei aber nicht nur möglich, sondern auch notwendig. Möglich sei es jedenfalls, Gott zum Objekt begrifflicher Analyse zu machen, ohne damit zu leugnen, daß Gott in seinem konkreten Handeln nicht durch den Begriff, sondern nur in der existentiellen Begegnung erfaßt werde. Ebenso wie es ja möglich sei, die Struktur der menschlichen Existenz zum Objekt begrifflicher Analyse zu machen, ohne damit zu leugnen, daß die aktuale konkrete Existenz stets nur Subjekt und nie Objekt ist. Trifft diese Analogie zu?

Ogden fordert natürlich mit Recht, daß die Theologie sagen muß, was wir meinen, wenn wir von Gott reden. Auch wenn ich meinerseits sage: wir können von Gott nicht reden, wie er an sich ist, so ist darin ein Verständnis dessen vorausgesetzt, was Gott ist, – ein Verständnis, das sich in Begriffen aussprechen läßt, in denen Gott also zum Objekt des begrifflichen Denkens gemacht wird. Ich muß z. B. die Begriffe der Transzendenz, der Allmacht, der Zukünftigkeit gebrauchen und muß sie also begrifflich klären.

In diesem Sinne gibt es also ein direktes Reden von Gott als

Objekt des Denkens. In diesem Sinne kann (um Ogdens Wendungen zu gebrauchen) von „God's abstract essence" geredet werden, und es trifft zu, daß die Philosophie (vorausgesetzt, daß sie von Gott redet) „objectifies him precisely as eminent subject or actuality". Aber es fragt sich doch nun, ob damit „the essential structure of the divine existence" zum „object of phenomenological analysis" gemacht wird, ob es wirklich eine „divine phenomenology" geben kann.

Denn jene Analogie, nämlich daß man ebenso von Gottes Existenz und ihrer Struktur reden kann und muß wie von des Menschen Existenz und ihrer Struktur, scheint mir daran zu scheitern, daß man von Gottes Existenz nicht im gleichen Sinne reden kann wie von der Existenz des Menschen. Der Begriff der Existenz erhält seinen Sinn doch überhaupt erst als Charakteristik des menschlichen Seins. Redet man von Gottes Existenz, so setzt man sich dem Verdacht aus, daß man „Existenz" in dem alten vorkierkegaardschen Sinne versteht, nämlich als das reale Vorhandensein im Unterschied von „Essenz" = Wesen. Denn was heißt Existenz? Als Existenz wird das menschliche Sein charakterisiert, sofern der Mensch sein Sein als das seine zu übernehmen hat, sofern es ihm als ein „zu sein" überantwortet ist, sofern es ein zeitliches, ein geschichtliches ist, das aus seiner Vergangenheit in seine Zukunft führt und in den Entscheidungen gegenüber Vergangenheit und Zukunft verläuft.

Läßt sich denn in diesem Sinne von Gottes Sein als Existenz reden? Statt von seiner Geschichtlichkeit kann man doch nur von seiner Ewigkeit reden. Und so gewiß der Sinn von Ewigkeit (als der Ewigkeit Gottes) philosophisch begrifflich expliziert werden muß, so wenig läßt sich der Begriff der Existenz in legitimem Sinne auf Gott anwenden. Es ergibt sich daher die Frage: kann die Philosophie nicht nur von Gottes Essenz reden?

Aber nun muß man doch gleich weiter fragen: wie kommt die Philosophie überhaupt dazu, von Gott zu reden, wenn der Grund für sie als Philosophie nicht in der Begegnung („encounter" sagt Ogden) liegen kann? Und weiter: woher nimmt sie die Begriffe, um von Gottes Essenz zu reden? Kann sie mehr als vom Menschen reden und von da aus zur Frage der Ontologie überhaupt gelangen? Von der Ontologie her könnte sie, sofern sie überhaupt von Gott redet, vielleicht die Begriffe zu solchem Reden gewinnen.

Es liegt mir nun fern, das hier auftauchende Problem zu explizieren, geschweige denn, eine Lösung anzubieten. Ich wage nur zu fragen, ob in den Gedanken des späteren Heidegger über das *Sein* vielleicht die Möglichkeit einer formalen Bestimmung des Gottesgedankens enthalten ist. Ich weiß natürlich, daß Heidegger es bestimmt ablehnt, das „Sein", von dem er redet, mit Gott gleichzusetzen, sofern er überzeugt ist, daß die Rede von Gott nur existentielles Bekenntnis sein kann. Aber in seiner Destruktion des Gottes der Philosophie, sofern diese in der Tradition der Metaphysik bleibt und Gott als die Causa sui definiert, sagt er: „Demgemäß ist das gottlose Denken, das den Gott der Philosophie, den Gott als Causa sui, preisgeben muß, dem göttlichen Gott vielleicht näher" (Identität und Differenz S. 71). Vor allem aber legt sich mir die Frage, ob – bzw. wieweit – in Heideggers Anschauung vom Sein die Möglichkeit einer formalen Bestimmung des Gottesbegriffs gegeben ist, nahe durch seine Bestimmung des Verhältnisses von Sein und Nichts. Vielleicht gelingt es mir, darüber einmal mehr zu sagen. Ich begnüge mich jetzt mit einem Hinweis auf Gogarten, der das Verhältnis des Glaubens zu Gott nach Analogie des Verhältnisses der Liebe zwischen Menschen beschreibt: „Als der, der nichts ist, weiß er (der Liebende) am tiefsten um sich und um das Sein, das er vom Geliebten empfängt."[2]

* Einsichten, Gerhard Krüger zum 60. Geburtstag. Verlag Klostermann, Frankfurt 1962, S. 36–38.
[1] *Schubert M. Ogden* ist Professor der Theologie an der Perkins School of Theology in der Southern Methodist University in Dallas (Texas). Sein Buch „Christ without Myth" ist 1961 erschienen im Verlag von Harpers and Brothers, New York. Sein oben genannter Artikel, den er mir freundlichst im Manuskript zugänglich machte, soll erscheinen in Essays in Honor of Charles Hartshorne La Salla, Illinois. The Opea Court 1962. Ogden hat auch eine ausgezeichnete Einführung geschrieben zur englischen Übersetzung einer Reihe meiner Aufsätze, die unter dem Titel „Existence and Faith" unter den „Living Age Books" im Verlag der „Meridian Books" 1960 in New York erschienen ist.
[2] F. Gogarten, Die Verkündigung Jesu Christi. 1948, S. 481.

Paul Tillich (1886–1965)

Systematische Theologie III (1963)

179 Der trinitarische Symbolismus als Antwort

Engl.: Systematic Theology, Volume III (Chicago, Illinois 1963).
Dt.: Systematische Theologie III (Stuttgart 1966).
Lit.: Ch. W. Kegley, R. W. Bretall (Hrsg.), The theology of Paul Tillich (New York 1964); F. Chapey, Paul Tillich, in: H. Vorgrimler, R. Vander Gucht (Hrsg.), Bilanz der Theologie im 20. Jh. Bahnbrechende Theolo-

gen (Freiburg 1970), 42–64; J. Track, Der theologische Ansatz P. Tillichs (Göttingen 1975); W. und M. Pauck, Paul Tillich. Sein Werk und Denken, Bd. 1 (Stuttgart–Frankfurt 1978); R. R. N. Ross, The non-existence of God (New York 1978); A. Seigfried, Gott über Gott. Die Gottesbeweise als Ausdruck der Gottesfrage in der philosophisch-theologischen Tradition und im Denken Paul Tillichs (Essen 1978); G. Wenz, Subjekt und Sein. Die Entwicklung der Theologie Paul Tillichs (München 1979); E. Rolinck, Paul Tillich (1886–1965), in: H. Fries, G. Kretschmar (Hrsg.), Klassiker der Theologie, Bd. 2 (München 1983), 347–361; C. H. Ratschow, Paul Tillich, in: M. Greschat (Hrsg.), Gestalten der Kirchengeschichte, Bd. IV (Stuttgart 1986), 123–149; M. Repp, Die Transzendierung des Theismus in der Religionsphilosophie Paul Tillichs (Frankfurt 1986); St.-H. Wittschier, Die drei Schönheitskinder des kommenden Reiches. Trinitarische Weiterführung von Paul Tillichs Theologie der Tiefe, in: Cath 40 (1986), 287–314.

Paul Tillichs Theologie ist durch eine konsequent erkennbare, in der evangelischen Theologie sonst eher seltene Hochschätzung der Philosophie gekennzeichnet. In seiner in der Emigration in den USA entstandenen „Systematischen Theologie" prägt diese Philosophie die Gotteslehre insofern, als Tillich 1. die Gottesbotschaft in Korrelation zur Situation des Hörenden zu bringen versucht und so Gott als das, „was uns unbedingt angeht", versteht, und 2. die schlechthinnige Einzigartigkeit Gottes in den Bezeichnungen „das Sein-Selbst", „der Seinsgrund" ausgesprochen wird; nach Tillich verleiht dieser Grund des Seins allem Seienden durch Partizipation sein Dasein (eine Aktualisierung des neuplatonischen und thomanischen Gottesdenkens). Wegen dieser Partizipation bricht im menschlichen Dasein in Übersteigung seiner Endlichkeit (in „Selbsttranszendenz") notwendig die Frage nach dem absoluten Unendlichen auf und kann prinzipiell alles Seiende Symbol für Gott werden. Allerdings ist das menschliche Seiende dem Sein-Selbst universal entfremdet (theologisch: Sünde). Die trinitarischen Symbole antworten, wie der Text zeigt, auf diese Erfahrungen der Endlichkeit, der Entfremdung und der Selbsttranszendenz, wobei es wichtig ist, daß es sich nicht um bloße Bilder, sondern um Realsymbole der Selbsterschließung Gottes handelt, die zur Gotteserkenntnis absolut notwendig ist. In der notwendigen Neuerschließung des trinitarischen Symbolismus läßt sich auch die Alternative Männlich-Weiblich im Gottesbild überwinden.

324 Die Gegenwart des göttlichen Geistes ist die Gegenwart Gottes in einer bestimmten Weise: Es ist nicht die Gegenwart Gottes, wie sie im Symbol der Schöpfung oder im Symbol der Erlösung ausgedrückt wird, obwohl Gegenwart des göttlichen Geistes beide voraussetzt und vollendet. Gegenwart des göttlichen Geistes heißt: Gott im Geist des Menschen ekstatisch gegenwärtig (und implizit in allem, was die Dimension des Geistes konstituiert). Diese verschiedenen Beziehungen von Gott und Mensch sind die Spiegelung von etwas Realem im Göttlichen, das auch in der religiösen Erfahrung als Reales erlebt wird und als Reales in der theologischen Tradition lebt. Es sind nicht verschiedene bloß subjektive

Weisen, ein in sich Nicht-Differenziertes anzuschauen. Der Unterschied der Symbole hat ein *fundamentum in re,* eine Wurzel im Realen, wenn auch das subjektive Element der menschlichen Erfahrung mitsprechen mag. Daher kann man sagen, daß die trinitarischen Symbole einen Einblick in die „Tiefen der Gottheit" geben und darum mit Recht in schweren Kämpfen formuliert und verteidigt wurden.

327 Wie jedes theologische Symbol, so muß auch der trinitarische Symbolismus als Antwort verstanden werden — Antwort auf Fragen, die in der menschlichen Situation enthalten sind. Er ist die umfassendste Antwort, und ihm gebührt mit Recht der Rang und die Bedeutung, die ihm in der liturgischen Praxis der Kirche zugebilligt werden. Die menschliche Situation, aus der die existentiellen Fragen aufsteigen, ist durch drei Begriffe charakterisiert: *Endlichkeit* — im Hinblick auf das essentielle Sein des Menschen als Geschöpf; *Entfremdung* — im Hinblick auf das existentielle Sein des Menschen in Zeit und Raum; *Zweideutigkeit* — im Hinblick auf die Partizipation des Menschen am universalen Leben. Die Fragen, die aus der Endlichkeit des Menschen entspringen, werden durch die Lehre von Gott und die in ihr gebrauchten Symbole beantwortet. Die Fragen, die aus der Entfremdung des Menschen entspringen, werden durch die Lehre vom Christus und die in ihr gebrauchten Symbole beantwortet. Die Fragen, die aus der Zweideutigkeit des Lebens entspringen, werden durch die Lehre vom Geist und ihre Symbole beantwortet. Jede dieser Antworten ist Ausdruck für unsere Beziehung zum Unbedingten, und jede dieser Antworten folgt aus einer besonderen Offenbarungs-Erfahrung. Ihre Wahrheit liegt in ihrer Macht, die Unbedingtheit des Unbedingten in jedem dieser Bereiche zum Ausdruck zu bringen. Die Geschichte der Lehre von der Trinität ist ein beständiger Kampf gegen Formulierungen, die diese Macht bedrohen.

334 Wird es je wieder möglich sein, die großen Worte „im Namen des Vaters und des Sohnes und des Heiligen Geistes" auszusprechen, ohne theologische Verwirrung zu stiften oder in die Gewohnheit einer bloßen Tradition zu vefallen? Und wird es wieder möglich werden, um Segen zu bitten durch „die Liebe Gottes des Vaters, und die Gnade Jesu Christi und die Gemeinschaft des Heiligen Geistes", ohne abergläubische Vorstellungen in den Zuhörern zu erwecken? Ich glaube, daß es möglich ist, aber es erfordert eine radikale Prüfung und Neufassung der trinitarischen Lehre, sowie ein neues Verständnis der Begriffe „göttliches Leben" und „göttlicher Geist".

Versuche in dieser Richtung sind in allen Teilen dieses Systems enthalten. Doch erheben sich darüber hinaus noch weitere Fragen.

336 [Eine Frage ist für Tillich:] Gibt es im genuin protestantischen Symbolismus Elemente, die die Alternative „männlich-weiblich" transzendieren? Und können sie entfaltet werden gegenüber einem einseitig durch das männliche Element bestimmten Symbolismus? Zur Beantwortung dieses Problems möchte ich auf verschiedene Möglichkeiten hinweisen. Zuerst ist hier der Ausdruck „Grund des Seins" zu nennen, der — wie früher dargelegt — teils symbolisch oder metaphorisch, teils begrifflich ist. Insofern er symbolisch ist, weist er auf das „Mütterliche" hin, die Macht, Leben zu geben, es zu schützen und zu umfangen. Das Mutter-Symbol bedeutet aber zu gleicher Zeit: das Leben zurückzurufen, die Unabhängigkeit des Geschaffenen zu verneinen und es in sich zurückzunehmen. Die Tatsache, daß derartige Elemente in der Begriffs-Metapher „Grund des Seins" enthalten sind, macht den Widerstand gegen sie verständlich. Das Unbehagen vieler Protestanten an der fundamentalen Aussage über Gott, daß er das „Sein-Selbst" oder der „Grund des Seins" ist, wurzelt zum Teil darin, daß ihr religiöses Bewußtsein, und mehr noch ihr Gewissen, durch das fordernde, Gehorsam heischende „Vater-Bild" Gottes geformt ist. Die

337 Begriffs-Metapher „Grund des Seins" könnte demgegenüber, außer ihrer direkt theologischen Bedeutung, die Funktion haben, ein mehr weibliches (tragendes und umgreifendes) Element in die Symbolisierung des Göttlichen einzuführen.

In bezug auf den *logos,* der in Jesus Christus als Person manifest ist, kann man von einer Überwindung des männlich-weiblichen Gegensatzes insofern reden, als diese in dem Akt des Opferns seiner endlichen Existenz enthalten ist. Selbst-Opfer ist weder ein Wesenszug des Männlichen als Männlichen, noch des Weiblichen als Weiblichen; im Akt des Selbst-Opfers ist vielmehr die Negation des einen wie des anderen in seiner Ausschließlichkeit enthalten. Selbst-Opfer hebt den Gegensatz der Geschlechter auf; das wird im Bilde des leidenden Christus offenbar, von dem die Christen beider Geschlechter mit gleicher seelischer und geistiger Intensität ergriffen werden.

Wenn wir schließlich unsere Frage auf den „göttlichen Geist" beziehen, so werden wir an das Bild des Geistes erinnert, der über dem Chaos brütet (Gen 1,2). Wir können es jedoch nicht ohne weiteres verwenden, weil im späten Judentum das Bild des „brütenden Geistes" und damit das weibliche Element völlig verschwand. Aber der Geist ist in der Bibel auch nie ein ausgesprochen männliches Symbol geworden – nicht einmal in der Weihnachtsgeschichte, wo der Geist zwar die männliche Seite bei der Zeugung Jesu ersetzt, aber selbst nicht männlich wird. Im ekstatischen Charakter der Gegenwart des göttlichen Geistes haben wir ein Element, das die Alternative von Männlichem und Weiblichem transzendiert, ebenso wie es den Gegensatz von Rationalem und Emotionalem (oft als Charakteristika des Männlichen bzw. des Weiblichen gebraucht) transzendiert. Wo freilich – wie im ausschließlich personalistisch ausgerichteten Protestantismus – das ekstatische Element des Geistes verneint wird, da wird dem Geist das Jenseits von männlich und weiblich genommen; er verliert die Möglichkeit, beide Elemente in der Gottheit zu symbolisieren. Die heutige Hinwendung zur Mystik, besonders der orientalischen, ist ein natürlicher Protest gegen einen solchen Protestantismus.

Die Lehre von der Trinität ist nicht abgeschlossen. In ihrer traditionellen Form kann sie weder verworfen, noch bejaht werden. Sie muß offen gehalten werden, so daß sie ihre ursprüngliche Funktion erfüllen kann: in umfassenden Symbolen die Selbst-Manifestation des göttlichen Lebens für den Menschen zum Ausdruck zu bringen.

Jürgen Moltmann (1926)*
Der gekreuzigte Gott (1972)

180 Trinitätslehre als Kurzfassung der Passionsgeschichte

> J. Moltmann, Der gekreuzigte Gott. Das Kreuz Christi als Grund und Kritik christlicher Theologie (München 1972).
>
> Lit.: P. F. Momose, Kreuzestheologie. Eine trinitarische Auseinandersetzung mit Jürgen Moltmann (Freiburg 1978); M. Welker (Hrsg.), Diskussion über Jürgen Moltmanns Buch „Der gekreuzigte Gott" (München 1979); J. Niewiadomski, Die Zweideutigkeit von Gott und Welt in J. Moltmanns Theologie (Innsbruck 1982).
>
> Der Tübinger evangelische Systematiker gehört mit seiner Kreuzestheologie nicht nur zu den Theodramatikern (darin, mit großen Unterschieden, H. U. von Balthasar ähnlich), die aufgrund des Schreis der Gottverlassenheit Jesu (Mk 15,34/Ps 22,2) am Kreuz ein bis zur Feindschaft entzweiendes Geschehen zwischen Gott und Gott sehen wollen. Er läßt sogar die Trinität Gottes erst durch das Kreuzesgeschehen konstituiert sein.

231 Wir haben damit für das Verständnis des Geschehens am Kreuz zwischen Jesus und seinem Gott und Vater schon trinitarische Wendungen gebraucht. Wollte man das Geschehen im Rahmen

der Zwei-Naturen-Lehre darstellen, so könnte man nur den einfachen Gottesbegriff verwenden (esse simplex). Man müßte dann sagen: Was am Kreuz geschah, war ein Geschehen zwischen Gott und Gott. Es war eine tiefe Spaltung in Gott selbst, sofern Gott Gott verlassen hat und sich widersprach, und zugleich eine Einheit in Gott, sofern Gott mit Gott einig war und sich selbst entsprach. Man müßte dann paradox formulieren: Gott starb den gottlosen Tod am Kreuz und starb doch nicht. Gott ist tot und doch nicht tot. Wenn man nur den einfachen Gottesbegriff aus der Zwei-Naturen-Lehre verwenden kann, wird man immer, wie die Tradition zeigt, geneigt sein, ihn auf die Person des Vaters zu beschränken, die Jesus verläßt und aufnimmt, hingibt und auferweckt, würde damit das Kreuz um die Gottheit „entleeren". Läßt man aber jeglichen vorausgesetzten und aus der Metaphysik beschafften Gottesbegriff zunächst draußen, so muß man von dem sprechen, den Jesus „Vater" nannte und in bezug auf welchen er sich als „der Sohn" verstand. Dann versteht man die Tödlichkeit des Geschehens zwischen dem verlassenden Vater und dem verlassenen Sohn ...

233 Was ist dann das Heil? Nur wenn alles Unheil, die Gottverlassenheit, der absolute Tod, der unendliche Fluch der Verdammnis und das Versinken im Nichts in Gott selbst ist, ist die Gemeinschaft mit diesem Gott das ewige Heil, die unendliche Freude, die unzerstörbare Erwählung und das göttliche Leben. Die „Entzweiung" in Gott muß den ganzen Aufruhr der Geschichte in sich enthalten. In ihr muß man die Verstoßung, den Fluch und das endgültige Nichts selber erkennen. Zwischen dem Vater und dem Sohn steht das Kreuz in seiner ganzen Härte der Verlassenheit. Bezeichnet man das innere trinitarische Leben Gottes als „die Geschichte Gottes" (Hegel), so hat diese Geschichte Gottes den ganzen Abgrund der Gottverlassenheit, des absoluten Todes und des Nicht-Gottes in sich. „Nemo contra Deum nisi Deus ipse." Weil in der Geschichte zwischen Vater und Sohn am Kreuz auf Golgatha eben dieser Tod geschehen ist, geht aus dieser Geschichte der Geist des Lebens, der Liebe und der Erwählung zum Heil hervor. Die im Kreuzestod Jesu auf Golgatha konkrete „Geschichte Gottes" hat darum alle Tiefen und Abgründe der menschlichen Geschichte in sich und kann darum als die Geschichte der Geschichte verstanden werden. Alle menschliche Geschichte, wie sehr sie von Schuld und Tod bestimmt sein mag, ist in dieser „Geschichte Gottes", d. h. in der Trinität, aufgehoben und in die Zukunft der „Geschichte Gottes" integriert. Es gibt kein Leiden, das in dieser Geschichte Gottes

nicht Gottes Leiden, es gibt keinen Tod, der nicht in der Geschichte auf Golgatha Gottes Tod geworden wäre. Darum gibt es auch kein Leben, kein Glück und keine Freude, die nicht durch seine Geschichte in das ewige Leben, die ewige Freude Gottes integriert werden. „Gott in der Geschichte" zu denken, führt immer zum Theismus und zum Atheismus. Die „Geschichte in Gott" zu denken, führt darüber hinaus: in die neue Schöpfung und in die Theopoiesis. Die „Geschichte in Gott zu denken" aber heißt zuerst, Menschsein in Teilnahme am Leiden und Sterben Christi zu verstehen, und zwar das ganze Menschsein mit allen seinen Aporien und Unheimlichkeiten.

Welchen Sinn hat es dann aber, von „Gott" zu reden? Ich denke, die Einheit der spannungsvollen und dialektischen Geschichte von Vater und Sohn und Geist im Kreuz auf Golgatha läßt sich dann – nachträglich sozusagen – als „Gott" bezeichnen. Trinitarische Kreuzestheologie interpretiert das Kreuzesgeschehen dann nicht mehr im Rahmen und im Namen eines vorausgesetzten metaphysischen oder moralischen Gottesbegriffs – wir haben gezeigt, daß das dem Kreuz nicht gerecht wird, sondern es entleert –, sondern entfaltet, was unter „Gott" zu verstehen ist, aus dieser Geschichte. Wer christlich von Gott redet, muß die Geschichte Jesu als Geschichte zwischen dem Sohn und

dem Vater erzählen. Mit „Gott" ist dann nicht eine andere Natur oder eine himmlische Person oder eine moralische Instanz gemeint, sondern tatsächlich ein „Geschehen". Nur ist es nicht das Geschehen der Mitmenschlichkeit, sondern das Golgathageschehen, das Geschehen der Liebe des Sohnes und des Schmerzes des Vaters, aus dem der zukunftseröffnende, lebenschaffende Geist entspringt.

Gibt es dann keinen „persönlichen Gott"? Wenn mit „Gott" ein Geschehen gemeint ist, kann man dann zu ihm beten? Zu einem „Geschehen" kann man nicht beten. In der Tat gibt es dann keinen „persönlichen Gott" als eine in den Himmel projizierte Person. Aber es gibt Personen in Gott, den Sohn, den Vater und den Geist. Sodann betet man nicht einfach zu Gott als einem himmlischen Du, sondern *in* Gott. Man betet nicht zu einem Geschehen, sondern *in* diesem Geschehen. Man betet durch den Sohn zum Vater im Geist. In der Bruderschaft Jesu wird dem Beter die Vaterschaft seines Vaters zugänglich und der Geist der Hoffnung empfangen. Erst damit wird der christliche Charakter des Gebetes klar. Das Neue Testament hat im christlichen Gebet sehr sauber zwischen dem Sohn und dem Vater unterschieden. Wir sollten das

aufnehmen, um nicht mehr so undifferenziert einfach von „Gott"
zu reden und damit dem Atheismus Tor und Tür zu öffnen.

Jürgen Moltmann
Trinität und Reich Gottes (1980)

181 Soziale Demokratie als Abbild des dreieinigen Gottes

    J. Moltmann, Trinität und Reich Gottes. Zur Gotteslehre (München 1980).

    Im Unterschied zu seinem Buch „Der gekreuzigte Gott" thematisiert Moltmann hier eine ewige Zeugung des Sohnes (182) und eine ewige Hauchung des Geistes (185). Er lehnt jedoch einen Personenbegriff ab, der von der Konzeption des bürgerlichen Subjekts her am Selbstbesitz orientiert sei. In scharfer Abgrenzung gegen Karl Barth und Karl Rahner, die er ausdrücklich des Modalismus bezichtigt, versteht er unter der Trinität eine Sozialität. Die Aktualität dieses Gedankens ist für Moltmann umso deutlicher, je mehr er meint, dem religiösen Monotheismus die Schuld an politischen Diktaturen und Tyranneien geben zu müssen.

213 Der europäische Absolutismus der Aufklärungszeit war die letzte Gestalt des religiös legitimierten politischen Monotheismus. Er war auch der letzte Versuch, einen konfessionellen Einheitsstaat zu etablieren. Durch die Französische Revolution wurde dagegen der Gedanke der *Volkssouveränität* zur Grundlage moderner, demokratischer Staatswesen gemacht. Der absolutistische Souveränitätsgedanke wurde nur von den „Staatsphilosophen der Gegenrevolution" (C. Schmitt) *Bonald, de Maistre* und *Donoso Cortes* – auf protestantischer Seite sind hier *Friedrich Julius Stahl* und *Abraham Kuyper* zu nennen – weiter gepflegt und, traditionsgeschichtlich betrachtet, an die moderne antidemokratische und antikommunistische Ideologie der *Diktatur* weitergereicht.[1] Für die modernen Militärdiktaturen sind freilich religiöse Legitimationsformeln überhaupt entbehrlich geworden. Der Terror

214 der nackten Gewalt genügt, um im permanenten Bürgerkrieg die Freund-Feind-Alternative aufrechtzuerhalten.

Die Ausbildung der Trinitätslehre im Gottesbegriff kann diese Umsetzung des religiösen Monotheismus in politischen Monotheismus und die Umsetzung des politischen Monotheismus in Absolutismus nur dann wirklich überwinden, wenn sie die Vorstellung von der einen Weltmonarchie des Einen Gottes überwindet. Historisch gesehen ist allerdings die Lehre von der göttlichen Monarchie nicht am trinitarischen Dogma „gescheitert", wie E. Peterson behauptet, weil nämlich das trinitarische Dogma in der

Alten Kirche diese Lehre unberührt gelassen hat. Solange die Einheit des dreieinigen Gottes nicht trinitarisch, sondern monadisch oder subjektivistisch verstanden wird, bleibt der religiöse Legitimationszusammenhang für die politische Souveränität bestehen. Nur wenn die Trinitätslehre die monotheistische Vorstellung vom großen Weltmonarchen im Himmel und vom göttlichen Weltpatriarchen überwindet, finden die Herrscher, Diktatoren und Tyrannen auf der Erde keine rechtfertigenden religiösen Archetypen mehr.[2]

Wie muß eine Trinitätslehre in dieser Absicht formuliert werden?
a) Die christliche Trinitätslehre vereinigt Gott, den allmächtigen Vater, mit Jesus, dem dahingegebenen Sohn, den die Römer gekreuzigt haben, und mit dem lebenschaffenden Geist, der den neuen Himmel und die neue Erde schafft. Aus der Einheit dieses Vaters, dieses Sohnes und dieses Geistes kann nicht die Figur des omnipotenten Weltmonarchen gemacht werden, der sich in irdischen Herrschern abbildet.
b) Der Allmächtige ist trinitarisch nicht Archetyp für die Mächtigen dieser Welt, sondern der Vater des für uns gekreuzigten und auferweckten Christus. Als Vater Jesu Christi ist er allmächtig, weil er sich der Erfahrung von Leid, Schmerz, Ohnmacht und Tod aussetzt. Er *ist* aber nicht Allmacht. Er *ist* Liebe. Seine leidenschaftliche, leidensfähige Liebe und nichts sonst ist allmächtig.
c) Die Herrlichkeit des dreieinigen Gottes spiegelt sich nicht auf den Kronen der Könige und in den Triumphen der Sieger wider, sondern auf dem Angesicht des Gekreuzigten und auf dem Angesicht der Unterdrückten, deren Bruder er wurde. Er ist das eine, sichtbare Ebenbild des unsichtbaren Gottes. Die Herrlichkeit des dreieinigen Gottes spiegelt sich auch in der Gemeinde Christi wider: in der Gemeinschaft der Glaubenden und der Armen.
d) Trinitarisch verstanden, geht der lebendigmachende Geist, der uns Zukunft und Hoffnung gibt, nicht von der Akkumulation der Macht und nicht von dem absolutistischen Gebrauch der Herrschaft, sondern von dem Vater Jesu Christi und von der Auferweckung des Sohnes aus. Nicht an den Spitzen des Fortschritts, sondern in den Schatten des Todes wird die Auferstehung durch die lebenerweckende Kraft des Heiligen Geistes erfahren.

Eine politische Theologie, die bewußt christlich ist und darum den politischen Monotheismus kritisieren muß, wird nach den *Entsprechungen Gottes* auf Erden und also auch in der politischen Verfassung eines Gemeinwesens fragen. Abwegig sind Versuche, die

Einheit von Religion und Politik wiederherzustellen. Sie würde die Auflösung der Kirche in den Staat bedeuten. Aber nach politischen Optionen, die den Überzeugungen des christlichen Glaubens entsprechen und ihnen nicht widersprechen, muß gefragt werden. Wir haben gesagt: Dem dreieinigen Gott entspricht nicht die Monarchie eines Herrschers, sondern die Gemeinschaft von Menschen ohne Privilegien und Unterwerfungen. Die drei göttlichen Personen haben alles gemeinsam, abgesehen von ihren personalen Eigenschaften. Also entspricht der Trinität eine Gemeinschaft, in der die Personen durch ihre Beziehungen miteinander und ihre Bedeutungen füreinander, nicht aber durch Macht und Besitz gegeneinander definiert werden.

Der monotheistische Gott ist der „Herr der Welt". Er wird nicht durch Personalität und personale Beziehungen, sondern nur durch die Verfügungsgewalt über sein Eigentum bestimmt. Genau besehen hat er keinen Namen, sondern nur Rechtstitel. Der dreieinige Gott aber stellt ein unerschöpfliches Leben dar, das die drei Personen gemeinsam haben, in welchem sie miteinander, füreinander und ineinander dasind. Was in der Trinitätslehre als *Perichorese* bezeichnet wird, ist von altkirchlichen Theologen auch als die *Sozialität* der drei göttlichen Personen verstanden worden. Es hat immer zwei Kategorien von Analogien für das ewige Leben der Trinität gegeben: die Kategorie der individuellen Person und die Kategorie der Gemeinschaft.[3] Seit der Ausbildung der *psychologischen Trinitätslehre* durch Augustin hat die erste im Westen Vorrang gewonnen, während die kappadozischen Väter und orthodoxen Theologen bis heute die zweite Kategorie verwenden. Sie neigen einer betont *sozialen Trinitätslehre* zu und kritisieren die modalistischen Tendenzen in der westkirchlichen *personalen Trinitätslehre.* Für die Einigkeit der Dreieinigkeit wird gern das Bild der *Familie* verwendet: drei Personen — eine Familie.[4] Diese Analogie ist nicht willkürlich. Mit ihr ist die Gottebenbildlichkeit der Menschen gemeint. Ebenbild Gottes aber ist nicht die Individualperson, sondern der Mensch mit dem Menschen: *Adam und Eva,* oder, wie *Gregor von Nazianz* erklärte, *Adam und Eva und Seth* sind bei aller Unähnlichkeit ein irdisches Bild und Gleichnis für die Dreieinigkeit, sind sie doch konsubstantiale Personen.[5] Wie immer es mit der trinitarischen Analogie der ersten menschlichen Familie beschaffen sein mag, sie weist darauf hin, daß nicht nur in menschlicher Individualität, sondern mit gleichem Gewicht in menschlicher Sozialität das Ebenbild des dreieinigen Gottes zu suchen ist.

Die christliche Trinitätslehre stellt die Denkmittel bereit, um in der menschlichen Gemeinschaft Personalität und Sozialität auszugleichen, ohne die eine der anderen zu opfern. In der westkirchlichen Trinitätslehre wurde vor allem der Personbegriff ausgebildet. Das hat in starkem Maße prägend auf die abendländische Anthropologie gewirkt. Verstehen wir heute Person als das unverwechselbare und unabtretbare, eigene Dasein, dann verdanken wir dies der christlichen Trinitätslehre. Warum aber wurde nicht mit gleicher Kraft der Begriff der Perichorese, der Einigkeit und Gemeinschaft der Personen, ausgebildet? Das Verschwinden der sozialen Trinitätslehre hat der Entwicklung des Individualismus und insbesondere des „possessiven Individualismus" in der westlichen Welt Raum gegeben: Jeder Mensch soll „sich selbst" verwirklichen – wer aber verwirklicht die Gemeinschaft? Daß die sozialen Beziehungen und die Gesellschaft nicht gleichursprünglich mit der Person sein sollen, ist eine typisch abendländische Einseitigkeit.

Die Orientierung an der christlichen Trinitätslehre bringt *Personalismus* und *Sozialismus* aus ihrer Antithese heraus und führt beide auf einen gemeinsamen Grund zurück. Die christliche Trinitätslehre nötigt dazu, den *sozialen Personalismus* bzw. den *personalen Sozialismus* zu entwickeln. Denn der *westliche Personalismus* hat sich bis heute mit dem Monotheismus alliiert, während der *östliche Sozialismus* religiös betrachtet weniger eine atheistische, als vielmehr eine pantheistische Grundlage hat. Darum waren westlicher Personalismus und östlicher Sozialismus bisher nicht zu vermitteln. Die individuellen und die sozialen Menschenrechte fielen auseinander. Für die heute notwendige Konvergenz auf eine wahrhaft „menschliche" Gesellschaft hin kann die christliche Trinitätslehre eine erhebliche Rolle spielen. In dieser Hinsicht bekommen die neuen ökumenischen Gespräche über Fragen der ost- und der westkirchlichen Trinitätslehre eine zukunftsweisende Bedeutung.

---

[1] *C. Schmitt,* Politische Theologie, München 1922, ²1934, 50 ff.; ders., Die Diktatur. Von den Anfängen des modernen Souveränitätsgedankens bis zum proletarischen Klassenkampf, München ²1928.
[2] Dies hatte auch *A. N. Whitehead,* Process and Reality. An Essay in Cosmology, New York 1960, 520 f. mit seiner Kritik der „theistischen Philosophie" vor Augen: Es war eine verhängnisvolle Idolatrie, als die Kirche die Gottesvorstellung nach dem Bilde der ägyptischen, persischen und römischen Weltherrscher gestaltete. „Die Kirche gab Gott Attribute, die exklusiv dem Caesar gehörten." Die Entstehung der „theistischen Philosophie", die mit dem Auftreten des Islam vollendet wurde, führte zur Gottesvorstellung nach dem

Bilde des imperialen Herrschers, nach dem Bilde der personifizierten moralischen Energie und nach dem Bilde des letzten philosophischen Prinzips. Man wird hinzufügen dürfen, daß diese „theistische Philosophie" eine hochgradig patriarchalische Philosophie darstellt. Whitehead macht mit Recht auf die unübersehbare Differenz zum ursprünglichen Christentum aufmerksam: „There is, however, in the Galilean origin of Christianity yet another suggestion which does not fit very well with any of the three main strands of thought. It does not emphasize the ruling Caesar, or the ruthless moralist, or the unmoved mover. It dwells upon the tender elements in the world, which slowly and in quietness operate by love; and it finds purpose in the present immediacy of a kingdom not of this world. Love neither rules, nor is it unmoved, also it is a little oblivious as to morals. It does not look to the future; for it finds its own reward in the immediate present."

3 Dies bemerkte schon *W. R. Matthews*, God in Christian Thought and Experience, London 1930, 193.

4 Ähnlich schon der Anglikaner *L. Hodgson*, The Doctrine of the Trinity, New York 1944, 95; vgl. auch *A. M. Allchin*, Trinity and Incarnation in Anglican Tradition, Oxford 1977; *Geervarghese Mar Osthathios*, Theology of a Classless Society, London 1949, 147 ff.

5 *Gregor von Nazianz*, Die fünf theologischen Reden. Text und Kommentar, ed. J. Barbel, Düsseldorf 1963, 239 (Oratio V, 11).

Mary Daly
Jenseits von Gottvater Sohn & Co (1973)

182 Notwendigkeit eines neuen Bedeutungszusammenhanges des Gottesbegriffs

Amerikan.: Mary Daly, Beyond God the Father: toward a philosophy of woman's liberation (Boston 1973).

Dt.: Mary Daly, Jenseits von Gottvater Sohn & Co, Aufbruch zu einer Philosophie der Frauenbefreiung (4. erweiterte Aufl. München 1986).

Lit.: Erstinformation zur ganzen Fragestellung: C. J. M. Halkes, Gott hat nicht nur starke Söhne (Gütersloh ⁴1985); R. Radford Ruether, Sexismus und die Rede von Gott (Gütersloh 1985); Ch. Mulack, Die Weiblichkeit Gottes (Stuttgart ⁴1986); M. Bührig, Die unsichtbare Frau und der Gott der Väter (Stuttgart 1987); S. Heine, Wiederbelebung der Göttinnen? (Göttingen 1987); R. Radford Ruether, Frauenbilder – Gottesbilder (Gütersloh 1987); M.-Th. Wacker (Hrsg.), Der Gott der Männer und die Frauen (Düsseldorf 1987); Ch. Mulack, Im Anfang war die Weisheit. Feministische Kritik des männlichen Gottesbildes (Stuttgart 1988).

Der zitierte Text weist auf sexistischen Sprachgebrauch auch neuerer Theologen hin und fordert für eine erneuerte, Frauen nicht unterdrückende Rede von Gott ein neues semantisches Umfeld. Er steht damit auch als Beispiel für die Voraussetzungen einer kontextuellen Gotteslehre.

33 *Die Entmannung „Gottes"*
Wenn Gott männlich ist, muß – wie schon gesagt – das Männliche Gott sein. Der göttliche Patriarchat kastriert die Frauen, solange ihm gestattet wird, in der menschlichen Vorstellung weiterzuleben. Der Vorgang, in dem der Höchste Phallus entfernt wird, kann kaum eine rein „rationale" Angelegenheit sein. Es handelt sich dabei um das Problem, die kollektive Phantasie so zu verändern, daß dieses Zerrbild menschlichen Strebens nach Transzendenz seine Glaubwürdigkeit verliert.
Einige führende Religionsphilosophinnen, insbesondere Mary Baker Eddy und Ann Lee haben bis zu einem gewissen Grad Einsicht in das Problem gezeigt und versucht, den „mütterlichen" Aspekt dessen, was sie „Gott" nannten, hervorzuheben.[1] Eine Anzahl von Feministinnen haben „Gott" als „sie" bezeichnet. Während all das seine Berechtigung hat, muß die Analyse dennoch tiefer gehen. Der wesentlichste Wandel muß sich in uns Frauen vollziehen – in unserem Sein und in unserem Selbstbild. Sonst besteht die Gefahr, in bloßen Reformen steckenzubleiben, wie bei einem „Überwechsel", womit der Versuch gemeint ist, die Waffen des Unterdrückers gegen ihn zu gebrauchen. Die Vorstellung der schwarzen Theologie vom Schwarzen Gott veranschaulicht dies. Es läßt sich mit Recht sagen, daß eine geschlechtsverändernde Operation an „Gott", die „ihn" in eine „sie" verwandelt, eine weitaus tiefgreifendere Veränderung darstellt als eine bloße Änderung der Hautfarbe. Aber ein Stehenbleiben auf dieser Denkebene würde eine Verharmlosung des tiefgreifenden Problems menschlichen Werdens in den Frauen bedeuten.

Über den unzulänglichen Gott hinaus
Die zahlreichen Religionen, welche die Transzendenz hypostasieren, d. h. die Religionen, die auf die eine oder andere Weise „Gott" als ein *Wesen* objektivieren, versuchen, die transzendente Wirklichkeit als endlich zu betrachten, was ein Widerspruch in sich ist. Dabei wird „Gott" zur Rechtfertigung des bestehenden gesellschaftlichen, wirtschaftlichen und politischen Status quo benutzt, in dem Frauen und andere ausgebeutete Gruppen unterjocht sind. „Gott" läßt sich auf verschiedene Arten zur Unterdrückung der Frauen mißbrauchen. Erstens geschieht dies auf ganz offenkundige Art, wenn Theologen die untergeordnete Rolle der Frau als Gottes Willen ausgeben. Das ist bekanntermaßen jahrhundertelang geschehen, und Spuren davon finden sich in verschiedener
34 Schattierung und Deutlichkeit in den Schriften zeitgenössischer

Denker wie Barth, Bonhoeffer, Reinhold Niebuhr und Teilhard de Chardin.²

34 Zweitens manifestiert sich das Phänomen selbst dort, wo derartige, ausgesprochen unterdrückende Rechtfertigungen fehlen, in der Verwendung eingeschlechtlicher Symbolik für Gott und für die menschliche Beziehung zu Gott. Das folgende Zitat mag den Gedanken veranschaulichen:

„Zu glauben, daß Gott der Vater ist, heißt, sich seiner selbst nicht als eines Fremden, nicht als eines Außenseiters oder eines Entfremdeten gewahr zu werden, sondern als eines Sohnes, der eine Heimat hat, oder als eines Menschen, der für ein leuchtendes Schicksal ausersehen ist, das er mit der ganzen Gemeinde teilt. Zu glauben, daß Gott der Vater ist, bedeutet, ‚wir' sagen zu können im Hinblick auf alle Männer."³

Eine Frau, deren Bewußtsein geweckt ist, kann sagen, daß sie sich durch eine derartige Sprache ihrer selbst als einer Fremden gewahr wird, als einer Außenseiterin und Entfremdeten, nicht als Tochter, die eine Heimat hat oder die für ein leuchtendes Schicksal ausersehen ist. Hier kann sie ihren Platz nicht haben, ohne in ihre eigene Lobotomie einzuwilligen.

Drittens, selbst wenn die Grundbegriffe des Redens über Gott nicht sexistisch erscheinen und der Sprachgebrauch bis zu einem gewissen Grad von der Fixierung auf Männlichkeit gereinigt ist, wird Schaden angerichtet, und ist es durchaus mit Sexismus vereinbar, wenn damit eine Distanzierung von der Wirklichkeit des menschlichen Kampfes gegen Unterdrückung in ihren konkreten Manifestationen ermutigt wird. Das Fehlen ausdrücklicher Bezugnahme auf die Einsicht in die Tatsache der Unterdrückung in ihren wesentlichen Formen, zum Beispiel als geschlechtsspezifische Hierarchie, ist an sich schon unterdrückend. Das ist der Fall, wenn Theologen lange Abhandlungen über schöpferische Hoffnung, politische Theologie oder Revolution abfassen, ohne ausdrücklich auf das Problem des Sexismus oder andere wesentliche Formen der Ungerechtigkeit einzugehen. Diese Gleichgültigkeit fällt auf in den bedeutenderen Werken von Theologen der Hoffnung wie Moltmann, Pannenberg und Metz. Das soll nicht heißen, daß die Vision einer schöpferischen Eschatologie vollkommen nebensächlich ist, aber daß sie sich nicht auf die konkreten Erfahrungen der Unterdrückten gründet. Dadurch hat das Theoretisieren die Beschaffenheit von Unwirklichkeit. Vielleicht ist ein offenbarer Grund der, daß die Theologen Unterdrückung selbst nicht erfahren haben und deshalb aus der privilegierten Distanz von Leuten schreiben, die bestenfalls ein „abstraktes Wissen" von der Sache haben.

35 Auch die ontologische Theologie von Tillich, obwohl sie in einem sehr radikalen Sinne potentiell befreiend ist, wird in dieser Hinsicht der Wirklichkeit nicht gerecht. Es stimmt, daß Tillich *versucht,* die Hypostasierung „Gottes" zu vermeiden (obwohl der Versuch nicht restlos gelingt), und daß seine Art, über den Grund und die Macht des Seins zu sprechen, sich schwerlich zur Rechtfertigung irgendeiner Form von Unterdrückung benützen läßt.[4]
Der besondere Bezug der „Macht des Seins" zur geschlechtsspezifischen Unterdrückung bleibt jedoch unerwähnt. Ebenso „distanziert" wie seine Gottesdiskussion ist im übrigen auch seine ganze Theologie – ein Punkt, auf den ich später zurückkommen werde. Diese Distanzierung vom Problem des Zusammenhangs zwischen dem Reden über Gott und dem Kampf gegen dämonische Machtstrukturen ist nicht nur typisch für Tillich, sondern auch für andere männliche Theoretiker, die eine relativ nicht-sexistische Sprache in bezug auf die Transzendenz entwickelt haben. Denker wie Whitehead, James und Jaspers haben ein Reden über Gott, das in seinen Höhenflügen die geschlechtsspezifische Hierarchie als spezielles Problem, das es im Verlauf menschlichen Werdens anzugehen gilt, ignoriert.
Die neue Erkenntnisfähigkeit der Frauen bringt uns an einen Punkt jenseits solcher direkter und indirekter theologischer Unterdrückungsmechanismen, die bisher ihren Schwerpunkt in Diskussionen über „Gott" hatten. Es wird immer offenkundiger, daß das Reden über Gott, wenn es auch nur unterschwellig Unterdrückung billigt und die Beziehung zwischen Erkennen und Befreiung nicht deutlich macht, entweder so erneuert werden muß, daß es sich unmißverständlich auf das Problem des Sexismus bezieht, oder aber aufgegeben werden muß. Mit dieser Feststellung lege ich einen pragmatischen Maßstab an das Reden über Gott, unterwerfe es einem Prüfungsverfahren – ein Vorgehen, das demjenigen von William James nicht völlig unähnlich ist. Meines Erachtens ergibt sich das wesentliche Kriterium, das den Auftrag zur Abschaffung bestimmter Formen des theologischen Jargons beinhaltet, aus der folgenden Frage: Verhindert diese Sprache menschliches Werden durch die Verstärkung geschlechtsspezifischer Rollenprogrammierung? Positiv ausgedrückt – ein Punkt, auf den ich später zurückkommen werde – lautet die Frage: *Fördert* sie menschliches Werden in Richtung psychologischer und sozialer Erfüllung, einer androgynen Lebensweise, in Richtung auf Transzendenz?

Es ist anzunehmen, daß die Bewegung mit der Zeit eine neue Transzendenzsprache hervorbringen wird. Es gibt keinen Grund zur Annahme, daß der Begriff „Gott" immer notwendig sein wird, als könnte das Vier-Buchstaben-Wort transzendentes Sein stofflich gesprochen, einfangen und einkapseln. Zum gegenwärtigen Zeitpunkt ist eher anzunehmen, daß die wesensmäßige Andersartigkeit des neuen Wortes für Gott dadurch unverfälschter übermittelt wird, daß es in ein neues semantisches Umfeld verpflanzt wird, als durch eine bloße materielle Veränderung in Klang oder Erscheinungsform. Da die Frauenrevolution die Befreiung aller menschlichen Wesen in sich schließt, ist es unmöglich zu glauben, daß im Laufe ihrer Verwirklichung die religiöse Vorstellungs- und Erkenntnisfähigkeit einfach schlummert. Ein Teil der Herausforderung besteht darin, die Dürftigkeit aller Worte und Symbole zu erkennen und sich dann auf unsere eigene Fähigkeit zu besinnen, das radikal Neue in unserem Leben zu bewirken. Dieses Leben schafft den neuen Bedeutungszusammenhang für den Gottesbegriff, von dem einige Bestandteile nun untersucht werden können.

---

1 S. Mary Baker Eddy: *Science and Health.* Boston 1934. Eddy schrieb über das, was sie für den „geistlichen Sinn" des „Vaterunsers" hielt. Es beginnt: „Unser Vater-Mutter-Gott ..." (S. 16) In demselben Werk gebraucht sie das Bild von Gottes Mütterlichkeit mehrere Male. Ann Lees Gedanken sind von dem Soziologen Henri Desroches untersucht worden. Siehe z. B. *The American Shakers: From Neo-Christianity to Presocialism.* Amherst 1971.
2 S. Karl Barth: *Kirchliche Dogmatik.* Zollikon, Zürich 1951; III/4, S. 136–260. Barth spricht unentwegt von der Unterordnung der Frau unter den Mann, die von Gott verordnet sei. Obwohl er das Verhältnis auf fast unendlich vielfältige Weise beschreibt und Redewendungen wie „gegenseitige Unterordnung" benutzt, warnt er uns davor, die „konkrete Unterordnung der Frau unter den Mann" zu übersehen (S. 196). Er schreibt: „Recht eigentlich die Sache der Frau, ihre Aufgabe und Funktion, ist die Verwirklichung der Menschlichkeit, in der ihr der Mann doch nur anregend, führend, erweckend vorangehen kann ... Sie müßte nicht Frau sein wollen, wenn sie ihn darin verdrängen und ersetzen ... wollte" (S. 190–91). Und für den Fall, daß dies noch nicht klar geworden ist, fügt er die rhetorische Frage hinzu: „Was hat sie für eine andere Wahl (als die Zweite zu sein), da sie außer dieser Folge, abseits von ihrem Ort, überhaupt nichts sein könnte?" (S. 191). Dies ist gerechtfertigt, da es nach Barth die göttliche Ordnung ist. S. auch Dietrich Bonhoeffer: *Widerstand und Ergebung.* Briefe und Aufzeichnungen aus der Haft. Hg. von Eberhard Bethge, München/Hamburg 1964, S. 34: „In allem seid ihr frei bei der Gestaltung eures Hauses, nur in einem seid ihr gebunden: Die Frau sei dem Manne untertan, und der Mann liebe seine Frau." S. auch Reinhold Niebuhr: *The Nature and Destiny of Man: A Christian Interpretation.* Bd. 1, New York 1941, S. 282. Niebuhr schreibt: „Ein rationalistischer Feminismus neigt zweifellos dazu, die unerbittlichen Grenzen zu überschreiten, die von

der Natur gesetzt sind. Andererseits wird jede voreilige Fixierung gewisser historischer Normen in bezug auf die Familie unweigerlich zu einer Verstärkung der männlichen Arroganz führen und zu einer Verzögerung *gerechtfertigter Bemühungen* seitens der Frauen, eine Freiheit zu erlangen, die mit der *primären Funktion der Mutterschaft* nicht unvereinbar ist." (Hervorhebung von mir.) Was Teilhard de Chardin betrifft, so sind seine Schriften voll von einem spiritualisierten Androzentrismus. Beispiele davon bringt Henri de Lubac, S. J. in *The eternal feminine: a Study on the text of Teilhard de Chardin*. New York 1971. Der Sexismus wird von de Lubac natürlich nicht erkannt. S. auch Andre A. Devaux: *Teilhard et la vocation de la femme*. Paris 1963.

[3] Gregory Baum: *Man becoming*. New York 1970. S. 195.

[4] Ich würde Gordon Kaufman darin zustimmen, daß Tillich selbst der Hypostasierung in seinem Reden von Gott nicht ganz entgeht. Das „Unbedingte" und der „Grund" sind fast vergegenständlicht. S. Gordon D. Kaufman: „On the Meaning of ‚God'", in: *Transcendence:* hg. von Herbert W. Richardson und Donald R. Cutler, Boston 1969, S. 114–42.

John B. Cobb (1925), David R. Griffin*
Prozeß-Theologie (1976)

183 Göttliche Absolutheit und göttliche Relativität

Amerikan.: J. B. Cobb, D. R. Griffin, Process Theology, An Introductory Exposition (Brescia 1976).

Dt.: J. B. Cobb, D. R. Griffin, Prozeß-Theologie, Eine einführende Darstellung (Göttingen 1979) = Theologie der Ökumene 17.

Lit.: R. Mellert, Die Prozeßtheologie und das personale Sein Gottes, in: Concilium 13 (1977), 196–199 (Lit.); A. N. Whitehead, Prozeß und Realität (Frankfurt 1979); E. Wolf-Gazo, Whitehead: Prozeßdenken in Philosophie und Theologie, in: ThRv 76 (1980), 353–364 (Lit.); Ders. (Hrsg.), Whitehead. Einführung in seine Kosmologie (Freiburg 1980); J. B. Cobb, La théologie du processus et la doctrine de Dieu, in: RHPhR 62 (1982), 1–22; K. Koch, Schöpferischer Lockruf Gottes im Prozeß der Welt – Perspektiven der Gottesfrage in der amerikanischen Prozeß-Theologie, in: Theologische Berichte 12 (Zürich 1983), 129–171; J. J. O'Donnell, Trinity and temporality. The christian doctrine of God in the light of process theology and the theology of hope (New York 1983); L. Scheffczyk, Prozeßtheismus und christlicher Gottesglaube, in: MThZ 35 (1984), 81–104; M. Welker, Universalität Gottes und Relativität der Welt. Theologische Kosmologie im Dialog mit dem amerikanischen Prozeßdenken nach Whitehead (Neukirchen-Vluyn 1981) (2. erw. Aufl. 1988).

Die von Alfred North Whitehead (1861–1947) und seinen Schülern angeregte Prozeßtheologie befaßt sich mit dem Verhältnis des Wesens Gottes zu seinen freien Verhaltensweisen. Da die Zeugnisse der biblischen Offenbarung fast ausschließlich von den Letzteren sprechen, entnimmt die Prozeßtheologie der biblischen Gottesbotschaft Maßstäbe zur Beurteilung des philosophischen Gottesdenkens. So fragt unser Textbeispiel, ob Liebe nicht gegen Leidensunfähigkeit (Apathie) und gegen Unabhängigkeit als wesentliche Eigenschaft Gottes angeführt werden müsse und ob der Begriff Liebe sich auf unberührtes, „caritatives" Austeilen begrenzen dürfe. Die Prozeßtheologie hat im Zusammenhang damit auch Gedankengänge über das Werden Gottes entwickelt, die vor allem von Wolfhart Pannenberg aufgenommen worden sind.

42 Der bedeutende Beitrag, den die Prozeßphilosophie zur Gotteslehre geleistet hat, liegt in der Bereicherung und gedanklichen Klärung der Frage nach der göttlichen Natur. In dem Maße, wie wir zu einer überzeugenden Gottesvorstellung vordringen, die Licht auf menschliches Erleben wirft und mit unserem Weltverständnis vereinbar ist, schwindet die Dringlichkeit der Frage nach einem isolierten und abstrakten Beweis. Eine theistische Interpretation der gesamten Wirklichkeit kann am ehesten weite Zustimmung finden, indem sie zeigt, daß sie anderen Interpretationen an Ausgewogenheit und Angemessenheit überlegen ist.

Gott als erwidernde Liebe
Whitehead sagte, daß die Anhänger einer primitiven Religion „den Willen Gottes zu erfahren suchen, damit er sie beschütze", während die Anhänger einer universalen Religion „seine Güte zu erkennen suchen, um ihm ähnlich zu werden" (RM, S. 40)[a]. Der Taoist versucht, in Harmonie mit dem Tao zu leben; der Vedanta-Hindu sucht die Vereinigung von Atman und Brahman zu verwirklichen; der Moslem beugt sich dem Willen Allahs; der Marxist richtet sich nach dem dialektischen Geschichtsprozeß aus. In entsprechender Weise bringt Mt 5,48: „Darum sollt ihr vollkommen sein, gleich wie euer Vater im Himmel vollkommen ist", das universal gültige religiöse Streben der

43 Menschheit nach Teilhabe und Harmonie mit der Vollkommenheit in besonderer Weise zum Ausdruck. Göttliche Wirklichkeit ist von der Definition her vollkommen. Wir müssen nun nach der Natur dieser Vollkommenheit fragen.

Der christliche Glaube vertritt die Ansicht, daß der Grundzug dieser göttlichen Wirklichkeit am besten mit dem Wort „Liebe" zu beschreiben ist. Die Bedeutung der Aussage „Gott ist Liebe" ist jedoch nicht ohne weiteres klar. Whitehead hilft uns hier, viel von dem neutestamentlichen Sinn dieser Aussage wiederzugewinnen. Die Psychologen sagen uns, und wir wissen es aus unserer eigenen Erfahrung, daß Liebe im vollsten Sinne eine teilnehmende Erwiderung auf den Geliebten hin bedeutet. Teilnahme bedeutet, die Gefühle des anderen zu fühlen, seine Schmerzen zu spüren, mit ihm in seinem Kummer zu trauern und sich mit seiner Freude zu freuen. Die „anderen" aber, mit denen wir am unmittelbarsten mitfühlen, sind die Glieder unseres eigenen Körpers. Wenn zum Beispiel die Zellen in unseren Händen Schmerzen verspüren, so haben wir teil an diesen Schmerzen; wir betrachten ihren Zustand nicht teilnahmslos von außen. Wenn unser Körper gesund und wohl ist, fühlen wir uns mit ihm wohl. Aber wir fühlen auch Teilnahme für andere Menschen. Wir würden bezweifeln, daß ein Mann seine Frau wirklich liebt, wenn seine Stimmung nicht die ihre zu einem gewissen Grad widerspiegelt.

Nichtsdestoweniger wurde im traditionellen Theismus behauptet, daß Gott vollkommen teilnahmslos sei, daß es in der göttlichen Liebe zu den Geschöpfen kein Element des Mitgefühls gebe. Diese griechische Vorstellung von der göttlichen Teilnahmslosigkeit stand jedoch in einer starken Spannung zu der biblischen Vorstellung von der göttlichen, auf die Welt gerichteten Liebe; ...

Da die Art und Weise, wie wir uns selbst gestalten, zum Teil von unserer Vorstellung davon, was vollkommene menschliche Existenz sei, abhängt, und da diese wiederum auf unserer Gottesvorstellung beruht, mußte die Vorstellung von Gott als einem leidenschaftslosen Absoluten, dessen Liebe rein kreativ ist, praktische Konsequenzen für die menschliche Existenz mit sich bringen. Liebe wird von Theologen oft definiert als „aktives Wohlwollen" *(active goodwill)*. Die Vorstellung des mitfühlenden Mitleidens fehlt. So stellt auch eine der wichtigsten theologischen Abhandlungen über die Bedeutung der Agape, der christlichen Liebe, *Anders Nygrens* „Eros und Agape", sie als ausschließlich nach außen gewandt, ohne jegliches Element einer Erwiderung auf die Eigenschaften des Geliebten dar.[1] Diese Liebesvorstellung betont eine „Liebe", der eine genuine Sensitivität für die eigentlichen und dem „Geliebten" eigentümlichen Bedürfnisse fehlt. Hat nicht vielleicht deshalb das Wort „charity", abgeleitet vom lateinischen „caritas" (das seinerseits das lateinische Wort für Agape ist), im englischsprachigen Bereich heute so stark negative Untertöne? In ähnlicher Weise schwingt in dem englischen Wort „do-gooder" (etwa: Gutes-Tuer) ein Ton der Ablehnung mit, nicht etwa, weil wir es ablehnen, daß man andern Gutes tut, sondern weil die als „do-gooders" bezeichneten Leute herumlaufen und anderen ihre eigenen Vorstellungen von den jeweils angebrachten Wohltaten aufoktroyieren wollen, ohne jegliche Sensitivität für die wirklichen Wünsche und Bedürfnisse derjenigen, denen sie zu helfen meinen. Diese Vorstellung von Liebe als ausschließlich aktivem Wohlwollen läßt sich weitgehend auf die über Jahrhunderte akzeptierte

Vorstellung zurückführen, daß genau diese Liebe kennzeichnend für die göttliche Wirklichkeit sei.
Diese traditionelle Vorstellung, daß Liebe rein kreativ sei, beruht auf der Wertvorstellung, Unabhängigkeit oder Absolutheit sei gut an sich, Abhängigkeit und Bezogensein irgendwelcher Art dagegen beeinträchtigten die Vollkommenheit. Aber während Vollkommenheit unter gewissen Bedingungen Unabhängigkeit und Absolutheit miteinschließt, wie in Kapitel 1 schon berührt wurde, so erfordert sie unter anderen Gesichtspunkten doch auch Abhängigkeit oder Bezogenheit. Vollkommenheit erfordert insofern ethische Unabhängigkeit, als man nicht durch die eigenen Begierden von der grundsätzlichen Verpflichtung abgelenkt werden darf, unter allen Bedingungen das größtmögliche Gute zu erstreben. Aber diese ethische Verpflichtung muß, damit sie in konkreten Situationen überhaupt realisiert werden kann, auf die tatsächlichen Wünsche und Bedürfnisse der anderen eingehen. Um also das Gute in bestmöglicher Weise zu fördern, muß man beeinflußt, und das heißt relativiert sein von den Gefühlen anderer. Wir bewundern ja auch keineswegs jemand, dessen Freude nicht wenigstens zum Teil vom Befinden seiner Nächsten abhängt. Eltern, die in absoluter Glückseligkeit verharrten, während ihre Kinder Qualen litten, wären nicht vollkommen – es sei denn, man wollte von vollkommenen Ungeheuern sprechen!
Mit andern Worten, während es eine Art von Unabhängigkeit und Absolutheit gibt, die bewundernswürdig ist, gibt es auch eine ebenso bewundernswürdige Art von Abhängigkeit oder Bezogenheit. Und wenn es eine Absolutheit gibt, die ganz und gar und uneingeschränkt bewundernswürdig ist, dann bedeutet das, daß es eine göttliche Absolutheit gibt; dasselbe trifft auch für Bezogenheit zu. Das Prozeßdenken versichert, daß beides gilt. Während traditioneller Theismus nur von göttlicher Absolutheit spricht, kennt der Prozeßtheismus auch „die göttliche Relativität" (so der Titel eines Buches von Hartshorne).[b]
Der Prozeßtheismus wird manchmal als „dipolarer Theismus" bezeichnet, im Gegensatz zum traditionellen Theismus mit seiner Lehre von der göttlichen Einfachheit. Für Charles Hartshorne bestehen die zwei „Pole" oder Aspekte Gottes in seinem abstrakten Wesen einerseits und seiner konkreten Aktualität andererseits. Das abstrakte Wesen ist ewig, absolut, unabhängig, unveränderlich. Es umfaßt all die abstrakten Attribute der Gottheit, die die göttliche Existenz in jedem einzelnen Augenblick kennzeichnen. Zum Bei-

spiel bedeutet die Aussage, Gott sei allwissend, daß Gott in jedem Moment des göttlichen Lebens alles weiß, was zu diesem Zeitpunkt gewußt werden kann. Die konkrete Aktualität Gottes ist zeitlich, relativ, abhängig und in dauernder Veränderung begriffen. Es gibt in jedem Augenblick von Gottes Leben neue unvorhergesehene Ereignisse in der Welt, die erst dann gewußt werden können. Gottes konkretes Wissen hängt also von den Entscheidungen ab, die von den Aktualitäten in der Welt getroffen werden. Gottes Wissen wird immer relativiert *(relativized)* von der Welt, das heißt, es ist innerlich auf die Welt bezogen *(related)*.

Whiteheads Vorstellung von der göttlichen Dipolarität ist nicht identisch mit der Hartshornes. Whitehead unterschied zwischen der „Urnatur" Gottes *(Primordial Nature of God)* und der „Folgenatur" *(Consequent Nature)*. Die erste wird im folgenden Abschnitt behandelt. Die letztere ist im großen und ganzen identisch mit dem, was Hartshorne als Gottes konkrete Aktualität bezeichnet. Da die Folgenatur Gott in voller Aktualität ist (PR, S. 524, 530)[c], betont der Ausdruck „Folge" *(consequent)* dasselbe wie Hartshornes Ausdruck „relativ", nämlich daß Gott in seiner vollen Aktualität auf die Aktualisierungen in der Welt antwortet und für sie empfänglich ist.

Diese göttliche Relativität beschränkt sich nicht auf ein „bloßes Wissen" neuer Dinge, die in der Welt geschehen. Vielmehr schließt dieses Antworten und Erwidern ein Mitfühlen mit den Wesen in der Welt, die ja alle fühlen, ein. Darum ist nicht bloß der Inhalt von Gottes Wissen, sondern Gottes emotionaler Zustand als solcher „abhängig". Gott genießt unser Genießen und leidet mit unserem Leiden. Dies ist die Art von Responsivität, die im wahrsten Sinne göttlich ist und recht eigentlich zur Natur der Vollkommenheit gehört. Darum gehört sie auch zum Ideal menschlicher Existenz. Auf dieser Grundlage kann christliche Agape dann auch das Element des Mitleidens, des Mitfühlens für andere in ihrer jeweiligen Situation haben, das sie schon immer hätte haben sollen.

---

[1] *Anders Nygren,* Eros und Agape. Gestaltwandlungen der christlichen Liebe, Gütersloh 1930 (in: Studien des apologetischen Seminars, hrsg. v. Carl Stange, 28. Heft), S. 77–79.
[a] RM = A. N. Whitehead, Religion in the Making (Cambridge 1926).
[b] Vgl. dazu J. Clayton, Hartshorne, Charles (geb. 1897): TRE XIV, 464–469.
[c] PR = A. N. Whitehead, Process and Reality (New York 1929); deutsch: Prozeß und Realität (Frankfurt 1979).

Eberhard Jüngel (1934)*
Gott als Geheimnis der Welt (1977)

184   Gott unterscheidet sich, indem er sich selbst liebt

> E. Jüngel, Gott als Geheimnis der Welt. Zur Begründung der Theologie des Gekreuzigten im Streit zwischen Theismus und Atheismus (Tübingen 3. durchges. Aufl. 1978) (⁵1986).
>
> Lit.: H. Graß, Literatur zur systematischen Theologie, in: ThR 44 (1979), 135–186, hier 157–167; J. Rohls, Ist Gott notwendig? Zu einer These von E. Jüngel, in: NZSTh 22 (1980), 282–296; N. Klimek, Der Gott – der Liebe ist. Zur trinitarischen Auslegung des Begriffs ‚Liebe' bei Eberhard Jüngel (Essen 1986).
>
> Der Tübinger Systematiker geht von einer Analyse der gegenwärtigen Glaubenskrise, insbesondere von der neuzeitlichen Entdeckung der „weltlichen Nichtnotwendigkeit Gottes" aus. Dem Begriff des Nichtnotwendigen setzt er Liebe als das Mehr-als-Notwendige entgegen. In der biblischen Offenbarung ist für ihn Gott als Liebe, die das Geheimnis der Welt ist, zu entdecken; diese Offenbarung der Liebe Gottes gipfelt im Kreuz Jesu, das auch den Zugang zur Trinität Gottes eröffnet: Gottes Sein sei nichts anderes als Gottes Geschichte.

448   Doch auch in diesem Gegenüber von liebendem Vater und geliebtem Sohn ist Gott noch nicht *die Liebe selbst*. Daß Gott als der Liebende eben diesen seinen geliebten Sohn in die Welt – und d. h.: in den sicheren Tod – sendet, daß der Liebende sich von seinem geliebten Sohn trennt, daß er als der Liebende in dem Geliebten – der ihm als Geliebter ja näher ist als er sich selbst! – sich der Lieblosigkeit aussetzt, das erst erlaubt die identifizierende Aussage: Gott ist Liebe. Gott ist eben nicht nur *in* der Liebe, wie die einander Liebenden *in* der Liebe sind. Gott ist nicht nur liebendes Ich und geliebtes Du. Gott

449   ist vielmehr das ausstrahlende Geschehen der Liebe selbst. Er ist es – und damit vollziehen wir die letzte in diesem Zusammenhang notwendige Präzisierung –, indem er, als der von sich aus Liebende sich von dem Geliebten trennend, nicht nur sich selbst, sondern – inmitten noch so großer Selbstbezogenheit immer noch selbstloser – einen ganz anderen liebt und *so* er selbst ist und bleibt. Gott hat sich selbst so und nur so, daß er sich verschenkt. So aber, sich verschenkend, hat er sich. So *ist* er. Seine Selbsthabe ist das Geschehen, ist die Geschichte eines Sich-Verschenkens und insofern eben das Ende aller bloßen Selbsthabe. Als diese *Geschichte* ist er Gott, ja diese *Geschichte der Liebe* ist „Gott selbst".[1] Wir reden, johanneisch gesprochen, von *Gott als Geist*, wenn wir die den Tod auf sich nehmende Trennung von Liebendem und Geliebtem so interpretieren müssen, daß Liebender und Geliebter an ihrer

gegenseitigen Liebe anderen *teilgeben*. Und wir reden ebenfalls von *Gott als Geist*, wenn wir die den Tod auf sich nehmende Trennung von Liebendem und Geliebtem so interpretieren müssen, daß Gott inmitten dieser schmerzlichsten Trennung nicht aufhört, der *eine* und *lebendige* Gott zu sein, sondern vielmehr gerade so und zuhöchst Gott ist. Gott ist darin der eine und lebendige Gott, daß er, *indem* er als liebender Vater den geliebten Sohn *dahingibt* und sich so dem anderen, dem vom Tode gezeichneten Menschen, *zuwendet*, den Tod dieses Menschen *einbezieht* in sein ewiges Leben.² So bleibt der liebende Vater auf den geliebten Sohn inmitten der Trennung von ihm auf ihn bezogen. Überscharf und doch gerade so den cardo rerum zur Sprache bringend, heißt es im Munde des johanneischen Christus: „Deshalb liebt mich der Vater, weil ich mein Leben hingebe, um es wieder zu nehmen" (Joh 10,17). So also ist er der geliebte Sohn, der sich inmitten der Trennung vom Vater auf ihn bezieht. So, das Band der Liebe zwischen Vater und Sohn derart knüpfend, daß der Mensch in diese Liebesbeziehung einbezogen wird, ist Gott Geist. Und in diesem Sinn ist die vollendete Identifikation Gottes mit dem gekreuzigten Menschen Jesus das gemeinsame Werk des Vaters und des Sohnes und des Heiligen Geistes. Oder in der ratio cognoscendi formuliert: die Identifikation Gottes mit dem gekreuzigten Jesus nötigt zur Unterscheidung von Gott dem Vater, Gott dem Sohn und Gott dem Heiligen Geist!³ Und erst in dieser dreifachen Unterscheidung des Seins Gottes wird der Satz verständlich, daß Gott die Liebe ist.

Wir haben damit nun allerdings der vorangegangenen Analyse der Liebe eine besondere Wendung gegeben. Wir hatten die Liebe ja von der Beziehung zwischen einem liebenden Ich und einem geliebten Du her verstanden. Ich und Du waren dabei stillschweigend als einander *liebenswert* vorausgesetzt worden. Ubi amor, ibi oculus – das hatten wir dem phänomenalen Tatbestand entsprechend so ausgelegt, daß ein Ich sich unter vielen anderen für ein bestimmtes Ich als geliebtes Du hervorhebt. Es wirkt anziehend. Und die Liebe besteht insofern durchaus „in dem Angezogenwerden" von einer liebenswert erscheinenden Gestalt, platonisch geredet: „von dem *Eidos* des Schönen."⁴ Das liebende Ich wird von einem liebenswerten Du so angezogen, daß der Liebende „in einem radikalen Sinne verwandelt" wird. „Er wird ein gänzlich anderer Mensch."⁵ Wir hatten zwar auch von dieser Liebe gesagt, daß sie *ausstrahlt* und insofern über die Ich-Du-Beziehung hinausführt. Doch diese Einsicht erfährt nun insofern eine besondere Wendung, als Gott nicht nur als Liebender und Geliebter da ist, sondern als Heiliger Geist über sich hinausgeht und so auch das Verhältnis von liebendem Ich und geliebtem Du bestimmt. Gott will sich selbst nicht lieben, ohne darin einen anderen, den Menschen, zu lieben. Deshalb ist der „Sohn Gottes" im neutestamentlichen Sprachgebrauch durchweg der in die Welt Gesandte, der Dahingegebene. Wäre Gott nur der ewig sich selber Liebende, so wäre die Unterscheidung von Gott und Gott müßig, und eigentlich würde Gott dann in seiner schlechthinnigen Identität überhaupt nicht lieben. Spinoza hätte dann recht: „Deus proprie loquendo neminem amat."⁶

Doch nun haben wir Gott gerade darin als die Liebe selbst erkannt, daß er seinen Sohn in der Identität mit dem Menschen, und zwar mit dem schändlich getöteten Menschen Jesus liebt. Die Liebe gilt in diesem Fall keinem liebenswerten Du. Das wird in den johanneischen Schriften unterstrichen durch die Wendung, daß Gott *die Welt* liebt, in der die Sünde und der Tod herrschen. Die Liebe, die Gott ist, kann also nicht nur als in die Lieblosigkeit *ausstrahlende* Liebe verstanden werden. Sie *geht* in die Lieblosigkeit *ein*. Nicht das Liebenswerte, das sie findet, ist ihr Gegenüber. Sondern sie macht allererst liebenswert, was ganz und gar nicht liebenswert ist. Und sie tut das, *indem* sie liebt. Die Rede von der verwandelnden Kraft des Feuers der Liebe, um das mit dem Kommen des Heiligen Geistes gebeten wird, ist die gleichermaßen kritische wie soteriologische Pointe des Urteils „Gott ist Liebe".

---

1 Es ist doch wohl einfach eine logische Gewaltsamkeit und ein theologischer Kurzschluß, wenn *F. Mildenberger* (Gotteslehre. Eine dogmatische Untersuchung, 1975, 161 f.) sich dagegen verwahren zu müssen meint, daß „über die Geschichte Gottes hinaus nach Gott selbst" gefragt werde. Es geht ja gerade darum, die Geschichte, in der Gott ist, so als seine Geschichte zu denken, daß diese Geschichte eben „Gott selbst" ist. Mit *K. Barth* (KD IV/1, 224), gegen den sich Mildenberger wendet, formuliert: „Sein Sein als Gott ist Sein im Geschehen dieser seiner eigenen Geschichte." Mit einer vorausgesetzten Identität von Denken und Sein, die Mildenberger nicht „mitmachen" zu können meint, hat ein solches Gottesverständnis ebensowenig zu tun wie mit der Bestreitung einer solchen Identität. Wohl aber geht es darum, *zu verstehen,* was wir sagen, wenn wir Gott *Vater* nennen und doch auch *Sohn* und zugleich *Heiliger Geist*. Daß damit die „Erkennbarkeit Gottes ... in einer widerspruchsfreien Gedankenkonstruktion, die über die Faktizität der Offenbarung Gottes in Jesus Christus erbaut wird", gesucht werde, ist eine merkwürdige Behauptung. „Erkennbarkeit des Seins Gottes suchen" mit Mildenberger auch „wir vielmehr in der Verstehbarkeit der Gottesgeschichte". Wir *suchen* sie freilich, um sie zu *finden*.

2 *K. Barth* (KD IV/2, 860) paraphrasiert die johanneischen Gedanken entspre-

chend: „Die Gleichung 1 Joh 4,8.16 ‚Gott ist Liebe' ist eine Besonderheit des johanneischen Zeugnisses. So bekanntlich auch die Gleichung Joh 4,24: ‚Gott ist Geist'. Dieses Zusammentreffen ist kein Zufall. Beide Gleichungen explizieren sich gegenseitig. Wer im Sinn des johanneischen Zeugnisses ‚Liebe' sagt, der sagt ‚*Geist*' – der Geist, in welchem Gott ganz und gar der Vater des *Sohnes* und ganz und gar der Sohn des *Vaters* und als solcher der uns *zuerst* Liebende ist. Und wer im Sinn dieses Zeugnisses ‚Geist' sagt, der sagt ‚*Liebe*' – die Liebe, die, *indem* Gott uns liebt, aber schon *bevor* er das tut, die Liebe ist, in der er als Vater den *Sohn*, als Sohn den *Vater* liebt. Wieder im Johannesevangelium wird eben das, diese trinitarisch bestimmte Ewigkeit des Grundes der christlichen Liebe, nun auch in aller Form angezeigt: ‚der Vater liebt den Sohn und hat (das ist seine ewige Liebe, seine väterlich göttliche Hingabe) Alles (nicht weniger als seine ganze göttliche Würde, seine ganze göttliche Souveränität und Macht über Alles) in seine (des Sohnes) Hand gegeben' (Joh 3,35; vgl. 5,20). Er hat ihm (Joh 17,24) seine Herrlichkeit gegeben, weil und indem er ihn vor Grundlegung der Welt liebte. Diese Liebe des Vaters wird aber Joh 10,17 geradezu als Antwort darauf beschrieben, daß der Sohn (das ist seine ewige Liebe, seine Hingabe) im Gehorsam gegen den Vater sich selbst, sein Leben einsetzt, um es gerade, indem er das tut, erst recht zu empfangen."

[3] Es ist also nicht gut möglich, die christliche Trinitätslehre zu begreifen, ohne *den Sinn* der altkirchlichen Zweinaturenlehre zu bejahen: in der unio hypostatica die vollendete Identität, in der Differenz der beiden Naturen aber zugleich das ungeschuldete *Ereignis* der Identifikation von Gott und Jesus zu denken.

[4] *H. Scholz*, Eros und Caritas, 1929, 11.

[5] Ebd.

[6] *B. Spinoza*, Ethica Ordine Geometrico Demonstrata V, prop. 17, cor., Werke in 4 Bänden, hg. von *K. Blumenstock*, Bd. 2, 1967, 528.

Hans Urs von Balthasar (1905–1988)

Theodramatik II/2 (1978)

185 Trinitarische Gegenwart im Weltspiel

Theodramatik (= TD) II/2, Die Personen in Christus (Einsiedeln 1978).

Lit.: H. Vorgrimler, Hans Urs von Balthasar, in: H. Vorgrimler, R. Vander Gucht (Hrsg.), Bilanz der Theologie im 20. Jh. Bahnbrechende Theologen (Freiburg 1970), 122–142; J. M. Faux, Un théologien: Hans Urs von Balthasar, in: NRTh 94 (1972), 1009–1030; K. H. Neufeld, Leben aus dem Wort. Zum Werk Hans Urs von Balthasars, in: StdZ 194 (1976), 209–211; G. Bausenhart, Schau der Herrlichkeit. Die methodische Mitte in der Theologie Hans Urs von Balthasars (Münster 1979); M. Kehl, Hans Urs von Balthasar. Ein Porträt, in: M. Kehl, W. Löser (Hrsg.), In der Fülle des Glaubens (Freiburg 1980), 13–60; M. Lochbrunner, Analogia caritatis. Darstellung und Deutung der Theologie Hans Urs von Balthasars (Freiburg 1981); N. Hoffmann, Kreuz und Trinität (Einsiedeln 1982).

Hans Urs von Balthasar hat sein Monumentalwerk von den ersten Bänden von „Herrlichkeit" an auf die Dramatik hin angelegt, die seiner Meinung nach von Ewigkeit her zwischen den göttlichen Personen waltet und in die Menschen und Welt einbezogen sind. Seine Trinitätskonzeption hängt ganz davon ab, ob in Gott unterschiedlich handelnde göttliche Personen sind, die das Kreuzesdrama zwischen Gott und Gott erst ermöglichen. Der zitierte Text gibt eine zusammenfassende Sicht dieser Dramatik wieder.

486 *3. Übergang ins Spiel*
Der christliche Gott, der es vermag, in seiner Identität der Eine, der Andere und der Vereinende zu sein, ist schon formal der dramatischste aller Götter. Wenn er aus sich heraus eine Welt setzt und sie verantwortet, kann dieser Vorgang, seinem Urbild entsprechend, nur wiederum ein im hohen Sinn dramatischer sein. Darum bewährt sich bei der Deutung das in den „Prolegomena" bereitgestellte dramatische Instrumentar, das jeder kundige Leser bereits als durchsichtig auf die Theodramatik erkennen mußte. Was in der Welt vor sich geht, ist weder Gefühl, noch Erzählung (wie „gefährlich" auch immer), sondern schlicht Handlung.
An zentraler Stelle war dort von zwei Triaden die Rede: Trias der Produktion (Autor, Schauspieler, Regisseur), Trias der Realisation (Darbietung, Publikum, Horizont).[1] Wir wiederholen hier nicht das breit Ausgeführte, erinnern nur daran, daß für die erste die trinitarische Auslegung sich schon klarstens anbot, und daß die zweite erst von einer trinitarischen Deutung her voll verständlich wurde – was sich genau am Zerfall des Dramatischen in einer nachchristlichen Zeit beweisen ließ.
Die erste Trias war das vollkommene Gleichnis für die ökonomische Trinität im Theodrama. Denn natürlich ist und bleibt Gott der Vater der Autor, von dem alles ausgeht und verantwortet wird, der vor und über dem Stück bleibt, aber schon durch dessen Dichtung in stärkster und nicht wieder aufhebbarer Weise darin einbezogen wird. Doch nicht er spielt das Stück, sondern der Schauspieler,
487 der dem Wort des Autors reale Präsenz als Handlung verleiht.[2] Anläßlich seiner stellten sich subtile Probleme: er ist nicht „Knecht" des Textes, sondern damit „im tiefsten eins" (sagte Dingler), obschon er ihm in „sittlicher Freiheit" gegenübersteht (Simmel), in der Spannung zwischen „Einfühlung" und „Beherrschung" (Diderot), wobei der Gegensatz sich aufhob in einer durch Übung zu erreichenden vollkommenen „Disponibilität" (Stanislawskij), als ein „Glaube an die Wahrheit" (der Rolle), ein „frei in Ketten sich Bewegen", wo höchste Technik und reine Inspiration zusammenfallen können. Das war für einen Menschen „Existenz auf des Messers Schneide": zwischen Demut und exhibi-

tionistischem Selbstverlust; hinter dem Problem des Schauspielers tauchte deshalb das des Menschen selbst auf, dem Geistsubjekt auf der Suche nach einer Rolle, die zuletzt keine zufällige, austauschbare, sondern seine eigene, einmalige, „persönliche" sein sollte[3], und nur ein einziger Fall wurde uns erkennbar, wo Rolle und Person schlechthin zusammenfielen (Th. Haecker): der Gottmensch.[4] Der Identitätspunkt ist die Sendung aus Gott *(missio),* die mit der Person in und als Gott *(processio)* identisch ist: das Hauptergebnis des vorliegenden Bandes. Aber dieses Ergebnis schenkt dem Weltspiel nicht nur eine ontologisch restlos gefüllte Rolle, es schenkt auch den Mitspielern der Urperson: des Sohnes Gottes, die Möglichkeit, eine nicht mehr psychologisch-soziologische Rolle zu ergreifen, sondern die einmalige, in Christus für sie bei Gott bereitliegende Sendung. Was der Schauspieler auf dem Theater letztlich nicht finden kann, aber auch der geschaffene Mensch ohne Gott nicht, die Rolle, mit der er zusammenfallen darf und muß, das wird Wirklichkeit im christlichen Theodrama. Da aber der Mensch diese seine ihm bei Gott hinterlegte Rolle erst im „Glauben an die Wahrheit" findet und ergreift, bleibt die stanislawskijsche „Disponibilität" und die Einübung in diese keineswegs überflüssig, um so weniger, als ja auch der Gottessohn, um seine Sendung zu erfüllen, nicht auf sich (sein „göttliches Ideal", sein „Gewissen") blickt, sondern auf den Willen des Vaters, der ihm je-jetzt durch den Heiligen Geist vorgestellt oder – im Theatergleichnis – eingegeben, „souffliert" wird.

Es gibt also auch hier diese dritte bei der Trias der Produktion unentbehrliche Person, die den Text des Autors umsetzt in die Aktualität der Aufführung, gemäß den vielfachen und zufälligen Bedürfnissen des Augenblicks und den wechselnden Potentialitäten der zusammenspielenden Truppe. Der Regisseur hat den Buchstaben des Textes auf seinen Geist hin zu erhorchen und diesen Geist dem vielfältigen Organismus der Truppe einheitlich einzuflößen, jedoch immer bewußt, daß er eine „puissance intermédiaire" ist[5], die mit ihrer aktiven Phantasie sowohl zum Autor wie zu den Schauspielern hin einen reinen Dienst ausüben muß. Hier kann ein „unreiner Geist", der sich (wie manche modernen Regisseure) zur Hauptperson aufwirft – etwa um ein klassisches Stück à jour zu bringen –, alles verderben; man erkennt daran, wie sehr der Regisseur ein (bescheidenes) Abbild des Wirkens des Heiligen Geistes im Welttheater sein soll. Als Heiliger ist der Geist unentbehrlich: der Vater vertraut ihm sein Stück an, damit er es in Leben umsetzt (wir sahen, daß er schon bei der Inkarnation die Initiative hat), der

Sohn vertraut sich seiner Führung an, und die Kirche muß es erst recht tun, wenn ihr bei der Verkündigung des Wortes, beim Vollzug der Sakramente, bei der Lenkung der Seelen ihre Sendung gelingen soll. Der Einzelne aber würde seine Person entweder gar nicht finden oder sie und seine wahre Freiheit nachträglich wieder verlieren, wenn er nicht die Demut aufbrächte, sich vom Geist in Regie nehmen zu lassen.

Die zweite Trias – Aufführung, Publikum, Horizont – ist von der ersten nur inadäquat unterschieden. Es zeigte sich: das Publikum ist zwar zunächst der Zuschauer, aber dieser ist nicht rein passiv, sondern auf die Aufführung hin „gespannt" und innerlich an ihrem Vorgang, ja an ihrem Gelingen beteiligt;[6] es gibt fließende Übergänge zwischen Zuschauerraum und Bühne. Im Theodrama werden sie noch fließender: es gibt so etwas wie eine Bühne, auf der Paulus agiert, der „ein Schauspiel *(theatron)* wurde für Welt, Engel und Menschen" (1 Kor 4,9), auf der die Christen „teils selbst zum öffentlichen Schauspiel gemacht wurden *(theatrizomenoi)*[7] durch Beschimpfungen und Drangsale, teils Genossen derer waren, denen es so erging" (Hebr 11,33); aber immer wieder gehen aus solchen Zuschauerräumen Menschen auf die Bühne, um mitzuspielen, und im letzten kann es überhaupt keine reinen Zuschauer geben: alle haben irgendeinen Part. Was den Sinn-Horizont des Spiels angeht, der durch die Spielaktion sichtbar gemacht werden soll, im Spiel irgendwie vortritt und sich darin selber verdeutlicht und verkörpert – die unfaßbare Welt der Götter, gespannt zwischen persönlicher Vorsehung und unpersönlichem Schicksal in vorchristlichem Theater, *phobos* und *eleos* und dadurch *katharsis* in den Zuschauern erweckend[8] –, so hat sich im christlichen Theodrama dieser Horizont gelichtet zum umgreifenden Ereignis der ökonomischen Trinität. Nicht mehr ein unbarmherziges Schicksal, sondern Gnade und Verzeihen[9] sind das Umgreifende; der Vater thront nicht mehr unbewegt als Richter über dem Spiel, sein „Text" ist sein eigenes Sich-Neigen über die leidende Kreatur in der Gestalt von Sohn und Geist, und was noch an die Unerbittlichkeit antiken Schicksals erinnern kann (das nachchristlich mit verdoppelter Grausamkeit einbricht), ist theodramatisch zum Kreuzesereignis geworden, wo das Härteste zwischen Gott und Gott ausgelitten wird, um es dem Menschen zu ersparen oder das Mit-Leiden des Menschen in Gnade der Mit-Sühne zu verwandeln (Kol 1,24). „Unbeugsam wie die Hölle ist die Liebe" (Hld 8,6).

So gehen die beiden Triaden der „Prolegomena" ineinander auf:

die erste lichtet sich zur immanent-ökonomischen Trinität, die zweite ist nichts als die Weise, wie diese Trinität, das Weltspiel durchformend, es in sich einbezieht.

1 TD I 247–301.
2 Ebd. 260.
3 Vgl. den ganzen Teil von TD I „Von der Rolle zur Sendung" 453–603.
4 Ebd. 605.
5 Ebd. 277.
6 Ebd. 286–292.
7 Zur Stelle vgl. C. Spicq, Hebr (das Wort ist außerbiblisch erst seit 1928 nachgewiesen im Sinn von „Teilnahme am Schauspiel, sei es als Schauspieler, sei es als Zuschauer". II 328 f.). Vgl. O. Michel, Hebr 358 Anm. 1. Spicq paraphrasiert das Wort im jetzigen Zusammenhang: „être exposé aux risées de la foule". Ähnlich Thomas z. St.: „sapienti ... si tribularetur et irrideatur a tribulante, hoc gravissimum est."
8 TD I 291–295.
9 Vgl. Exkurs über Shakespeare TD I 436–449.

Eugen Drewermann (1940)*
Religionsgeschichtliche und tiefenpsychologische Bemerkungen zur Trinitätslehre (1984)

186 Die göttliche Dreiheit als Archetyp

In: W. Breuning (Hrsg.), Trinität, Aktuelle Perspektiven der Theologie (Freiburg 1984), 115–142 = QD 101.

Lit.: A. Görres, W. Kasper (Hrsg.), Tiefenpsychologische Deutung des Glaubens (Freiburg 1988); B. Grom, Die Archetypenlehre – eine Sackgasse, in: StdZ 113 (1988), 604–613.

Unter den Forderungen an eine heutige Gotteslehre ist jene weitreichende zu dokumentieren, die das heilsgeschichtliche Gotteszeugnis des Alten und Neuen Testaments „erweitern", d. h. aber korrigieren will durch immer gültige Empfindungen aus der irrationalen Welt der Archetypen, speziell verbildlicht in der ägyptischen Mythologie.

134 *3. Die Dreiheit, die den Tod besiegt: das Beispiel der Isis*
Die Trinität vom Geheimnis des werdenden Seins, von der Selbsterzeugung des Göttlichen, der Heiligen Hochzeit von Himmel und Erde, Bewußtsein und Unbewußtem, Hell und Dunkel, ist indessen nur *eine* Weise, das Göttliche trinitarisch auszusagen. Eine andere, ebenso wichtige Form ist die *Dreiheit, die den Tod besiegt.* Sie ergibt sich in gewissem Sinne bereits rein logisch aus der Trinität des werdenden göttlichen Seins.

Alles Entstehende triumphiert über das Nichtsein, aller Sonnenaufgang ist ein Sieg über das Dunkel, jede göttliche Geburt sichert das Leben gegen den Tod. Die Mythe des Heilgottes Asklepios führte bereits in den Bereich der eleusinischen Mysterien mit ihrem Weg, den Tod zu überwinden; aber Asklepios heilte wohl die Krankheit, er besiegte nicht den Tod.[1] Um ein Leben, das sterben kann, ewig zu machen, muß die Gottheit selber in den Tod eingehen, um aus dem Tod sich selber zu erneuern. Die triadische Struktur dieser göttlichen Lebenserneuerung aus dem Tod ist im Prinzip die gleiche wie in der Trinität des Anfangs; — eine Geburt ereignet sich, eine Wiedergeburt; aber das Sentiment ist gänzlich anders als dort: Nacht ist jetzt Sünde, Nichtsein Tod, Schöpfung Erlösung, Geburt soviel wie Auferstehung. Und doch ist, mehr noch als die eigentliche Schöpfungstat, die Urzeugung, nun diese Tat der Neugeburt des Lebens Werk der mütterlichen Gottheit in der Trinität des Göttlichen. Sterblich ist in den Mythen das Männliche, unsterblich das Weibliche.

135 Keine Mythe ist zum Beleg dieser Vorstellung geeigneter, weil großartiger, als die Gestalt der ägyptischen Isis. Selber stieg Isis unter den Ptolemäern und Römern zur Universalgottheit auf: „Ich bin die Mutter der ganzen Natur", lautete einer ihrer Gesänge, „die Herrin aller Elemente, Anfang und Ursprung der Jahrhunderte, die oberste Gottheit, die Königin der Toten, die erste der Bewohner des Himmels, das einzigartige Vorbild der Götter und Göttinnen. Die lichtvollen Höhen des Himmels, die heilsamen Lüfte des Meeres, das quälende Schweigen der Unterwelt — ich bin es, die all das nach ihrem Wunsch und Willen leitet." „Als die einzige Macht verehrt mich die ganze Welt in zahlreichen Gestalten, in verschiedenen Kulten und unter vielerlei Namen ... Die einen nennen mich Juno, andere Bellona, wieder andere Hekate und noch andere Rhamnusia. Aber die Ägypter und Äthiopier, die über altes Wissen verfügen, ehren mich mit meinem eigentlichen Kult und nennen mich bei meinem eigentlichen, wahren Namen: ‚die Königin Isis'."[2] Zu dieser Würde gelangte Isis, weil sie ihrem toten Gemahl Osiris das Leben als Horus zurückschenkte.

Es braucht an dieser Stelle der große Osiris-Mythos nicht im einzelnen referiert zu werden — er ist bekannt genug.[3] Aber wichtig ist die Szene, in der Isis mit Hilfe des treuen Gottes, des schakalköpfigen Seelenbegleiters Anubis, die 14 Teile des Körpers ihres śn-nfr, ihres schönen Bruders und Geliebten, den der böse Seth getötet hat, im Delta des Nil zusammenfügt und, selber wie ein Sperberweibchen über ihm brütend, dem Toten zum Leben verhilft; sie empfängt von ihrem Gemahl den Sohn Horus, der als Falke am Himmel seine Bahn zieht und gegen Seth den Prozeß um das Recht seines Vaters führen wird. Man braucht nicht anzustehen, in dem frei schwebenden, vogelgestaltigen Horus, einem Verwandten des Ba-Vogels der ägyptischen Seelenvorstellung, den Geist des verstorbenen Gottes zu erkennen, den der Gott in seinem Sterben weitergibt und in dem er selber zum Leben aufersteht, Herr im Lande des Schweigens, Erster der Westlichen (der „Entschlafenen", 1 Kor 15,20), aufgefahren in den Himmel.

Für die Dreifaltigkeitsvorstellung ist an dieser Stelle wiederum die zentrale weibliche Rolle der Großen Göttin auffällig. Wenn in der christlichen Dogmatik es der *Vater* ist, der seinen Sohn in der „Unterwelt" (tiefenpsychologisch im Mutterleib) nicht läßt, sondern ihn auferweckt am dritten Tag, so ist dieses „Auferwecken" mythologisch zweifellos erneut als ein Geburtsvorgang zu denken, als eine erneute Form der Sohnschaft, die ohne die zentrale Gestalt der Mutter nicht vorstellbar ist. Der Vater selbst gewinnt in der christlichen Auferstehungslehre mütterliche Züge, und die Ikonographie, die Dichtung und das Frömmigkeitsleben haben ganz recht, wenn sie als das eigentliche Karfreitagsbild die Szene der Pietà darstellen: die Mutter mit dem getöteten Gott auf ihrem Schoß ist das eigentlich ergreifende Sinnbild zwischen Tod und Auferstehung, die nie versiegende Mütterlichkeit der Isis, die dem Gott das Leben wiederschenkt. Wie eng die christlichen Auferstehungsvorstellungen sich mit der ägyptischen Osirisreligion berühren, zeigt nicht nur der Umstand, daß Osiris ein Korngott war, dessen Leib als sakramentale Speise gegessen wurde, sondern vor allem die völlige Einheit des Sterbenden mit dem Gott des Todes und der Auferstehung: jeder Tote wurde angeredet als Osiris, so wie ein jeder Christ im Tode eintritt in den Tod und in die Auferstehung seines Gottes. Schließlich unterhält Osiris eine enge Beziehung zum Zedernbaum[4], eine Verwandtschaft, die er mit dem phrygischen Attis und dem christlichen Kreuz teilt. Speziell die christlichen Feiern des Passionszyklus weisen eine Vielzahl von zeitlichen und kultischen Parallelen zum Attis-Kult auf.[5] Auch die kleinasiatischen Vegetationsgottheiten bilden immer wieder Dreiheiten aus Gemahl und Sohn um die Gestalt der Großen Göttin, heiße sie nun Isis, Kybele oder Inanna.

III. Thesen und Ergebnisse

1. Die Aussagen der kirchlichen Theologie über Gott, wie er in Christus erschienen ist, basieren schon im Neuen Testament auf vorgegebenen mythischen, archetypischen Schemata. Die Offen-

barung des christlichen Gottesbildes besteht mithin nicht darin, daß in der Person Jesu eine neue Lehre in Erscheinung getreten wäre, sondern darin, daß die Haltung bedingungslosen Vertrauens zu Gott, den Jesus seinen Vater nannte, die uralten archetypischen Bilder zur Beschreibung seiner Person auf den Plan rief und zugleich damit ein integrales Bild vom Menschen gewonnen wurde, in dem der Reichtum der Mythen und die alttestamentliche Dimension von Person und Geschichte sich miteinander verbanden. Der Monotheismus und das Geschichtsdenken Israels wurden auf diese Weise um den vom Alten Testament abgewehrten Bereich mythischer Archetypen erweitert, und erst in dieser integralen Synthese liegt das Spezificum des Christlichen. „Die Wahrheit kam nicht nackt in die Welt, sondern sie kam in Sinnbildern und Abbildern. Die Welt wird sie auf keine andere Weise erhalten", heißt es im koptischen Philippusevangelium.[6] Nur in diesen im Menschen selber angelegten Bildern konnte Gott sich offenbaren.

2. Allerdings griff die kirchliche Dreifaltigkeitslehre aus dem Spektrum des religionsgeschichtlich vorgegebenen Archetyps der göttlichen Dreiheit dogmatisch nur eine, und zwar die vom Mythos relativ entfernteste Vorstellung auf und suchte darin die triadischen Erfahrungen von Geburt und Auferstehung zu integrieren. Indem sie die göttlichen Dreiheiten von Geburt und Auferstehung zudem vergeschichtlichte, zerstörte sie die organische Einheit des mythischen Archetyps und behielt eine Reihe schwer vereinbarer Fragmente zurück.

3. Die patriarchalische Ausschließung aller weiblichen Beimengungen aus der Gotteslehre, grundgelegt bereits im Alten Testament, verdünnte die Gottesvorstellung psychologisch in Richtung von Macht, Verstand und Wille – die Monarchie des alttestamentlichen Vatergottes blieb im Grunde voll erhalten. Auch die Auslegung der christlichen Gotteslehre bzw. der Heilslehre in Christus erfolgte nicht mehr, wie in der Selbstdarstellung der Mythen, wesentlich durch Ritual, Musik, Meditation, Träumen und Dichten, sondern durch Begriffe des Verstandes, die prinzipiell die „irrationale" Welt, der die archetypischen Bilder entstammen, nicht erreichen können. Die Reduktion auf den Verstand beraubte die christliche Theologie ihrer Erfahrungsgrundlage und hat sie notwendigerweise in der Neuzeit fortschreitend in die Gefahr von Mißverstand und Ablehnung gebracht. Zudem brachte sie die christliche Erlösungsvorstellung um ihre Ernsthaftigkeit. Als eine bloße Lehre läßt sich die Trinitätslehre heute verkündigen, ohne daß der eigentliche Gegensatz von Angst und Glauben noch den spürbaren

Hintergrund bilden würde. Wenn es nötig ist, um in der Kirche zu sein, die Dreiheit der Personen in der Einheit Gottes zu bekennen, darf man dann noch das Evangelium vom Hauptmann von Kapernaum oder der syrophönizischen Frau verlesen, fragte A. Harnack schon 1900.[7]

4. Die schwerste Hypothek jedoch entstand der christlichen Dogmatik durch die Verleugnung der mythischen und archetypischen Herkunft ihrer Glaubenssymbole selbst. Nicht nur daß sie damit die mythenbildenden Kräfte im Menschen selber verleugnete oder gar verteufelte und allein den Verstand als ein Organ betrachtete, das imstande sei, Gott zu vernehmen, sie verleugnete oder verteufelte auch die mythischen Religionen als heidnische Götzendienerei. Der Kampf Israels gegen Ägypten und gegen Kanaan mit seiner exklusiven Erwähltheits- und Besonderheitsvorstellung wurde dadurch zum Kampf gegen die gesamte nichtchristliche Welt, und dieser Kampf mußte um so schlimmer ausfallen, als die mythischen Bilder selbst an sich vom Christentum dogmatisch übernommen wurden. Entfremdung nach innen psychologisch und Gewalt nach außen politisch mußten die unausbleiblichen Folgen sein. Aus Bildern der Erlösung und Integration wurden somit Formeln für Kontroversen, Glaubenskriege und Inquisitionen.

5. Vor allem hat die Zerstörung des Mythos, der Welt der Archetypen, die innigste Brücke zwischen Mensch und Natur zerschlagen. Wenn die Griechen von Asklepios erzählten, meinten sie *auch* Sonne und Mond, Nacht und Tag, Fluß und Berg; wenn die Ägypter von Osiris, Seth und Isis sprachen, meinten sie *auch* Nil, Wüste und Kulturland; wenn sie von Horus oder Amun sprachen, meinten sie *auch* die Sonne und den Wind – die Natur war ihnen *Symbol* des Göttlichen. Die christlich-jüdische Vergeschichtlichung hingegen bedurfte der Natur nicht mehr; sie empfand sie als gefallen, fremd und sündig; die Natur war und ist im christlichen Abendland kein Ort, um sich von der menschlichen Geschichte zu erholen, wie A. Camus es wollte.[8] Die Zerstörung der Umwelt ist eine gerade Folge dieser Seelenlosigkeit und Naturfremdheit des jüdisch-christlichen Menschenbildes.[9]

In summa: Wir sind als Christen zu sehr alttestamentlich und zu wenig ägyptisch, um wirklich christlich zu sein, und nur eine tiefere Form des Träumens und der Poesie könnte uns wieder lehren, was Gott im Herzen eines jeden Menschen eingeschrieben hat, um sich darin zu offenbaren.

Ein Wort aus den Sprüchen des Ptahhotep sagt: „Eine gute Rede ist versteckter als der grüne Edelstein, und doch findet man sie bei den Sklavinnen über den Mühlsteinen."¹⁰ Es sei dahingestellt, ob diese Rede eine „schöne" Rede war; aber gemahlen worden ist genug.

¹ *K. Kerényi*, Der göttliche Arzt. Studien über Asklepios und seine Kultstätten, Darmstadt 1956, 32.
² *G. Posener*, Dictionnaire de la civilisation Égyptienne; dt.: Lexikon der ägyptischen Kultur, übers. von J. u. I. v. Beckerath, eingel. von W. Müller, Wiesbaden 1960, 112–113, Art. „Isis" von S. Sauneron.
³ *G. Roeder*, Urkunden zur Religion des Alten Ägypten, Jena 1915, 16–21, nach Plutarch: Über Isis und Osiris, cap. 13–20; *E. Brunner-Traut*, Altägyptische Märchen, Düsseldorf–Köln 1963, 88–93.
⁴ Ebd. 90–91.
⁵ Zum Attis-Kult und seiner Verwandtschaft zum Christentum vgl. *J. G. Frazer*, The Golden Bough, 12 Bde., London ³1911, gekürzte Ausgabe 1922; dt.: Der goldene Zweig. Das Geheimnis von Glauben und Sitten der Völker, übers. von H. v. Bauer, Leipzig 1928, 509–510.
⁶ Zit. bei *E. Brunner-Traut*, Gelebte Mythen. Beiträge zum altägyptischen Mythos, Darmstadt ²1981, V.
⁷ *A. v. Harnack*, Das Wesen des Christentums (1900), mit einem Geleitwort von W. Trillhaas, Gütersloh 1977, 140.
⁸ *A. Camus*, L'Homme révolté, Paris 1951; dt.: Der Mensch in der Revolte. Essays; übers. von J. Streller; neubearb. von G. Schlicker unter Mitarb. von F. Bondey, Hamburg 1953, 322.
⁹ *E. Drewermann*, Der tödliche Fortschritt. Von der Zerstörung der Erde und des Menschen im Erbe des Christentums, Regensburg ³ (erw.) 1983, 71–78.
¹⁰ *A. Erman*, Die Literatur der Ägypter. Gedichte, Erzählungen und Lehrbücher aus dem 3. und 2. Jahrtausend v. Chr., Leipzig 1923, 88.

Ronaldo Muñoz
Der Gott der Christen (1986)
187 Suche nach dem lebendigen Antlitz Gottes

Span.: El Dios de los cristianos (Petrópolis 1986).
Dt.: Der Gott der Christen, aus dem Spanischen von H. Goldstein (Düsseldorf 1987) = Bibliothek Theologie der Befreiung: Gott, der sein Volk befreit.

Der Beitrag aus Lateinamerika (Chile) richtet die Aufmerksamkeit auf das Phänomen neuer Formen des Götzendienstes und auf in der „Ortlosigkeit" und im Theorieüberhang begründete Defizite der überlieferten „klassischen" Gotteslehre. Die theologische Orientierung ist nicht auf Bildung einer neuen Theorie, sondern auf Wiedergewinnung des lebendigen, in der Geschichte handelnden und parteilichen Gottes gerichtet. Das erste öffentlich bekanntere Zeugnis dieser kontextuellen Theologie war das Buch „Theologie der Befreiung" (Mainz 1973, zuerst: „Theología de la Liberación", Salamanca 1972) des peruanischen Theologen Gustavo Gutiérrez (* 1928).

24 *5. Existiert Gott? Oder: Welches ist der wahre Gott?*
So betrachtet wird deutlich, daß die eigentliche theologische Frage für uns nicht so sehr ist, ob Gott existiert, sondern: welches der wahre Gott ist; daß unser „Gottesproblem" nicht so sehr der Atheismus ist als vielmehr die Idolatrie. Für uns geht es nicht nur darum, *ob Gott* existiert oder nicht, sondern vor allem darum, *was das für ein Gott* ist, der da existiert, wie wir ihn erkennen und anerkennen können, wie er in unse-
25 rem Leben gegenwärtig wird und in unsere Geschichte eingreift und wie wir ihm mit unserer Grundhaltung wie mit unserer konkreten Praxis persönlich und als Kollektiv gerecht werden können.[1]
In diesem Sinn fühlen wir uns der religiösen Problematik des Volkes der Bibel näher als der der gegenwärtigen „säkularisierten" Gesellschaften in der Ersten Welt bzw. der Art und Weise, wie die zeitgenössische nordatlantische Theologie jene Herausforderung interpretiert und zu beantworten versucht.
In der Bibel gibt es in der Tat nicht die Alternative zwischen Glauben und Unglauben im modernen Sinn. Das große „Gottesproblem", das dort dann und wann anklingt, steht immer im Horizont des religiösen Glaubens. Die Herausforderung und die Versuchung ist nicht der Atheismus, sondern der *Götzendienst*. Und dieser ist in der Bibel nicht so sehr – wie man bei uns in den „aufgeklärten" Klassen denkt – ein Problem des Aberglaubens oder des religiösen Primitivismus der „unwissenden" Massen, die Gott in der Befriedigung ihrer elementarsten Grundbedürfnisse suchen. Das Problem ist im Gegenteil die „Idolatrie" der privilegierten und gebildeten Kreise, die „Gott" mehr oder weniger bewußt benutzen, um den von ihnen angehäuften Reichtum, ihr ausgrenzendes Wissen und ihre unterdrückerische Macht zu
26 rechtfertigen. Gemeint ist der „Atheismus" der herrschenden Kreise, die davon ausgehen, Gott sehe weder die Ausbeutung des Armen und den Mord am Unschuldigen noch höre er das Schreien der Unterdrückten.[2]
So ist man in Europa und Nordamerika das Thema „Gott" während der letzten zwanzig, dreißig Jahre im Blick auf den Dialog mit dem humanistischen Atheismus in seinen verschiedenen Formen von Grund auf neu angegangen.[3] Bei uns in Lateinamerika dagegen, das ja ein „christlicher Erdteil" und dessen Bevölkerung mehrheitlich „unterdrückt und gläubig" ist, hat das Thema an Dringlichkeit gewonnen und müssen wir uns mit ihm auf neue Weise befassen, damit wir aktiven Widerstand leisten und ange-

sichts des menschenfeindlichen Götzendienstes ein befreiendes Zeugnis geben können.
Damit soll nicht gesagt sein, daß in einer Welt, die kulturell immer einheitlicher wird, Säkularisierung und Unglauben für uns kein Problem sind. Auch bei uns breitet sich unter dem armen Volk vielerorts eine neue, städtische, technische und vor allem politische Kultur aus.[4] Und diese kulturelle Veränderung bringt vor allem bei der jungen Generation eine Krise der hergebrachten religiösen Vorstellungen, eine Krise des „Gottes"-Glaubens mit sich. Aber was wir hier allgemein beobachten, ist, daß ein überliefertes Gottesbild – wenn nicht die Götzenbilder, die sich seines heiligen Namens bemächtigen und den lebendigen und wahren Gott in Wirklichkeit aus unserer „christlichen Zivilisation" verdrängt haben – in die Krise geraten ist bzw. geraten sind. Aufgrund dessen sind wir der Ansicht, die Hauptfrage für unsere Theologie und unser evangelisatorisches Zeugnis als Kirche sei nicht so
sehr, ob wir gläubig oder atheistisch sind, als vielmehr, an welchen Gott wir glauben bzw. im Blick auf welchen Gott wir Atheisten sind. Immerhin sollten wir nicht vergessen, daß auch die Christen der ersten Jahrhunderte „Atheisten" genannt wurden, weil sie weder den gängigen Glaubensvorstellungen anhingen noch die Religion des römischen Reiches akzeptierten.[5]
Hier also wird das Anliegen oder das eigentliche Motiv für den vorliegenden Band greifbar. Und das ist ein doppeltes. Negativ sollen die gängigen Bilder und all die Karikaturen von Gott, die in unserer Gesellschaft und nicht selten auch in uns Kirchenchristen und Pastoralträgern herrschen, der Kritik unterzogen werden. Oder noch radikaler: Die Fälschungen von Gott sollen entlarvt und die Götzen der Unterdrückung, der Verrandung und des Mordes an den Armen angeprangert werden.[6] Und positiv wollen wir helfen bei der Suche nach dem lebendigen Antlitz Gottes, nach seiner befreienden Gegenwart unter den Armen dieser Erde ebenso wie nach seinen Wegen, die ihn zu uns führen. Es geht uns darum, das überraschend Neue des wahren Gottes anzusagen: daß er ein Gott des demütigen Dienstes, der heiteren Solidarität und des überströmenden Lebens für alle seine Kinder ist.[7]

[1] So kann man auch sagen, auf diesem „christlichen Erdteil" sei die „christologische Frage" (bzw. die Frage nach *Jesus Christus)* weniger, ob Jesus der Sohn Gottes sei oder nicht, sondern vielmehr, wessen Gott er Sohn sei und wie er das auf dem konkreten Weg seines menschlichen Weges gewesen sei. In

ähnlicher Weise geht es beim Thema „Kirche" in Lateinamerika, das ja in seiner großen Mehrheit katholisch ist, nicht so sehr darum, ob sich die Kirche dem Dienst Gottes bedingungslos zu widmen habe oder nicht, sondern vielmehr darum, welchem Gott sie zu dienen und wie dieser Dienst konkret auszusehen habe, damit er transparent sei für diesen Gott. Und schließlich ist auf unserem Erdteil, der ja von einer „unterdrückten und gläubigen" Mehrheit bewohnt wird, das Entscheidende nicht, ob wir die Erinnerung daran wachhalten, daß „die Befreiung *des Menschen*" in seinem Verhältnis zu Gott erklärt und endgültig erfüllt wird, sondern daß deutlich wird, welcher Gott den Menschen nach seinem Bild geschaffen hat und wie er in der Geschichte wirkt, um ihn zu befreien, und welchem Gott der Mensch begegnen muß, wenn er zur Fülle seines persönlichen wie kollektiven Lebens finden will.

Auf der Linie der Eröffnungsrede Johannes Pauls II. zur Bischofsversammlung von Puebla (I.) wie auch der Ausführungen der vatikanischen Glaubenskongregation (Instruktion vom 6. 8. 1984 über einige Aspekte der „Theologie der Befreiung": V.) meinen wir deshalb, noch einen Schritt weiter gehen zu müssen: Für uns ist es nicht damit getan, ein weiteres Mal zu beteuern, „die Wahrheit über Jesus Christus, über die Kirche und über den Menschen" könne nur im Lichte Gottes verstanden und vermittelt werden, wenn wir nicht zugleich auch verdeutlichen, wer für uns denn der „lebendige und wahre Gott" ist, und wenn wir nicht vor ihm in Theorie und Praxis konsequente Entscheidungen treffen. Wir haben uns heute in Lateinamerika allen Ernstes der Herausforderung zu stellen, vor die uns als Gläubige das Zweite Vatikanische Konzil geführt hat: daß wir nämlich „durch mißverständliche Darstellung der Lehre oder auch durch Mängel [unseres] religiösen, sittlichen und gesellschaftlichen Lebens das wahre Antlitz Gottes und der Religion eher verhüllen als offenbaren" (Gaudium et spes 19).

[2] Vgl. Ps 10; 14; 73; 94. Siehe auch *J. L. Sicre,* Los dioses olvidados. Poder y riqueza en los profetas preexílicos, Madrid 1979; *P. Richard,* Unser Kampf richtet sich gegen die Götzen: Biblische Theologie, in: H. Assmann u. a., Die Götzen der Unterdrückung und der befreiende Gott, Münster 1984, 11–38; *ders.,* Raíces idolátricas del pecado social, in: Pastoral Popular (1983) Nr. 3, 43–49.

[3] Vgl. *H. de Lubac,* Die Tragödie des Humanismus ohne Gott, Salzburg 1950; *E. Borne,* Gott ist nicht tot, Graz–Wien–Köln 1965; *K. Rahner,* Über die Möglichkeit des Glaubens heute, in: Schriften V, 1962, 11–32; *H. Cox,* Stadt ohne Gott? Stuttgart ⁵1969; *J. A. T. Robinson,* Gott ist anders, München 1964; *E. Schillebeeckx,* Gott – die Zukunft des Menschen, Mainz ²1970; *L. Dewart,* The future of belief, New York 1968; *H. Zahrnt,* Gott kann nicht sterben. Wider die falschen Alternativen in Theologie und Gesellschaft, München 1970 (auch als dtv 957, München 1973); *E. Jüngel,* Gott als Geheimnis der Welt. Zur Begründung der Theologie des Gekreuzigten im Streit zwischen Theismus und Atheismus, Tübingen ⁵1986; *H. Küng,* Existiert Gott? Antworten auf die Gottesfrage der Neuzeit, München–Zürich ³1985; *A. Dumas,* Nommer Dieu, Paris 1980.

[4] Vgl. *CELAM* (Hrsg.), Dios: problemática de la no-creencia en América Latina, Bogotá 1974, bes. den Aufsatz von *J. Terán Dutari,* 75–126.

[5] Vgl. vor allem *J. Sobrino,* Reflexiones sobre el significado del ateísmo y la idolatría para la teología, in: RLT 7 (1986) 45–81.

[6] Derartige Karikaturen und Götzenbilder sind ohne Zweifel auch im volkstümlichen Christentum anzutreffen und erklären sich als Reflex eines heidni-

schen Fatalismus und einer verinnerlichten Unterwerfung durch die Religion der Unterdrücker (vgl. *Puebla* 308–309. 456. 914. 1069–1073).
[7] Leser, insbesondere Priester, mit eher traditioneller Bildung tun gut daran zu bedenken, daß das Thema „Gott der Christen", so wie wir es zu behandeln versuchen, in der herkömmlichen Schultheologie nicht vorkommt. So decken sich unsere Überlegungen mit dem Stoff, den wir im Traktat „De Deo Uno" gelernt haben, nicht; dieser griff zwar auf die Heilige Schrift zurück, entsprach mit seinen Anliegen und seiner Methode aber vorrangig der philosophischen Frage nach „Existenz" und „Eigenschaften" Gottes, die sich durch „den rechten Gebrauch der Vernunft" beantworten lasse. Ebensowenig korrespondiert unser Vorhaben mit dem Traktat „De Deo Trino"; dieser handelte zugegebenermaßen zwangsläufig davon, wie sich Gott in der biblischen Geschichte samt deren Höhepunkt in Jesus Christus offenbart, war aber primär daran interessiert, möglichst genaue Formulierungen zu finden, um das Geheimnis des einen, in seinen Personen dreifaltigen Gottes aussagen zu können, und bediente sich der dogmengeschichtlichen Methode, um dem geschichtlichen Ursprung und dem rechten Verständnis des Dreifaltigkeitsdogmas der Kirche beizukommen. Zwischen beiden „Traktaten" sehen wir heute die unbedingte Notwendigkeit einer – methodisch sowohl biblischeren als auch erfahrungsnäheren – Untersuchung zu der Frage, wie der lebendige Gott ist, der sich uns „in der letzten Zeit" als Gott und Vater Jesu Christi geoffenbart hat und den wir – so lehrt und ermutigt uns Jesus – kraft seines Geistes „unseren Vater" nennen sollen. In der Sprache der Bibel handelt es sich um den Gott Israels (so das Alte Testament), den Vater Jesu Christi und den Gott der Christen (so das Neue Testament); in der Sprache des kirchlichen Credo um den einen Gott, den Vater und Schöpfer; in der Sprache der Trinitätslehre um die Erste Person der Dreifaltigkeit.
Die Lücke in der Seminartheologie spiegelt sich – wie sollte es auch anders sein – in Predigt und Katechese wider. In der nachtridentinischen Katechese war in der Regel von Gott die Rede als dem „unendlich vollkommenen Sein, dem Schöpfer Himmels und der Erde" sowie als dem „einen Gott in drei Personen", deren eine Jesus Christus als der menschgewordene Sohn ist. Weiter gehende Ausführungen über das wahre Antlitz des lebendigen Gottes, der sich uns als Vater Jesu Christi geoffenbart hat, gab es nicht – auch nicht über sein personales Handeln an uns in der Geschichte.
Während der letzten zwanzig, dreißig Jahre kam es jedoch dank der biblischen und katechetischen Erneuerung sowohl in der Theologie als auch in der Pastoral zu einer kraftvollen Wiederbelebung des Themas „Gott" wie auch des Zeugnisses von Gott der Christen. Den Anfang machten dabei die Kirchen des nordatlantischen Raumes. Aufgrund ihres Einflusses bei uns wirkte sich das Ganze dann ab den siebziger Jahren auch in der spezifisch lateinamerikanischen Theologie und Pastoral aus, wobei die oben beschriebenen Unterschiede in Motivation und Blickrichtung allerdings nicht übersehen werden sollten. Vgl. dazu *L. Serenthà*, Art. „Dios", in: Diccionario Teológico Interdisciplinar II, Salamanca 1983, 263–279; *J. Sobrino*, Art. „Dios", in: Conceptos fundamentales de pastoral, Madrid 1983, 248–264.

Wolfhart Pannenberg (* 1928)

Systematische Theologie I (1988)

188 Selbstunterscheidung und Zusammenwirken von Vater, Sohn und Geist

Systematische Theologie I (Göttingen 1988).

Lit.: R. Olson, Trinity and Eschatology. The Historical Being of God in J. Moltmann and W. Pannenberg, in: Scottish Journal of Theology 36 (1983), 213–227; P. Clayton, The God of History and the Presence of the Future, in: Journal of Religion 65 (1985), 98–108; S. Greiner, Die Theologie Wolfhart Pannenbergs (Würzburg 1988); K. Koch, Der Gott der Geschichte. Theologie der Geschichte bei Wolfhart Pannenberg als Paradigma einer Philosophischen Theologie in ökumenischer Perspektive (Mainz 1988).

Der evangelische Systematiker macht eine eigene Sicht der Trinitätsproblematik geltend. Er weist die Begrenzung der trinitarischen („Personen"-)Unterschiede auf bloße Ursprungsrelationen – so klassisch bei den Kappadokiern – zurück und spricht sich für eine Erweiterung aus, die eine Unterscheidung von Subjekten in Gott annehmen läßt. So ist die „Monarchie des Vaters" erst das Ergebnis des Zusammenwirkens der Drei. In der Lehre von Gottes Eigenschaften betont Pannenberg, daß auch jene Eigenschaften, die sich durch Gottes Handeln erkennen lassen, Gottes *Wesen* zukommen, eine Ausweitung des Axioms, daß die heilsökonomische Trinität die immanente ist und umgekehrt.

347 Wenn die trinitarischen Beziehungen zwischen Vater, Sohn und Geist die Form wechselseitiger Selbstunterscheidung[a] haben, dann können sie nicht nur als verschiedene Seinsweisen eines einzigen göttlichen Subjekts, sondern müssen als Lebensvollzüge selbständiger Aktzentren aufgefaßt werden.[1] Ob man diese Aktzentren auch als drei „Bewußtseinszentren" zu verstehen hat, hängt davon ab, ob und in welchem Sinne überhaupt die aus menschlicher Selbsterfahrung stammende Vorstellung von Bewußtsein auf das göttliche Leben Anwendung finden kann. Das wird im nächsten Kapitel noch genauer erörtert werden. Wenn hingegen mit der Einheit des göttlichen Lebens auch eine *Einheit* des Bewußtseins verbunden ist, dann muß man mit Walter Kasper und gegen Karl Rahner „sagen, daß das eine göttliche Bewußtsein in dreifacher Weise subsistiert"[2], und zwar so, daß jede der drei Personen sich darin auf die andern als andere bezieht und sich so von ihnen unterscheidet.

348 Die als wechselseitige Selbstunterscheidung bestimmten Relationen zwischen den drei Personen lassen sich nicht auf Ursprungsrelationen im Sinne der traditionellen Terminologie der Trinitätsleh-

re reduzieren: Der Vater „zeugt" den Sohn nicht nur, sondern überträgt ihm auch sein Reich und empfängt es wieder von ihm zurück. Der Sohn wird nicht nur gezeugt, sondern ist auch dem Vater „gehorsam" und „verherrlicht" ihn dadurch als den einen Gott. Der Geist wird nicht nur gehaucht, sondern „erfüllt" den Sohn, „ruht" auf ihm und verherrlicht ihn in seinem „Gehorsam" gegen den Vater, verherrlicht darin zugleich auch den Vater selbst. So führt er in alle Wahrheit (Joh 16,13) und erforscht die Tiefen der Gottheit (1 Kor 2,10 f.).

Es geht nicht an, die in der Schrift bezeugten *aktiven* Beziehungen des Sohnes und des Geistes zum Vater als für deren Identität nicht konstitutiv zu behandeln und dafür nur die Beziehungen der Zeugung und des Hervorgangs bzw. der Hauchung zu berücksichtigen, weil man für die Konstitution der Personen nur die vom Vater zum Sohn und zum Geist führenden Ursprungsrelationen gelten läßt. Keine jener andern Relationen ist für Sohn und Geist in ihrem Verhältnis zum Vater nebensächlich, sondern sie alle gehören zur Eigentümlichkeit der trinitarischen Personen und ihrer Gemeinschaft. Daher gilt auch von diesem reicher strukturierten Beziehungsgeflecht, das Vater, Sohn und Geist verbindet, was die Trinitätstheologie seit Athanasius von den trinitarischen Relationen behauptet: Sie konstituieren die unterschiedlichen Eigentümlichkeiten der drei Personen. Diese sind in der Tat nur, was sie in ihren Beziehungen zueinander sind, durch die sie sich sowohl voneinander unterscheiden als auch miteinander vergemeinschaften. Dabei können die einzelnen Personen nicht, wie es besonders in der westlichen Trinitätslehre versucht worden ist, auf einzelne Relationen reduziert werden. Das ist jetzt schon dadurch ausgeschlossen, daß das Geflecht der Beziehungen zwischen ihnen komplexer ist als es sich der alten Lehre von den „Ursprungsbeziehungen" der „Zeugung" des Sohnes und der „Hauchung" (oder des „Hervorgangs") des Geistes aus dem Vater darstellte. Die Personen können also nicht einfach mit je einer Relation identisch sein. Jede von ihnen ist vielmehr Brennpunkt mehrerer Relationen. (. . .)

352 Die Gegenseitigkeit und gegenseitige Abhängigkeit der drei Personen der Trinität nicht nur hinsichtlich ihrer personalen Identität, sondern auch hinsichtlich ihrer Gottheit haben nun keineswegs zur Folge, daß dadurch die Monarchie des Vaters zerstört würde. Ganz im Gegenteil: Durch das Werk des Sohnes kommt das Reich des Vaters, seine Monarchie, in der Schöpfung zur Geltung, und durch das Werk des Geistes, der den Sohn als den Bevollmächtig-

ten des Vaters und darin den Vater selbst verherrlicht, wird es vollendet. Sohn und Geist dienen durch ihr Wirken der Monarchie des Vaters, setzen sie ins Werk. Doch der Vater hat sein Reich, seine Monarchie, nicht ohne den Sohn, sondern nur durch Sohn und Geist. Das gilt nicht nur für das Offenbarungsgeschehen, sondern ist aufgrund des geschichtlichen Verhältnisses Jesu zum Vater auch für das innere Leben des dreieinigen Gottes zu behaupten. Dabei ist wiederum der Gesichtspunkt der Selbstunterscheidung im Verhältnis des Sohnes zum Vater maßgebend: Der Sohn ist dem Vater nicht subordiniert im Sinne ontologischer Inferiorität, aber er unterwirft sich selbst dem Vater. Er ist darin selber in Ewigkeit der Ort der

353 Monarchie des Vaters. Darin ist er eins mit dem Vater durch den Heiligen Geist. Die Monarchie des Vaters ist nicht die Voraussetzung, sondern das Ergebnis des Zusammenwirkens der drei Personen. Sie ist das Siegel ihrer Einheit.
(...)
Weil die Gemeinschaft der trinitarischen Personen in der Monarchie des Vaters als dem Resultat ihres Zusammenwirkens ihren Inhalt hat, darum und nur darum läßt sich behaupten, daß der trinitarische Gott kein anderer ist als der Gott, den Jesus verkündete, der himmlische Vater, dessen Herrschaft nahe ist und in Jesu Wirken schon anbricht....

424 Durch das Zusammenwirken von Vater, Sohn und Geist kommt die Zukunft Gottes zum Anbruch in der Gegenwart der Geschöpfe, in der Welt der Schöpfung, und auf der Basis dieses göttlichen Handelns werden *Eigenschaften* nicht nur von den trinitarischen Personen, sondern von dem ihnen gemeinsamen göttlichen Wesen prädiziert. Es handelt sich dabei um Eigenschaften, die den göttlichen Werken in Schöpfung, Versöhnung und Erlösung gemeinsam zukommen, wenn auch in unterschiedlicher Artikulation. An der Identität dieser Eigenschaften wird der in Schöpfung, Versöhnung und Vollendung der Welt handelnde Gott als *derselbe* erkennbar. Die in seinem Handeln in Erscheinung tretenden Eigenschaften schließen das Handeln Gottes mit seinem ewigen Wesen zusammen. Doch was heißt es, daß die Eigenschaften vom Wesen Gottes prädiziert werden? Ist dabei nicht immer schon ein Begriff des Wesens vorausgesetzt, *von dem* die Eigenschaften ausgesagt werden, die Gott aufgrund seines Offenbarungshandelns zuerkannt werden? Und ist nicht auch dieser vorläufige Wesensbegriff, der durch solche Eigenschaften allererst vollständig bestimmt werden soll, seinerseits schon durch Eigenschaften gekennzeichnet und

nur durch sie in seiner Besonderheit charakterisierbar? Es scheint also, daß von zweierlei Arten von Eigenschaften Gottes die Rede sein muß, von denen nämlich, die aufgrund seines Handelns von ihm ausgesagt werden, und von anderen, die den *Gegenstand* dieser Aussagen als solchen bestimmen. Wenn es heißt, Gott sei gütig, barmherzig, treu, gerecht, geduldig, so bezeichnet das Wort „Gott" den Gegenstand solcher Zuschreibungen: Von „Gott" im Unterschied zu allem anderen wird gesagt, er sei gütig, barmherzig und treu. Was ist damit gesagt, daß all dies von „Gott" behauptet wird? Das wird durch die Ausdrücke festgelegt, die das Wort „Gott" als solches erläutern, Ausdrücke wie unendlich, allgegenwärtig, allwissend, ewig, allmächtig. Diese Kennzeichnungen Gottes sind schon vorausgesetzt, damit die Offenbarung Gottes in seinem Handeln überhaupt als Offenbarung *Gottes* verstehbar wird. Von dem so beschriebenen Gott nämlich wird gesagt, er sei gnädig, barmherzig, geduldig und von großer Güte.

In diesem Sinne hat Hermann Cremer 1897 die „in der Offenbarung sich erschließenden Eigenschaften" der Heiligkeit, Gerechtigkeit, Güte, Weisheit und Barmherzigkeit Gottes unterschieden von den mit dem Gottesbegriff schon vorausgesetzten, in ihm schon „enthaltenen" Eigenschaften der Allmacht, Allgegenwart, Allwissenheit, Unveränderlichkeit und Ewigkeit (Die christliche Lehre von den Eigenschaften Gottes 34 ff., 77 ff.). Cremer hat damit die in der Geschichte der Gotteslehre viel verhandelte Frage nach Kriterien für eine Gliederung bei der Darstellung der Eigenschaften Gottes auf eine völlig neue Grundlage gestellt. Die bis dahin üblichen Einteilungen unterschieden zumeist zwischen Eigenschaften, die dem Wesen Gottes in sich selber, und solchen, die ihm im Verhältnis zur Welt

425 zukommen.[3] Schleiermacher hatte dagegen eine neue Einteilung der Eigenschaften nach den unterschiedlichen Beziehungen der göttlichen Ursächlichkeit zu Schöpfung, Sünde, Erlösung und Vollendung des Menschen und der Welt begründet.[4] Diese Einteilung brach mit der Regel, daß die Eigenschaften dem göttlichen Wesen in *allen* seinen Beziehungen zur Welt zukommen müssen, weil sie doch als Eigenschaften des einen Wesens Gottes ausgesagt werden. Die von Schleiermacher vorgenommene Aufteilung der Eigenschaftsaussagen war denn auch nur möglich, weil er diese Aussagen gar nicht auf das Wesen Gottes, sondern nur auf seine Ursächlichkeit in den verschiedenen Bereichen seiner Tätigkeit bezog. Cremer hat gegen „die Unterscheidung verschiedener Gebiete für die Bethätigung der Eigenschaften" mit Recht den

Einwand erhoben, daß „in der Offenbarung sich das ganze Wesen Gottes bethätigt und erschließt" (33), so daß „in jeder Eigenschaft alle andern mitgesetzt sind" (32, vgl. 19). Gegen die Unterscheidung von Eigenschaften, die Gott an und für sich eignen, von solchen, die ihm in Beziehung zu den Geschöpfen zukommen, machte er geltend, daß Verhalten und Wesen Gottes untrennbar zusammengehören: Sein Verhalten ist „die vollendete Bethätigung seines Wesens" (19). Das entspricht der im dritten Abschnitt dieses Kapitels entwickelten Einsicht in die relationale Struktur des Wesensbegriffs selbst. An die Stelle der *ontologisch* gemeinten Unterscheidung zwischen Eigenschaften des göttlichen Wesens für sich und solchen, die im Verhältnis zur Schöpfung begründet sind, setzte Cremer die *aussagenlogische* Unterscheidung zwischen dem im Akt der Zuschreibung von Eigenschaften schon vorausgesetzten Begriff ihres Gegenstandes und den ihm zugeschriebenen Prädikaten selbst. Aber sogar im Hinblick auf diesen Unterschied hielt Cremer daran fest, daß alle Eigenschaften Gottes aus seinem Offenbarungshandeln zu erkennen seien; denn der vorausgesetzte Gottesbegriff erhalte doch „seinen wirklichen Inhalt" erst aus der Offenbarung, die „uns erschließt, was Gott sein heißt" (32).

Der Begriff des göttlichen Wesens wird erst durch die ihm zugeschriebenen Eigenschaften konkret bestimmt. Abgesehen davon ist er unvollständig.

426 Das ändert aber nichts daran, daß eine allgemeine Vorstellung von „Gott überhaupt" schon Voraussetzung der Zuschreibung von Eigenschaften aufgrund göttlichen Offenbarungshandelns ist. So ist ja auch im biblischen Reden von Gott eine Vorstellung von Gott überhaupt *(elohim, theos)* schon vorausgesetzt in Aussagen wie der, daß Jahwe allein Gott ist (Jes 43,10f., 44,6) oder daß der „Vater" Jesu Christi der „lebendige und einzig wahre Gott" ist (1 Thess 1,9). Dementsprechend behauptet die christliche Gotteslehre, daß niemand anders als der trinitarische Gott in der Gemeinschaft von Vater, Sohn und Heiligem Geist der eine, wahre Gott ist. Sie faßt damit den Inhalt der Selbstoffenbarung Gottes in der Ökonomie seines Heilshandelns, das in der Erscheinung des Sohnes kulminiert, zusammen. Daß dieser trinitarische Gott der eine wahre Gott ist, wird in den Aussagen über die Eigenschaften seines Wesens zum Ausdruck gebracht. Der Vorbegriff von „Gott überhaupt", auf den diese Eigenschaftszuschreibungen bezogen werden, ist nicht selber schon der in der Ökonomie seiner Heilsoffenbarung handelnde Gott. Sein konkretes Wesen wird erst durch

die Zuschreibung seiner Eigenschaften erfaßt, ursprünglich in der doxologischen Sprache des Hymnus, der den in seinem geschichtlichen Handeln sich erweisenden Gott lobt und ehrt.[5]

[1] D. Staniloae, Orthodoxe Dogmatik, Einsiedeln, Gütersloh 1985, 267, spricht von drei „Subjekten, die füreinander vollkommen transparent, durchschaubar sind". J. Moltmann kommt einer solchen Auffassung nahe, obwohl er betont, daß die drei trinitarischen Personen „nicht als drei verschiedene Individuen aufzufassen sind, die erst nachträglich in Beziehungen zueinander treten" (Trinität und Reich Gottes 191). Ausdrücklich von „drei Subjekten" spricht auch W. Kasper (Der Gott Jesu Christi, 1982, 352). Der Vorschlag von R. W. Jenson (The Triune Identity, Philadelphia 1982, 108 ff.), von drei *Identitäten* statt von drei Hypostasen zu sprechen, berücksichtigt nicht das Moment der gegenseitigen Selbstunterscheidung, das doch wohl dazu nötigt, am Subjektbegriff festzuhalten.
[2] AaO. 352. Nach W. Kasper aaO. „folgert Rahner zu schnell" aus der Einheit des göttlichen Bewußtseins, daß es „keine drei Bewußtseins- und Aktzentren" in Gott geben könne. Immerhin sagt Rahner selbst nur: „. . . es gibt keine drei Bewußtseine, sondern das eine Bewußtsein subsistiert in dreifacher Weise; es gibt nur ein reales Bewußtsein in Gott, das vom Vater, Sohn, Geist in je der eignen Weise gehabt wird" (Myst. Sal. 2,387). Im Anschluß an B. Lonergan präzisiert Rahner, daß unbeschadet dieser Einsicht „jede der göttlichen ‚Personen' die beiden anderen ‚bewußt' hat" (ebd. Anm. 29). Ob damit der gegenseitige Selbstunterscheidung der drei Personen hinreichend Rechnung getragen werden kann, wenn kein Unterschied zwischen Subjekt und Objekt in Gott stattfinden soll, bleibt jedoch fraglich.
[3] C. H. Ratschow: Lutherische Dogmatik zwischen Reformation und Aufklärung 2, 1966, 73 f. zit. dazu als Beispiele die Einteilungen der Eigenschaften Gottes in immanente und exerente bei A. Calov und D. Hollaz. Analog dazu ist die Unterscheidung in absolute und relative bzw. in mitteilbare und nichtmitteilbare Eigenschaften Gottes zu verstehen, die in der altreformierten Dogmatik bevorzugt wurde (H. Heppe/E. Bizer: Die Dogmatik der ev.-reformierten Kirche, Neukirchen 1958, 56 ff.). Beispiele aus der neueren Theologie hat K. Barth KD II/1,377 ff. bes. 383 zusammengestellt. Die Einteilung der Eigenschaften unter dem Gesichtspunkt des Seins Gottes in sich selber einerseits, des Verhältnisses zur Welt andererseits findet sich auch in der römisch-katholischen Dogmatik. Siehe z. B. M. J. Scheeben: Handbuch der Katholischen Dogmatik 2 (Ges. Schriften IV) 3. Aufl. Freiburg 1948, 51 ff. (§ 70).
[4] Fr. Schleiermacher: Der christliche Glaube, 2. Ausg. 1830, § 50,3. Der Leitsatz des § 50 sagt ausdrücklich, daß die „Eigenschaften, welche wir Gott beilegen . . . nicht etwas besonderes in Gott bezeichnen, sondern nur etwas besonderes in der Art, das schlechthinnige Abhängigkeitsgefühl auf ihn zu beziehen". Daraus ergibt sich die für Schleiermacher charakteristische Verteilung der Eigenschaftslehre über die ganze Dogmatik. G. Ebelings positive Würdigung dieses Verfahrens ist auf seine mehr als problematische Voraussetzung nicht eingegangen (Schleiermachers Lehre von den göttlichen Eigenschaften, in: Wort und Glaube 2, Tübingen 1969, 305–342, 327 ff., bes. 332 f.).
[5] Zur Bedeutung der Doxologie für die dogmatische Lehre von Gott siehe E. Schlink: Die Struktur der dogmatischen Aussage als ökumenisches Problem

(1957), in ders.: Der kommende Christus und die kirchlichen Traditionen, Göttingen 1961, 24—79, bes. 26 ff., 33, sowie ders.: Ökumenische Dogmatik, Göttingen 1983, 725 ff.

[a] Zu „Selbstunterscheidung" s. S. 340, Anm. 170: Der Begriff „Selbstunterscheidung" wird in der Trinitätstheologie seit dem 19. Jh. verwendet, aber fast durchweg einseitig im Sinne der Hervorbringung einer zweiten und dritten Person der Gottheit durch den Vater. Ausgehend von der Selbstunterscheidung des Sohnes gegenüber dem Vater sollte der Ausdruck jedoch in anderem Sinne, nämlich so verwendet werden, daß der sich selbst von anderem Unterscheidende damit sich selber zugleich als *abhängig* bestimmt von dem anderen, von dem er sich unterscheidet.

Dialogtexte der Ökumene

Vorbemerkung

Die Sammlungen ökumenischer Dialogtexte und die Darstellungen gegenseitiger Lehrverurteilungen zeigen, daß das Bekenntnis zum einen und dreieinigen Gott unter den getrennten christlichen Kirchen, sieht man vom Problem des „Filioque" ab, am wenigsten umstritten ist. Ein neueres Handbuch ökumenischer Basistexte[a] nennt an erster Stelle:
1. Das ökumenische Glaubensbekenntnis, Text von 381 (Text Nr. 55);
2. Das Apostolische Glaubensbekenntnis (DS 30, NR 911);
3. Das sogenannte „Athanasianische" Glaubensbekenntnis, Symbolum Quicumque (Text Nr. 56–57).

[a] Gemeinsam glauben und bekennen. Handbuch zum Apostolischen Glauben, hrsg. von H.-G. Link (Neukirchen–Paderborn 1987), 37–44. Vgl. auch Glaubensbekenntnis und Gotteslob der Kirche, hrsg. von W. Beinert – K. Hoffmann – H. von Schade (Freiburg 1971).

Confessio Augustana (1530)
189 Das Bekenntnis der Reformation

Text: Gemeinsam glauben und bekennen. Handbuch zum Apostolischen Glauben, hrsg. von H.-G. Link (Neukirchen–Paderborn 1987), 48–59.

Das vor allem von Philipp Melanchthon verfaßte Bekenntnis, nicht für die Liturgie bestimmt, versteht sich im Dienst der kirchlichen Kontinuität und Einheit, nicht als Lehrtext einer Kirchenspaltung.

Artikel 1
Von Gott

49 Zuerst wird gemäß dem Beschluß des Konzils von Nizäa (325) einmütig gelehrt und festgehalten, daß ein einziges göttliches Wesen sei, das Gott genannt wird und wahrhaftig Gott ist und doch drei Personen in diesem *einen* göttlichen Wesen sind, jede gleich mächtig, gleich ewig: Gott Vater, Gott Sohn, Gott Heiliger Geist. Alle drei sind *ein* göttliches Wesen, ewig, unteilbar, unbegrenzt, von unermeßlicher Macht, Weisheit und Güte, *ein* Schöpfer und Erhalter aller sichtbaren und unsichtbaren Dinge. Unter dem Wort ‚Person' wird nicht ein Teil oder eine Eigenschaft von etwas anderem verstanden, sondern etwas, das in sich eigenständig ist, so

wie die Kirchenväter diesen Begriff in dieser Sache gebraucht haben. Deshalb werden alle Ketzereien verworfen, die diesem Artikel widersprechen, wie die Manichäer, die zwei Götter annehmen: einen bösen und einen guten; ebenso die Valentinianer, Arianer, Eunomianer, Muslime und alle, die ähnlich denken. Verworfen werden auch die Samosatener, die alten und die neuen, die nur eine Person annehmen und über die beiden anderen, nämlich ‚das Wort' und den Heiligen Geist, die spitzfindige Ansicht vertreten, es seien nicht ‚unterschiedliche Personen', sondern ‚das Wort' bedeute so viel wie gesprochenes (urspr.: leiblich) Wort oder Stimme, und der Heilige Geist sei eine erschaffene Regung in den Geschöpfen.

Die 39 Artikel der Kirche von England (1562)
190 Anglikanisches Bekenntnis
>Text: Gemeinsam glauben und bekennen 60–68.
>
>In den Artikeln ist das Bekenntnis der Kirche von England formuliert, das innerhalb der anglikanischen Kirche in England, Irland, Australien und in einigen Ländern Afrikas das offizielle Lehrbekenntnis ist.

60 *1. Vom Glauben an die heilige Dreieinigkeit*
Es ist ein einiger, lebendiger und wahrer Gott, ewig, unkörperlich, ungeteilt, leidlos, von unermeßlicher Macht, Weisheit und Güte, der Schöpfer und Erhalter aller Dinge, der sichtbaren wie der unsichtbaren. Und in der Einheit dieser göttlichen Natur sind drei Personen von demselben Wesen, derselben Macht und derselben Ewigkeit, der Vater, der Sohn und der Heilige Geist.

Bekenntnis des Patriarchen Dositheos
Synode von Jerusalem 1672
191 Orthodoxes Bekenntnis
>Text: Gemeinsam glauben und bekennen 78–85.
>
>Das Bekenntnis, mit veranlaßt von den Patriarchen von Konstantinopel und Alexandrien, sollte nicht die ehrwürdigen altkirchlichen Symbola, die Basistexte der Orthodoxie, ersetzen, sondern protestantisierende Tendenzen abwehren.

79 *1. Trinität*
Wir glauben an Einen wahren Gott, den allmächtigen und unermeßlichen Vater, Sohn und Heiligen Geist; den ungezeugten Va-

ter, den Sohn gezeugt vom Vater vor aller Zeit, gleichen Wesens mit ihm, den Heiligen Geist, der vom Vater ausgeht, gleichen Wesens mit dem Vater und dem Sohne. Diese drei Hypostasen in Einem Wesen nennen wir die allerheiligste Trinität, die von aller Kreatur immer gepriesen, verherrlicht und angebetet wird.

Der Glaube der wiedervereinigten Kirche (1923)
192 Ein Bekenntnis aller Christen

Antworten auf eine Anfrage der Weltkonferenz für Glauben und Kirchenverfassung, zusammenfassender Bericht.
Text: Gemeinsam glauben und bekennen 91—95.

In der Vorbereitung der Weltkonferenz von Lausanne 1927 machte ein Themaausschuß den Versuch, die Mitgliedskirchen des Ökumenischen Rates nach Wünschbarkeit und Inhalt eines gemeinsamen Glaubensbekenntnisses aller Christen zu befragen. Die Antworten wurden 1923 in Oxford in 15 Abschnitten zusammengefaßt.

92 Es ist anerkannt, daß die Kirche durch den in Jesus Christus geoffenbarten Willen Gottes gegründet ist und von demselben Willen erhalten wird. Uns bleibt nur die Aufgabe festzusetzen, was von menschlicher Seite für die Einheit und das Leben der Kirche notwendig ist.

1. Es ist anerkannt, daß der Glaube des Herzens an Gott, wie er sich den Menschen durch seinen Sohn Jesus Christus geoffenbart hat, für jedes Glied der Kirche notwendig ist und daß diese Offenbarung den Herzen durch seinen Heiligen Geist nahegebracht werden muß.

2. Die in den historischen Glaubensbekenntnissen enthaltene Formel „ich glaube an" bedeutet mehr als eine intellektuelle Zustimmung zu einer Aussage oder zu Aussagen; sie bedeutet vielmehr Vertrauen und Hingabe an eine Person, deren

93 Wesen durch die daraufffolgenden Namen, Eigenschaften und Aussagen dargetan ist. „Ich glaube an Gott, den Vater" – dies bedeutet z. B. nicht und auch nicht in erster Linie: „Ich glaube, daß Gott der Vater ist", sondern: „Ich traue ganz auf Gott, der mein Vater ist, und gebe mich ihm völlig hin." Darum sehen die Menschen, die den historischen Glaubensbekenntnissen mit Verständnis begegnen, darin nicht die gedrängte Formulierung einer intellektuellen Stellungnahme, sondern ein Mittel, durch das einzelne und Gruppen von Menschen jenen Glauben, der eben des Herzens Vertrauen zu einer Person ist, wahrhaftig bekennen können.

3. Dieses „Vertrauen des Herzens" schließt jedoch auch intellektu-

elle Seiten in sich. Das Bedürfnis, diese Seite zum Ausdruck zu bringen, wechselt mit den verschiedenen Zeiten und auch mit den Fähigkeiten derer, die das Bekenntnis ablegen.

4. Solche Darlegungen von des Herzens Vertrauen auf Gott, in denen die intellektuelle Seite mehr oder minder entwickelt ist, nehmen zumeist die Form an, der der Name *Glaubensbekenntnis* (creed) beigelegt worden ist. Es gab Glaubensbekenntnisse zu verschiedenen Zwecken, von denen wir hier nur vier behandeln, nämlich: 1. Das Bekenntnis des Glaubens bei der Taufe (Tauf- oder Anfängerbekenntnis) und damit verbunden der Unterricht vor der Taufe oder vor der Aufnahme in die volle Zugehörigkeit zur Kirche; 2. der Schutz der Kirche gegen falsche Lehre (Bekenntnisse der Konzilien oder der Kirchenlehrer); 3. Bekenntnis des Glaubens an Gott, hauptsächlich im öffentlichen Gottesdienst; 4. Bekenntnis des Glaubens als Zeugnis vor den Menschen (für diesen Zweck wurden auch längere Darlegungen wie die Konfessionen des Reformationszeitalters benutzt).

5. Von den ältesten Zeiten an wurde solch ein mündlicher Ausdruck dieses Glaubens oder dieses „Vertrauens des Herzens" vor der Aufnahme in die Kirche als notwendig erachtet. Daraus erwuchsen die Taufbekenntnisse. Die Erfahrungen, die sowohl beim Taufunterricht von erwachsenen Bekehrten aus anderen Religionen als auch beim Unterricht von in der Kindheit getauften einfachen Menschen gemacht wurden, sind der Beachtung wert. Beide Formen des Unterrichts zeigen immer wieder, daß es gut ist, die Lehre von dem Herrn Jesus Christus den Menschen durch die Tatsachen seines Lebens nahezubringen. Hier treffen praktischer Vorteil und Reinheit der Lehre zusammen.

6. Wo heute ein Glaubensbekenntnis für die in Abschnitt 5 besprochenen Zwecke benutzt wird, kommt meist das Apostolikum zur Anwendung, ausgenommen in der Orthodoxen Kirche, die das Nizänum verwendet. Wo kein Glaubensbekenntnis benutzt wird, folgt der Unterricht im christlichen Glauben vor der Taufe und das Bekenntnis des Glaubens bei der Taufe oder bei der Aufnahme in die volle Mitgliedschaft der Kirche den Hauptlinien des Apostolikums. Doch gehen sowohl dieser Unterricht als auch dieses Bekenntnis oft noch mehr ins einzelne.

7. Wir halten es für möglich, sich dahin zu einigen, daß das Glaubensbekenntnis bei der Taufe abgelegt wird, entweder in Form des Apostolikums oder des Nizänums oder durch die Annahme des Inhalts eines dieser Bekenntnisse, je nach dem Beschluß der einzelnen Kirche.

8. Die Kirche handelt weise, wenn sie neben einer Darlegung, durch die die jungen Christen ihres Herzens Vertrauen zu Gott bekennen können, auch gelehrtere und ausführlichere Darlegungen zur Verfügung hat, die zur Wegleitung ihrer Lehrer und zur Vermeidung von Irrtum dienen. Man wird darüber einig sein, daß der Heilige Geist der Kirche jeweils die beste Antwort auf die aktuellen Fragen der Zeit gegeben hat. Diese Darlegungen variierten zwischen verhältnismäßig kurzen Bekenntnissen, die sich in Länge oder Inhalt sehr wenig von den Taufbekenntnissen unterschieden, und sehr langen Ausführungen, die zuweilen Konfessionen genannt wurden. Während solche Glaubensdarlegungen für jede Kirche in ihrer Eigenschaft als lehrende Kirche zur Unterweisung und Wegleitung ihrer Lehrer und zur Erklärung ihres Lehrauftrages notwendig sind, ist der Platz, den sie innerhalb der ganzen Kirche einnehmen, durch die Wichtigkeit der behandelten Probleme bestimmt.

9. Das Nizänum war bei seiner Entstehung eine Darlegung dieser Art. Es steht in vielen Kirchen noch heute an erster Stelle, wenn auch die meisten Kirchen die Lehre, die ihre Lehrer zu verkünden beauftragt sind, ausführlicher auslegen, als es in diesem Bekenntnis geschieht. Die Vereinigte Kirche wird zu prüfen haben, wie sie in ihrer Lehre die Geschlossenheit der dogmatischen Formulierung gewinnen kann, die jenes Bekenntnis aufweist. In der Zwischenzeit aber wird man sich wohl darauf einigen können, daß diese Lehre als ihren Mittelpunkt den Inhalt des Apostolikums und des Nizänums enthalten soll.

Gemeinsames Bekenntnis zum dreieinigen Gott (1981)

193 Einigung im Blick auf die Quellen

Erklärung der Gemeinsamen Ökumenischen Kommission (in der Bundesrepublik Deutschland) zur 1600-Jahr-Feier des Glaubensbekenntnisses von Nicaea−Konstantinopel.

Text: Gemeinsam glauben und bekennen 236−238.

Zu Beginn ihrer Tätigkeit im Mai 1981 verabschiedete die Gemeinsame Ökumenische Kommission aller evangelischen Kirchen und der römisch-katholischen Kirche in der Bundesrepublik Deutschland die hier vollständig abgedruckte Erklärung (Entwurf: E. Jüngel und W. Kasper). Die anderen Mitgliedskirchen der Arbeitsgemeinschaft christlicher Kirchen in der Bundesrepublik und in Westberlin traten dieser Erklärung bei.

236 1.
Um die Wahrheit des Evangeliums zu bezeugen und die Liebe des dreieinigen Gottes zu preisen, hat die Kirche vor 1600 Jahren mit feierlichen Worten den christlichen Glauben bekannt. Aus einem die damalige Christenheit zutiefst erschütternden Streit um die Person Jesu Christi und um die Wirklichkeit des Heiligen Geistes ging auf den Konzilien von Nizäa (325) und Konstantinopel (381) das sogenannte „Nizänische Glaubensbekenntnis" hervor. In ihm bekannte die

237 Kirche, wer der Gott ist, an den die Christen glauben und dem wir im Leben und im Sterben vertrauen dürfen: „Wir glauben an den einen Gott, den *Vater,* den Allmächtigen ... und an den einen *Herrn Jesus Christus,* Gottes eingeborenen Sohn ... Gott von Gott, Licht vom Licht, wahrer Gott vom wahren Gott ... Wir glauben an den *Heiligen Geist,* der Herr ist und lebendig macht."
2.
Dieses Bekenntnis zum dreieinigen Gott ist das einzige ökumenische Glaubensbekenntnis, das die östliche und die westliche, die römisch-katholische und die reformatorische Christenheit durch alle Trennungen hindurch verbindet. Es ist der Gemeinde heute vor allem aus dem Gottesdienst vertraut. Von alten und neuen Meistern ist es immer wieder für die musikalische Darbietung in der Messe vertont worden. Diese gemeinsam bezeugte Wahrheit des Evangeliums zeigt, daß die Trennung unserer Kirche nicht bis in die Wurzel gegangen ist. Die Gemeinsamkeit im Bekenntnis zum dreieinigen Gott ist unaufgebbare Bedingung für die Einheit der einen, heiligen, katholischen und apostolischen Kirche.
3.
Die Kirche formuliert ihren Glauben immer dann in feierlichen Bekenntnissen, wenn sie die Wahrheit des Evangeliums und damit die Identität des Christentums gegen Unglauben, Irrglauben oder Aberglauben verteidigen muß. Solche Bekenntnisse sagen die Wahrheit des Evangeliums in der Sprache ihrer Zeit verbindlich aus. Ihre Wahrheit muß immer wieder durch die Verkündigung des Evangeliums ausgelegt und durch unseren eigenen Lebensvollzug bezeugt werden. Dann gewinnt der alte Text auch in unseren Gemeinden neue Kraft.
4.
Mit dem Nizänischen Glaubensbekenntnis glauben und bekennen wir, daß der Allmächtige, *der Schöpfer des Himmels und der Erde,* der von Ewigkeit her der Vater Jesu Christi ist, auch unser Vater ist. Nach seinem väterlichen Willen dürfen wir uns der Welt als

Gottes guter Schöpfung erfreuen. Von ihm sind wir in die Verantwortung zur Gestaltung der Welt gerufen. In der zerstörerischen Bedrohung der Welt als Schöpfung müssen wir die Macht der Sünde erkennen. Sie ruft nach der erlösenden Kraft Christi, in der Gott seine Treue zur Schöpfung durchhält.

Mit dem Nizänischen Glaubensbekenntnis glauben und bekennen wir, daß in der Person Jesu Christi *Gott selbst* Mensch geworden und im Leben und Sterben dieses einen Menschen aus dem Volk Israel für alle Menschen da ist. Gegen die welt- und selbstzerstörerische Macht unserer Sünde hat *Gott selbst* in der Person Jesu Christi seine schöpferische Liebe durchgesetzt, als er das Kreuz von Golgotha auf sich nahm, um mit uns für uns zu leiden. Im Sterben und in der Auferweckung Jesu Christi hat *Gott selbst* dem Tode die Macht genommen, um in das Dunkel unseres Lebens und in die Finsternis unseres Sterbens das Licht des ewigen Lebens zu bringen. Als wahrer Gott und wahrer Mensch vertritt er uns als unser Mittler und Fürsprecher beim Vater. Deshalb glauben wir an Jesus Christus als unseren Herrn und Gott und preisen ihn als „Gottes eingeborenen Sohn", „Licht vom Licht, wahrer Gott vom wahren Gott, gezeugt, nicht geschaffen, eines Wesens mit dem Vater ... Für uns Menschen und zu unserem Heil ist er vom Himmel gekommen, hat Fleisch angenommen durch den Heiligen Geist von der Jungfrau Maria und ist Mensch geworden."

Mit diesen und mit unseren eigenen Worten bekennen wir, daß Jesus Christus nicht nur Lehrer und Vorbild für unser Tun, sondern die unser Dasein von Grund auf erneuernde Liebe Gottes in Person ist. Wer sich auf ihn verläßt, hört auf, sich selbst der Nächste zu sein. Er wird in christlicher Freiheit sein Leben als Dienst für Gott und für den Nächsten leben und sich so für Gerechtigkeit, Frieden und Freiheit aller Menschen einsetzen.

Mit dem Nizänischen Glaubensbekenntnis glauben und bekennen wir, daß im Heiligen Geist *Gott selbst* in unsere Herzen kommt und in befreienden Worten und Taten unter uns wirkt. Es ist der Geist Gottes, der inmitten einer sich mit kleinen und großen Lebenslügen betrügenden Menschheit für die Wahrheit spricht, die uns frei macht. Es ist *Gott selbst*, der als Geist der Einheit seine Kirche sammelt und sendet, in ihr wirkt durch Wort und Sakrament, der Charismen erweckt, in Ämter beruft und als schöpferischer Geist seine Kirche immer wieder erneuert. Es ist *Gott selbst*, der als lebendigmachender Geist in unserer immer stärker gefährdeten Welt Menschen zur Hoffnung beruft auf sein ewiges Reich, auf „die Auferstehung der Toten und das Leben der kommenden

Welt", und der uns darin zum Dienst in seiner Schöpfung ermutigt.

In dieser Zuversicht bekennen wir mit der Alten Kirche, daß Christus vom Vater her den Heiligen Geist sendet, „der mit dem Vater und dem Sohn zugleich angebetet und verherrlicht wird".

5.

Die christliche Kirche hat seinerzeit in Nizäa und Konstantinopel mit dem trinitarischen Bekenntnis die Wahrheit des Evangeliums verteidigt. Wie damals, so legt die Kirche auch heute die Heilige Schrift aus, wenn sie Gott als Vater, Sohn und Heiligen Geist anbetet und verkündigt und ihre Gottesdienste im Namen des dreieinigen Gottes feiert.

Die Christenheit bezeugt damit, daß diese Welt und die Menschheit in ihr nicht sich selber überlassen sind, sondern einen göttlichen Schöpfer, Versöhner und Erlöser haben. So wie Gott als Vater, Sohn und Geist in sich selbst kein einsames Wesen ist, so überläßt er auch uns nicht unserer sei es frommen, sei es gottlosen Selbstbezogenheit und Einsamkeit. Der dreieinige Gott ist ewige Liebe. Er macht seine Kirche zum Zeichen und Werkzeug neuer versöhnter Gemeinschaft. Das Bekenntnis zum dreieinigen Gott ist deshalb die stärkste Verpflichtung, nach der vollen Einheit der getrennten Kirche zu suchen.

Wie vor 1600 Jahren das Nizänische Bekenntnis die zerstrittene Christenheit einte, so sollte es auch für uns Anlaß sein, dafür zu beten und zu arbeiten, daß die noch vorhandenen Kirchentrennungen überwunden werden. Der dreieinige Gott will durch eine einige Christenheit geehrt sein.

Auswahlbibliographie

(chronologisch geordnet)

I. Gotteslehren

Rahner K., Gott V. Lehre des kirchlichen Lehramtes, VI. Tradition, in: LThK IV (1960), 1080–1087.
Ders., Gotteslehre: ebd. 1119–1124.
Ders., Der dreifaltige Gott als transzendenter Urgrund der Heilsgeschichte, in: MySal II (1967), 317–401.
Ott H., Gott (Stuttgart 1971).
Krings H., Simons E., Gott, in: HPhG II (1973), 614–641.
Burkert W. u. a., Gott, in: HWPh III (1974), 721–814.
Auer J., Gott – Der Eine und Dreieine = Kleine Katholische Dogmatik, von J. Auer und J. Ratzinger, Bd. II (Regensburg 1978).
Vorgrimler H., Gott, in: Katholisches Soziallexikon, hrsg. v. A. Klose u. a. (Innsbruck–Graz 1980), 359–369.
Kasper W., Der Gott Jesu Christi (Mainz 1982, ²1983).
Splett J., Breuning W., Gott/Trinität, in: NHThG II (1984), 122–149.
Lanczkowski G. u. a., Gott, in: TRE XIII (1984), 601–708.
Hill E., The mystery of the Trinity (Introducing catholic theology) (London 1985).
Vorgrimler H., Theologische Gotteslehre (Düsseldorf 1985).
Boff L., Der dreieinige Gott (Düsseldorf 1987) (Bibliothek Theologie der Befreiung).
Leuze R., Gotteslehre (Stuttgart 1988).
Neue Summe Theologie, Bd. 1: Der lebendige Gott (Freiburg 1988) (Deutsche Ausgabe der „Initiation à la pratique de la théologie", hrsg. v. P. Eicher).
O'Donnell J. J., The mystery of the triune God (London 1988).
Pannenberg W., Systematische Theologie, Bd. I (Göttingen 1988).

II. Abhandlungen zur Gottesthematik in theologischer Fragestellung

Balthasar H. U. von, Wahrheit (Einsiedeln 1947).
Peterson E., Der Monotheismus als politisches Problem, in: Ders., Theologische Traktate (München 1951), 45–147.
Lohse E., prosopon, in: ThWNT VI (1959), 769–781.
Scholem G., Von der mystischen Gestalt der Gottheit (Zürich 1962).
Schaefer A. (Hrsg.), Der Gottesgedanke im Abendland (Stuttgart 1964).
Breuning W., Trinitätslehre, I. In der kath. Theologie, in: LThK X (1965), 360–362.
Mühlen H., Der Heilige Geist als Person. Beitrag zur Frage nach der dem Heiligen Geist eigentümlichen Funktion in der Trinität, bei der Inkarnation und im Gnadenbund (Münster ³1966).
Scholem G., Die jüdische Mystik in ihren Hauptströmungen (Frankfurt 1967).
Balthasar H. U. von, Der Zugang zur Wirklichkeit Gottes, in: MySal II (1967), 1–45.
Huonder Qu., Die Gottesbeweise. Geschichte und Schicksal (Stuttgart 1968).
Schillebeeckx E., Gott – die Zukunft des Menschen (Mainz 1969).
Mühlen H., Die Veränderlichkeit Gottes als Horizont einer zukünftigen Christologie (Münster 1969).
Krings H., Freiheit. Ein Versuch, Gott zu denken, in: Philosophisches Jahrbuch 77 (1970), 225–237.

Kitamori K., Theologie des Schmerzes Gottes (Göttingen 1972).
Mayr F. K., Patriarchalisches Gottesverständnis? Historische Erwägungen zur Trinitätslehre, in: ThQ 152 (1972), 224−255.
Simonis W., Trinität und Vernunft. Untersuchungen zur Möglichkeit einer rationalen Trinitätslehre bei Anselm, Abaelard, den Viktorinern, A. Günther und J. Frohschammer (Frankfurt 1972).
Ratzinger J. (Hrsg.), Die Frage nach Gott (Freiburg ⁴1973) = QD 56.
Maas W., Unveränderlichkeit Gottes als dogmatisches Problem (München−Paderborn 1974).
Barbel J., Einführung in die Dogmengeschichte (Aschaffenburg 1975).
Grillmeier A., Mit ihm und in ihm (Freiburg ²1975), 283−300 (zur Entwicklung des theol. Personbegriffs).
Rahner K., Um das Geheimnis der Dreifaltigkeit, in: SchrTh XII (1975), 320−325.
Margerie B. de, La Trinité chrétienne dans l'Histoire (Paris 1975).
Brunner A., Dreifaltigkeit. Personaler Zugang zum Geheimnis (Einsiedeln 1976).
Falaturi A., Petuchowski J. J., Strolz W. (Hrsg.), Drei Wege zu dem einen Gott. Glaubenserfahrung in den monotheistischen Religionen (Freiburg 1976).
Hemmerle K., Thesen zu einer trinitarischen Ontologie (Einsiedeln 1976).
Concilium 13 (1977) Heft 3: Ein persönlicher Gott?
Duquoc C., Dieu différent. Essai sur la symbolique trinitaire (Paris 1977).
Swineburne R., The Coherence of Theism (Oxford 1977).
Wipfler H., Grundfragen der Trinitätsspekulation. Die Analogiefrage in der Trinitätstheologie (Regensburg 1977).
Beinert W., Wenn Gott zu Wort kommt (Freiburg 1978).
Küng H., Existiert Gott? (München 1978).
Verweyen H., Nach Gott fragen (Essen 1978).
Bracken J. A., What are they saying about the Trinity? (New York 1979).
Röper A., Ist Gott ein Mann? (Düsseldorf 1979).
Swineburne R., The Existence of God (Oxford 1979).
Berner U., Trinitarische Gottesvorstellungen im Kontext theistischer Systembildungen, in: Saeculum 31 (1980), 93−111.
Brantschen J.-P., Die Macht und Ohnmacht der Liebe, in: FZPhTh 27 (1980), 224−246.
Pannenberg P., Grundfragen systematischer Theologie, Bd. II (Göttingen 1980), 80−85 (Person und Subjekt), 96−111 (die Subjektivität Gottes- und die Trinitätslehre), 112−128 (der Gott der Geschichte).
Blandino G., Immutabilità e mutabilità di Dio, in: Asprenas 28 (1981), 57−75.
Concilium 17 (1981) Heft 3: Gottvater?
Koslowski P., Politischer Monotheismus oder Trinitätslehre?, in: ThPh 56 (1981), 70−91.
Rössner H. (Hrsg.), Der nahe und der ferne Gott. Nichttheologische Texte zur Gottesfrage im 20. Jh. Mit einer Einleitung von L. Kolakowski (Berlin 1981).
Dalferth U., Jüngel E., Person und Gottebenbildlichkeit, in: Christlicher Glaube in moderner Gesellschaft, Bd. 22 (Freiburg 1982), 57−99.
Jensen R. W., The Triune Identity (Philadelphia 1982).
Thoma C., Die theologischen Beziehungen zwischen Christentum und Judentum (Darmstadt 1982) = Grundzüge 44.
Widmann P., Theistische Theologie (München 1982).
Moltmann J., Ich glaube an Gott den Vater: EvTh 43 (1983), 397−415.
Freddoso A. J. (Hrsg.), The Existence and Nature of God (Notre Dame−London 1983).
Auf der Suche nach dem unfaßbaren Gott (Freiburg 1984) = Christlicher Glaube in moderner Gesellschaft, Quellenband 7.
Bibliotheca Trinitariorum. Internationale Bibliographie trinitarischer Literatur. Bd. I: Autorenverzeichnis, hrsg. von E. Schadel unter Mitarbeit von D. Brunn und P. Müller (Paris−München 1984); Bd. II: Register und Ergänzungsliste, unter Mitarbeit von L. Bazinek (Paris−München 1988).
Breuning W. (Hrsg.), Trinität. Aktuelle Perspektiven der Theologie (Freiburg 1984) = QD 117.
Metz J. B., Im Angesichte der Juden. Christliche Theologie nach Auschwitz, in: Concilium 20 (1984), 382−389.
Meurers J., Gott − bist du? (Graz 1984).

Salman E., Wer ist Gott? Zur Frage nach dem Verhältnis von Person und Natur in der Trinitätslehre, in: MThZ 35 (1984), 245–261.
Böhnke M., Heinz H. (Hrsg.), Im Gespräch mit dem dreieinen Gott. Elemente einer trinitarischen Theologie (FS W. Breuning) (Düsseldorf 1985).
Bucher Th. G., Zur Entwicklung des Ontologischen Beweises nach 1960, in: J. Möller (Hrsg.), Der Streit um den Gott der Philosophen. Anregungen und Antworten (Düsseldorf 1985), 113–139.
Concilium 21 (1985) Heft 1: Der Monotheismus.
Rohls J., Die Persönlichkeit Gottes und die Trinitätslehre, in: EvTh 45 (1985) 124–139.
Schrofner E., Ist Gott beweisbar?, in: ZKTh 107 (1985), 299–309.
Staniloae D., Orthodoxe Dogmatik (Gütersloh 1985).
Werbick J., Person, in: NHThG 3 (München 1985), 339–350.
Bobrinskoy B., Le Mystère de la Trinité. Cours de théologie orthodoxe (Paris 1986).
Bourg D. (Hrsg.), L'être et Dieu (Paris 1986).
Creel R. E., Divine Impassibility. An essay in philosophical theology (Cambridge 1986).
Gordan P. (Hrsg.), Gott (Graz–Wien u. a. 1986) = Vorlesungen der Salzburger Hochschulwochen 1985.
Häring H., Zur Geschichte des Weiblichen in der Trinität, in: M.-Th. Wacker (Hrsg.), Der Gott der Männer und die Frauen (Düsseldorf 1987), 38–69.
Pannenberg W., Probleme einer trinitarischen Gotteslehre: in: W. Baier u. a., Weisheit Gottes – Weisheit der Welt (FS J. Ratzinger), Bd. I (St. Ottilien 1987), 329–341.
Vorgrimler H., Das Leiden Gottes, in: Theologie der Gegenwart 30 (1987), 20–26.
Weger K. H. (Hrsg.), Argumente für Gott. Gott-Denker von der Antike bis zur Gegenwart (Freiburg 1987).
Cipollone P., Studio sulla spiritualità trinitaria nei capitoli I–VII della „Lumen Gentium" (Rom 1986).
Y. Labbé, Essai sur le monothéisme trinitaire (Paris 1987).
Pavan A., A. Milano, Persona e Personalismi (Neapel 1987).
Wittschier St., Kreuz, Trinität, Analogie (Würzburg 1987).
Zwick E., Geschichte in Gott? Ein Versuch zur Begründung der Eigenwertigkeit von Geschichte: Eine Untersuchung über das Spannungsfeld von Trinität und Geschichte (St. Ottilien 1987).
Knapp M., Die Theorie des kommunikativen Handelns als Denkmodell für den trinitarischen Gottesbegriff?, in: J. Schreiner, K. Wittstadt (Hrsg.), Communio sanctorum (FS P.-W. Scheele) (Würzburg 1988), 323–337.
O'Donnell J., The trinity as divine community, in: Gr 69 (1988), 5–34.
Wohlmuth J., Zum Verhältnis von ökonomischer und immanenter Trinität, in: ZKTh 110 (1988), 139–162.
Forte B., Trinität als Geschichte (Mainz 1989).

III. Philosophie der Gottesthematik

Es handelt sich hier um relevante, z. T. größere Perioden ansprechende Titel in Auswahl (ohne Religionsphilosophie); weitere unter Väterzeit und Scholastik.

Antweiler A., Unendlich. Eine Untersuchung zur metaphysischen Wesenheit Gottes aufgrund der Mathematik, Philosophie, Theologie (Freiburg 1934).
Beierwaltes W., Platonismus und Idealismus (Frankfurt 1972).
Weischedel W., Der Gott der Philosophen, 2 Bde. (Darmstadt ³1975).
Brugger W., Summe einer philosophischen Gotteslehre (München 1979).
Kenny A., The God of Philosophers (Oxford 1979).
Fischer N., Zum Problem der Transzendenz in der platonischen Erkenntnislehre, in: ThPh 55 (1980). 384–403.
Schulz W., Der Gott der neuzeitlichen Metaphysik (Pfullingen ³1980).
Corbin H., Le paradoxe du monothéisme (Paris 1981).
Zintzen C. (Hrsg.), Der Mittelplatonismus (Darmstadt 1981).
Mackie J. L., The Miracle of Theism (Oxford 1982).

Blume H.-D., Mann F. (Hrsg.), Platonismus und Christentum (Münster 1983).
Muck O., Philosophische Gotteslehre (Düsseldorf 1983).
Weissmahr B., Philosophische Gotteslehre (Stuttgart 1983).
Ferber R., Platons Idee des Guten (St. Augustin 1984).
Beierwaltes W., Denken des Einen. Studien zur neuplatonischen Philosophie und ihrer Wirkungsgeschichte (Frankfurt 1985).
Haren M., Medieval Thought: The Western Intellectual Tradition from Antiquity to the 13th Century (London 1985).
Imbach R., M.-H. Méléard, Philosophes médiévaux. Anthologie de Textes philosophiques (XIIIe–XIVe siècles) (Paris 1986).
Flasch K., Einführung in die Philosophie des Mittelalters (Darmstadt 1987).
Immink F. G., Divine simplicity (Kampen 1987).
Baarda T. (Hrsg.), The knowledge of God in the Graeco-Roman world (Leiden 1988).
Helm P., Eternal God: a study of God without time (Oxford 1988).
Pannenberg W., Metaphysik und Gottesgedanke (Göttingen 1988).
Pailin D. A., God and the processes of reality: foundations of a credible theism (London 1989).
Wierenga E., The Nature of God: An Inquiry into Divine Attributes (Ithaca, London 1989).

IV. Übergreifende Abhandlungen zu Einzelaspekten

1. Altes Testament

Vorländer H., Mein Gott. Die Vorstellung vom persönlichen Gott im Alten Orient und im Alten Testament (Kevelaer 1975).
Trible Ph., God and the rhetoric of sexuality (Philadelphia 1978).
Müller H.-P., Gott und die Götter in den Anfängen der biblischen Religion, in: O. Keel (Hrsg.), Monotheismus im Alten Israel und seiner Umwelt (Fribourg 1980), 99–142.
Lang B. (Hrsg.), Der einzige Gott. Die Geburt des biblischen Monotheismus (München 1981).
Ders., Neues über die Geschichte des Monotheismus, in: ThQ 163 (1983), 54–58.
Ders., Jahwe allein! Ursprung und Gestalt des biblischen Monotheismus, in: Concilium 21 (1985), 30–35.
Jenni E., Westermann C. (Hrsg.), Theologisches Handwörterbuch zum Alten Testament, 2 Bde. (München–Zürich ³1984).
Winter U., Frau und Göttin. Exegetische und ikonographische Studien zum weiblichen Gottesbild im Alten Israel und in dessen Umwelt (Fribourg 1984).
Hossfeld F.-L., Einheit und Einzigkeit Gottes im frühen Jahwismus, in: M. Böhnke, H. Heinz (Hrsg.), Im Gespräch mit dem dreieinen Gott (FS W. Breuning) (Düsseldorf 1985), 57–74.
Schmidt W. H., Einführung in das Alte Testament (Berlin ³1985).
Zenger E., Der Gott der Bibel (Stuttgart 1979, ³1986).
Ders., Gottes Bogen in den Wolken. Untersuchungen zu Komposition und Theologie der priesterschriftlichen Urgeschichte (Stuttgart 1983, ²1987).
Ders., Mit meinem Gott überspringe ich Mauern (Freiburg 1987).

2. Neues Testament

Rahner K., Theos im Neuen Testament, in: Schr Th I (Einsiedeln 1954), 91–167.
Schierse F.-J., Die neutestamentliche Trinitätsoffenbarung, in: MySal II (1967), 85–131.
Schelkle K. H., Theologie des Neuen Testaments, Bd. 2: Gott war in Christus (Düsseldorf 1973).
Merklein H., Zenger E. (Hrsg.), Ich will euer Gott werden. Beispiele biblischen Redens von Gott (Stuttgart 1981).
Kümmel W. G., Einleitung in das Neue Testament (Heidelberg ²¹1983).
Erlemann K., Das Bild Gottes in den synoptischen Gleichnissen (Stuttgart 1988).

3. Väterzeit

Dörrie H., ' Ὑπόστασις (Göttingen 1955).
Hammerschmidt E., Die Begriffsentwicklung in der altkirchlichen Theologie zwischen dem ersten allgemeinen Konzil von Nizäa (325) und dem zweiten allgemeinen Konzil von Konstantinopel (381), in: ThRv 51 (1955), 145–154.
Kretschmar G., Studien zur frühchristlichen Trinitätstheologie (Tübingen 1956).
Kelly J. N. D., Early Christian Doctrines (London ²1960).
Gerlitz P., Außerchristliche Einflüsse auf die Entwicklung des christlichen Trinitätsdogmas (Leiden 1963).
Ivánka E. von, Plato Christianus. Übernahme und Umgestaltung des Platonismus durch die Väter (Einsiedeln 1964).
Prestige G. L., God in Patristic Thought (London ³1964), französisch: Dieu dans la pensée patristique (Paris 1955).
Ritter A. M., Das Konzil von Konstantinopel und sein Symbol (Göttingen 1965).
Dörrie H. u. a., Porphyre (Genf 1966).
Hadot P., Porphyre et Victorinus, 2 Bde. (Paris 1968).
Spanneut M., Le stoicisme des pères de l'Eglise (Paris ²1969).
Fortmann E. J., The Triune God. A Historical Study of the Doctrine of the Trinity (London 1972).
Kelly J. N. D., Altchristliche Glaubensbekenntnisse. Geschichte und Theologie (Göttingen 1972).
Dörrie H., Platonica Minora (München 1976).
Lonergan B., The Way to Nicaea. The Dialectical Development of Trinitarian Theology (London 1976).
Offermanns H., Der christologische und trinitarische Personbegriff der frühen Kirche (Bern–Frankfurt 1976).
Wiles M., Reflections on the Origins of the Doctrine of the Trinity (London 1976) = Working Papers in Doctrine.
Stead Ch., Divine Substance (Oxford 1977).
Andresen C., Antike und Christentum, in: TRE III (1978) 51–99.
Barnard L. W., Apologetik, in: TRE III (1978), 371–411 (I. Alte Kirche).
Koschorke K., Die Polemik der Gnostiker gegen das kirchliche Christentum (Leiden 1978).
Ritter A. M., Arianismus, in: TRE III (1978), 692–719.
Abramowski L., Trinitarische und christologische Hypostasenformeln, in: ThPh 54 (1979), 38–49.
Beierwaltes W., Proklos. Grundzüge seiner Metaphysik (Frankfurt ²1979).
Hübner R. M., Der Gott der Kirchenväter und der Gott der Bibel. Zur Frage der Hellenisierung des Christentums (München 1979).
Pannenberg W., Die Aufnahme des philosophischen Gottesbegriffs als dogmatisches Problem der frühchristlichen Theologie, in: Ders., Grundfragen systematischer Theologie, Bd. I (Göttingen ³1979), 296–346.
Schoedel W. R., R. L. Wilken, Early Christian Literature and the Classical Intellectual Tradition (Paris 1979).
Beierwaltes W., Deus est veritas. Zur Rezeption des griechischen Wahrheitsbegriffes in der frühchristlichen Theologie, in: Pietas (FS B. Kötting), hrsg. von E. Dassmann, K. S. Frank (Münster 1980), 15–29.
Layton B. (Hrsg.), The Rediscovery of Gnosticism (Leiden 1980).
Ries J., J. M. Sevrin (Hrsg.), Gnosticisme et monde hellénique (Löwen 1980).
Dörrie H., Die Andere Theologie, in: ThPh 56 (1981), 1–46.
O'Meara D. J., (Hrsg.) Neoplatonism and Christian Thought (Norfolk 1982).
Schultze B., Zur Gotteserkenntnis in der griechischen Patristik, in: Gr 63 (1982), 525–558.
Studer B., Der Person-Begriff der frühen kirchenamtlichen Trinitätslehre, in: ThPh 57 (1982), 161–177.
Børresen K. E., L'usage patristique de métaphores féminines dans le discours sur Dieu, in: Revue Théologique de Louvain 13 (1982), 205–220.
Hanson R. P. C., The doctrine of the trinity achieved in 381, in: Scottish Journal of Theology 36 (1983), 41–57.

Abramowski L., Die Entstehung der dreigliedrigen Taufformel – ein Versuch, in: ZThK 81 (1984), 417–446.
Berger K., R. McL. Wilson, Gnosis/Gnostizismus, in: TRE XIII (1984), 519–550.
Halleux A. de, „Hypostase" et „personne" dans la formation du dogme trinitaire (ca. 375–381), in: RHE 79 (1984), 313–369.
Studer B., Zur Entwicklung der patristischen Trinitätslehre, in: ThGl 74 (1984), 81–93.
Bell D. N., Esse, Vivere, Intelligere: The Noetic Triad and the Image of God, in: RThAM 52 (1985), 5–43 (neuplatonische Einflüsse).
Ch. Stead, Substance and Illusion in the Christian Fathers (London 1985).
Studer B., Gott und unsere Erlösung im Glauben der Alten Kirche (Düsseldorf 1985).
Stead Ch., Die Aufnahme des philosophischen Gottesbegriffes in der frühchristlichen Theologie: W. Pannenbergs These neu bedacht, in: ThR 51 (1986), 349–371.
Boss G., Seel G. (Hrsg.), Proclus et son influence (Zürich 1987).
Dörrie A. (Hrsg.), Der Platonismus in der Antike (Stuttgart 1987).
Frohnhofen H., *Apatheia tou theou*. Über die Affektlosigkeit Gottes in der griechischen Antike und bei den griechischsprachigen Kirchenvätern bis zu Gregorios Thaumaturgos (Frankfurt–Bern 1987).
Osborn E., Anfänge christlichen Denkens (Düsseldorf 1987).
Beyschlag K., Grundriß der Dogmengeschichte, Bd. 1: Gott und Welt (Darmstadt ²1988).
Bussanich J., The One and its relation to intellect in Plotinus (Leiden 1988).
Courth F., Trinität. In der Schrift und Patristik (Freiburg 1988) = HDG II/1 a.
Fabricius C., Zu den Aussagen der griechischen Kirchenväter über Platon, in: VigChr 42 (1988), 179–187.
Gurtler G. M., Plotinus. The experience of unity (New York 1988).
Hanson R. P. C., The Search for the Christian Doctrine of God. The Arian Controversy 318–381 (Edinburgh 1988).
Torrance T. F., The Trinitarian Faith: the evangelical theology of the ancient Catholic Church (Edinburgh 1988).

4. Zeit der Scholastik

Ruh K., Die trinitarische Spekulation in deutscher Mystik und Scholastik, in: Zeitschr. für dt. Philologie 72 (1951), 24–53.
Schmidt M. A., Gottheit und Trinität in dem Kommentar des Gilbert Porreta zu Boethius' De Trinitate (Basel 1956).
Scheffczyk L., Die Grundzüge der Trinitätslehre des Johannes Scotus Eriugena, in: J. Auer, H. Volk (Hrsg.), Theologie in Geschichte und Gegenwart (FS M. Schmaus) (München 1957), 497–518.
Ders., Die heilsgeschichtliche Trinitätslehre des Rupert von Deutz und ihre dogmatische Bedeutung, in: J. Betz, H. Fries (Hrsg.), Kirche und Überlieferung (FS R. Geiselmann) (Freiburg 1960), 90–118.
Gössmann E., Glaube und Gotteserkenntnis im Mittelalter (Freiburg 1971) = HDG I/2 b.
Barnach K., Die Lehre von der doppelten Macht Gottes bei Wilhelm von Ockham (Wiesbaden 1975).
Imbach R., Deus est intelligere (Fribourg 1976) (besonders Thomas von Aquin und Meister Eckhart).
Neidl W. M., Thearchia. Die Frage nach dem Sinn von Gott bei Pseudo-Dionysius Areopagita und Thomas von Aquin (Regensburg 1976).
Rohls J., Wilhelm von Auvergne und der mittelalterliche Aristotelismus (München 1980).
Schachten W., Die Trinitätslehre Joachims von Fiore im Lichte der Frage nach der Subjektivität Gottes in der neueren Theologie, in: Franziskan. Studien 62 (1980) 39–61.
Schmidt M. A., Gottes Freiheit, Macht und Güte im spätmittelalterlichen Nominalismus, in: J. Brantschen, P. Selvatico (Hrsg.), Unterwegs zur Einheit (Freiburg 1980), 268–291.
Vries J. de, Grundbegriffe der Scholastik (Darmstadt 1980).

Wendebourg D., Geist oder Energie. Zur Frage der Verankerung des christlichen Lebens in der byzantinischen Theologie (München 1980).
Seidl H. (Hrsg.), Thomas von Aquin. Die Gottesbeweise in der „Summe gegen die Heiden" und der „Summe der Theologie" (Hamburg 1982) (^{2}1986).
Dettloff W., Franziskanerschule, in: TRE XI (1983), 397—401.
Kraml H., Die Rede von Gott sprachkritisch rekonstruiert aus Sentenzenkommentaren (Innsbruck 1984).
Samuelson N., Clayton J., Gottesbeweise, in: TRE XIII (1984), 708—784.
Schmidt M. A., Zur Trinitätslehre der Frühscholastik, in: ThZ 40 (1984), 181—192.
Courth F., Trinität. In der Scholastik (Freiburg 1985) = HDG II/1 b.
Knoch W., „Deus unus et trinus". Beobachtungen zur frühscholastischen Gotteslehre, in: M. Böhnke, H. Heinz (Hrsg.), Im Gespräch mit dem dreieinigen Gott (FS W. Breuning) (Düsseldorf 1985), 209—230.
Mews C. J., Man's Knowledge of God according to Peter Abelard, in: L'homme et son univers au moyen âge, hrsg. von Ch. Wenin, Bd. I (Löwen 1986), 419—426 (auch Trinitätsterminologie).
Lutz-Bachmann M. (Hrsg.), Ontologie und Theologie. Beiträge zum Problem der Metaphysik bei Aristoteles und Thomas von Aquin (Frankfurt 1988).
Lerner R. E., Joachim von Fiore, in: TRE XVII (1988), 84—88.

5. Neuere Zeit

Henrich D., Der ontologische Gottesbeweis. Sein Problem und seine Geschichte in der Neuzeit (Tübingen 1960).
Weier R., Das Thema vom verborgenen Gott von Nikolaus von Kues zu Martin Luther (Münster 1967).
Wagner F., Der Gedanke der Persönlichkeit Gottes bei Fichte und Hegel (Gütersloh 1971).
Ernst W., Gott und Mensch am Vorabend der Reformation (Leipzig 1972) (zu G. Biel).
Fries H., Schwaiger G., Katholische Theologen Deutschlands im 19. Jh., 3 Bde. (München 1975).
Link Ch., Subjektivität und Wahrheit. Die Grundlegung der neuzeitlichen Metaphysik durch Descartes (Stuttgart 1978).
Huber H., Die Gottesidee bei Immanuel Kant, in: ThPh 55 (1980), 1—43, 230—249.
Hübener W., Descartes, in: TRE VIII (1981), 499—510.
Kern W. (Hrsg.), Aufklärung und Gottesglaube (Düsseldorf 1981).
Petri H., Glaube und Gotteserkenntnis. Von der Reformation bis zur Gegenwart (Freiburg 1985) = HDG I/2 c.
Coreth E., Neidl W. M., G. Pfligersdorffer (Hrsg.), Christliche Philosophie im katholischen Denken des 19. und 20. Jh.s, Bd. I (Graz 1987), Bd. II (Graz 1988).
Hirsch W., Idee, in: TRE XVI (1987), 20—25.
Janke W., Idealismus, in: TRE XVI (1987), 1—20.
Michel K.-H., Immanuel Kant und die Frage der Erkennbarkeit Gottes. Eine kritische Untersuchung der „Transzendentalen Ästhetik" in der „Kritik der reinen Vernunft" und ihrer theologischen Konsequenz (Wuppertal 1987).
Schadel E., Das Trinitätsproblem im reformatorischen und sozinianischen Umfeld, in: FZPhTh 34 (1987), 399—417.
Rohls J., Subjekt, Trinität und Persönlichkeit Gottes. Von der Reformation zur Weimarer Klassik, in: NZSTh 30 (1988), 40—71.
Ruhbach G., Johannes vom Kreuz, in: TRE XVII (1988), 134—140.

6. Neueste Zeit

Welch C., The Trinity in Contemporary Theology (London 1953).
Zahrnt H. (Hrsg.), Gespräch über Gott. Die protestantische Theologie im 20. Jh. Ein Textbuch (München 1968).
Breuning W., Trinitätslehre, in: H. Vorgrimler, R. Vander Gucht (Hrsg.), Bilanz der Theologie im 20. Jh., Bd. 3 (Freiburg 1970), 21—36.
Siller P., Gotteslehre, in: H. Vorgrimler, R. Vander Gucht (Hrsg.), Bilanz der Theologie im 20. Jh., Bd. 3 (Freiburg 1970), 11—21.

Rohmann K., Vollendung im Nichts? Eine Dokumentation der amerikanischen „Gott-ist-tot-Theologie" (Zürich 1977).
Schindler A. (Hrsg.), Monotheismus als politisches Problem? Erik Peterson und die Kritik der politischen Theologie (Gütersloh 1978).
Christ C., Plaskow J., womanspirit rising (New York–London 1979).
Krause B., Leiden Gottes – Leiden des Menschen (Stuttgart 1980).
Congar Y., Le Monothéisme politique et le Dieu Trinité, in: NRTh 113 (1981), 3–17.
Schütz Ch., Gegenwärtige Tendenzen in der Gottes- und Trinitätslehre, in: MySal Erg. Bd. (Zürich–Einsiedeln 1981), 264–322.
E. Schüssler-Fiorenza, In Memory of Her (New York 1983).
Löser W., Trinitätstheologie heute. Ansätze und Entwürfe, in: W. Breuning (Hrsg.), Trinität. Aktuelle Perspektiven der Theologie (Freiburg 1984), 19–45.
Zoske S., Die Mitte der Trinität. Möglichkeiten trinitarischer Rede von Gott nach Karl Barth und Rudolf Bultmann (Rheinbach-Merzbach 1984) (auch zu E. Jüngel und J. Moltmann).
Salmann E., Neuzeit und Offenbarung. Studien zur trinitarischen Analogik des Christentums (Rom 1986) (zu W. Pannenberg, H. Mühlen, K. Hemmerle, E. Jüngel, K. Rahner, H. U. von Balthasar).
Langemeyer B. G., Relationale Einheit oder personale Gemeinschaft. Beobachtungen und Überlegungen zur gegenwärtigen Trinitätstheologie, in: J. Schreiner, K. Wittstadt (Hrsg.), Communio sanctorum (FS P.-W. Scheele) (Würzburg 1988), 310–322.
Molinaro A. (Hrsg.), Chi è Dio? (Rom 1988).
Mühlen H., Das Herz Gottes – Neue Aspekte der Trinitätslehre, in: ThGl 78 (1988), 141–159.
Setiloane G. M., Der Gott meiner Väter und mein Gott. Afrikanische Theologie im Kontext der Apartheid (Wuppertal 1988).
Miggelbrink R., Ekstatische Gottesliebe im tätigen Weltbezug. Eine systemat.-theol. Untersuchung über den Beitrag Karl Rahners zur zeitgenössischen Gotteslehre (Altenberge 1989).
Schoonenberg P., Eine Diskussion über den trinitarischen Personbegriff. Karl Rahner und Bernd Jochen Hilberath, in: ZKTh 111 (1989), 129–162.

Sachregister

Die Zahlen geben die Nummern der Texte an
(Bd. I: 1–111, Bd. II: 112–193)

Allmacht (s. auch Eigenschaften Gottes aufzählend) 2, 151, 164, 181
Allwissenheit Gottes 183
Analogie 73, 178
Barmherzigkeit Gottes (s. auch Liebe Gottes) 20, 42
Bewegungs-Argument 143
Eigenschaften Gottes aufzählend 4, 48, 56, 58, 70, 74, 80, 108, 116, 137, 188, 189, 190, 191
Einheit (Einfachheit) Gottes 115, 116, 121, 138, 189
Ewigkeit Gottes 164
Existenz Gottes (s. auch Wesen Gottes) 120, 169, 178
Geheimnis 170, 174
Geist, Heiliger Geist 12, 14, 21, 24, 28, 34, 38, 44, 46, 47, 62, 86, 93, 98, 104, 130, 138, 155, 167, 184, 193
Geschichte Gottes 168, 180, 184
Götzendienst 187
Gotteserkenntnis 41, 142, 148, 170
Gottesname (s. auch Jahwe, Vater Gott, Sohn Jesus, Geist, Heiliger Geist): Gruppen von Gottesnamen 103, 140; El, Elohim 1, 20; El Schaddaj 2; Namenlosigkeit Gottes 87
Gottverlassenheit 180
Gute, das 139, 140, 141, 153, 154
Heiligkeit Gottes 6, 15, 20
Herrlichkeit Gottes 5, 13, 36
Hervorgang des Heiligen Geistes 34, 55, 62, 68, 70, 71, 75, 76, 78, 90, 91, 104, 118, 138, 139, 188
Hypostase 54 (im griech. Text), 99, 112, 116, 118, 125, 127, 149, 150, 191
Jahwe 3, 19
Jahwe Zebaoth 15
Kosmologisches Argument 170
Kyrios Heiliger Geist 55
Kyrios Jesus 40, 43, 44, 49
Leiden Gottes 172, 180, 185
Licht 49, 51, 53, 55, 60, 105, 123
Liebe Gottes (s. auch Barmherzigkeit Gottes, Mütterlichkeit Gottes) 30, 52, 62, 111, 128, 129, 130, 139, 166, 183, 184
Logos – Wort Gottes 29, 84, 85, 86, 89
Monotheismus 1, 4, 16, 19, 43, 49, 175, 181
Mütterlichkeit Gottes 17, 18, 89, 179, 186
Notionen 138
Notwendigkeits-Argument 145, 170
Ökonomie der Trinität 88, 90, 91, 93, 94, 95, 97, 136, 171, 174, 175, 185
Ohnmacht Gottes 172
Patriarchat 182
Person, persona, personae 56, 57, 63, 64–69, 70, 71, 74, 89, 100, 112, 119, 124, 125, 126, 127, 131, 132, 133, 134, 135, 149, 150, 158, 159, 166, 173, 181, 185, 189, 190
Proprietäten 101, 102, 103, 104, 118, 125, 131, 138, 188
Relation, relativum 63, 64, 65, 69, 77, 102, 110, 113, 138, 150, 174, 188
Selbstmitteilung 139, 171, 174, 175
Sohn Jesus 24, 26, 27, 30, 32, 35, 40, 46, 52, 53, 61, 117, 168, 184, 193
Sophia-Weisheit 14

Subsistenz 58, 112, 131
Substanz s. Wesen Gottes
Stufen-Argument 146
Teleologie-Argument 147
Transzendenz Gottes 5, 9, 39, 49, 80, 182
Triadische Formel 23, 44, 45, 82, 83
Unaussprechlichkeit Gottes 115, 157, 176
Unbegreiflichkeit Gottes 42, 58, 70, 71, 80, 86, 114, 157, 176
Unendlichkeit Gottes 151
Unveränderlichkeit Gottes 50, 54, 58, 70, 80, 96, 117, 165
Ursache s. Wirkursache-Argument
Vater Gott 22, 23, 31, 43, 46, 60, 74–79, 96, 117, 122, 138, 159, 160, 167, 188, 193
Vater Jesu 24, 32, 33, 35, 36, 40, 47
Vollkommenheit Gottes 23, 73, 115, 138, 140, 149, 170, 183
Weibliche Rede von Gott (s. auch Mütterlichkeit Gottes) 8, 182
Wesen Gottes 53, 54, 57, 60, 63, 64, 65, 66, 67, 70, 71, 72, 80, 88, 89, 99, 101, 104, 106, 107, 112, 113, 114, 115, 117, 119, 123, 124, 125, 131, 141, 148, 159, 160, 178, 183, 188, 189, 190
Wesenseinheit 53, 55, 58, 61, 62, 66, 72, 73, 74, 77, 99, 104, 110, 118, 123, 127, 137, 159, 163, 191, 193
Wirkursache-Argument 144, 151, 177
Zeugung des Sohnes 53, 55, 57, 60, 61, 68, 70, 71, 72, 75, 76, 78, 85, 89, 90, 92, 117, 123, 139, 188

Quellenangaben

Wir danken den genannten Verlagen für die erteilte Abdruckerlaubnis.

Verlag Benziger, Zürich
Mechthild von Magdeburg, Das fließende Licht der Gottheit, eingeführt von M. Schmidt. 1955, S. 55, 170.
Teresa von Avila, Wege zum Gebet. Hg. von Irene Behn, 2. Aufl., 1978. S. 86.
Karl Rahner, Schriften zur Theologie. Bd. 4, 5. Aufl. 1967, S. 115 f., 123–128.
Ders., Schriften zur Theologie, Bd. 13, 5. Aufl. 1978, S. 133 f., 139–142, 111–116, 126–128.

Verlag Bonifatius, Paderborn
Gemeinsam glauben und bekennen. Handbuch zum apostolischen Glauben. Hg. von H. G. Link, 1987, S. 49, 79, 92–94, 236–238.

Dietrich Coelde Verlag, Werl
Bonaventura. In: Franziskanische Studien 44 (1962), 343–351.
Brevilegium des hl. Bonaventura. Hg. von F. Imle, 1931, S. 26 f., 29–31.

Verlag Walter de Gruyter, Berlin
F. Schleiermacher, Der christliche Glaube. Bd. 1, © 1960 by Walter de Gruyter, Berlin, S. 174 f., 255, 334–337.
P. Tillich, Systematische Theologie. Bd. III, © 1966 by Walter de Gruyter, S. 324, 327, 334–337.

Verlag Frauenoffensive, München
M. Daly, Jenseits von Gottvater, Sohn und Co. 4. Aufl. 1986, S. 33–36.

Verlag Friedrich Frommann und Günther Holzboog, Stuttgart
Anselm von Canterbury, Monologion. Hg. von F. S. Schmitt, 1964, S. 213, 215.
Anselm von Canterbury, Proslogion. Hg. von F. S. Schmitt, 1962, S. 86, 88.

Verlag Matthias Grünewald, Mainz
J. H. Newman, Entwurf einer Zustimmungslehre (Bd. VII der ausgewählten Werke). Hg. von M. Laros u. a. 1962, S. 73–77.

Verlag Herder, Freiburg
Nikolaus von Kues, Philosophisch-theologische Schriften. Hg. von Leo Gabriel. Bd. I, 1964, S. 301, 303, 305, 307, 309.
K. Rahner und H. Vorgrimler, Kleines theologisches Wörterbuch. 16. Aufl. 1988, S. 167–169.
W. Breuning (Hg.), Trinität (Quaest. disp. 101), 1984, S. 134–136, 140–142.

Verlag Anton Hiersemann, Stuttgart
Gregor von Nyssa, Die große katechetische Rede (Oratio katechetica magna), eingeleitet etc. von J. Barbel. In: Bibliothek der griech. Literatur I, 1971, S. 67.

Johannes-Verlag, Einsiedeln
  Dionysius Areopagita, Von den Namen zum Unnennbaren. Hg. von E. von Ivánka, 2. Aufl. 1981 (Sigillum 7), S. 35 f, 83–86.
  Richard von Sankt-Victor, Die Dreieinigkeit. Hg. von H. Urs von Balthasar, 1980 (Christliche Meister 4), S. 99 f., 103–106, 135–142.
  H. Urs von Balthasar, Theodramatik II/2, 1978, S. 486–489.

Kösel Verlag, München
  Sämtliche Schriften der hl. Theresia von Jesu, Bd. 1. Hg. von K. Alkofer, 2. Aufl. 1952, S. 482–484.
  M. Buber, Werke, Bd. 1, 1962, S. 169 f.
  Bibliothek der Kirchenväter, Bd. 4 (1912), S. 61–65, Bd. 13 (1913), S. 66–69, 262 f., 414 f., Bd. 33 (1917), S. 98 f., Bd. 44 (1923), S. 13–16, 18–28, 22 f., Bd. 46 (1925), S. 67–75, 79 f. Zweite Reihe, Bd. 14 (1936), S. 43–45, 47 f., 86 f., 89–92, 297 f.

Verlag Kohlhammer, Stuttgart
  Meister Eckhart, Die lateinischen Werke. Hg. von J. Koch u. a., Bd. IV, 1956, S. 22–32.

Verlag Christian Kaiser, München
  D. Bonhoeffer, Widerstand und Ergebung. Hg. von E. Bethge, 3. Aufl. der Neuausgabe von 1970, 1987, S. 393–396.
  J. Moltmann, Trinität und Reich Gottes. 2. Aufl. 1986, S. 213–217.
  J. Moltmann, Der gekreuzigte Gott. 5. Aufl. 1987, S. 231–234.

Verlag Felix Meiner, Hamburg
  G. W. F. Hegel, Die absolute Religion. Hg. von G. Lasson, 1929, Nachdruck 1966 (PhB 63), S. 71–73, 164–166.
  Thomas von Aquin, Die Gottesbeweise. Hg. von H. Seidl, 2. Aufl. 1986, S. 51, 53, 55, 57, 59.

Otto Müller Verlag, Salzburg
  Hildegard von Bingen, Wisse die Wege. Hg. von M. Böckeler, 7. Aufl. 1981, S. 158 f.
  Hildegard von Bingen, Briefwechsel. Hg. von A. Führkötter, 1965, S. 44 f.

Verlag J. C. B. Mohr (Paul Siebeck), Tübingen
  R. Bultmann, Glauben und Verstehen, Bd. IV, 4. Aufl. 1984, S. 104–106.
  E. Jüngel, Gott als Geheimnis der Welt. 5. Aufl. 1986, S. 446–451.

Neukirchner Verlag, Neukirchen-Vluyn
  H. G. Link (Hg.), Gemeinsam glauben und bekennen. Handbuch zum Apostolischen Glauben. 1987.
  Johannes Calvin, Institution Christianae Religionis (Unterricht in der christlichen Religion). Nach der letzten Ausgabe übersetzt und bearbeitet von O. Weber. 4. Aufl. der einbändigen Ausgabe 1986, S. 74–76.

Patmos Verlag, Düsseldorf
  Gregor von Nazianz, Die fünf theologischen Reden. Hg. von J. Barbel, 1963, S. 207, 209, 211, 233, 235, 237, 245.
  R. Munoz, Der Gott der Christen (BThB), 1987, S. 24–27.

Verlag Friedrich Pustet, Regensburg
  Die deutsche Thomasausgabe, Bd. 3, 1939, S. 50–55, 58–60.
  J. Neuner und H. Roos, Der Glaube der Kirche in den Urkunden der Lehrverkündigung. Neubearb. von K. Rahner und K. H. Weger, 11. Aufl. 1983.

Ferdinand Schöningh Verlag, Paderborn

A. Warkotsch, Antike Philosophie im Urteil der Kirchenväter, 1973 (Texte von Justin und Klemens von Alexandrien), S. 5, 6, 180, 181.
H. Schell, Katholische Dogmatik. Bd. 1, 1968, S. 250–257, und Bd. 2, 1972, S. 35–37.

Theologischer Verlag, Zürich

K. Barth, Kirchliche Dogmatik, Bd. 1,1: Die Lehre vom Wort Gottes. Erster Teil: Das Wort Gottes als Kriterium der Kirche (1932), 12. Aufl. 1989, S. 395 f., 400 f., 403 f.

Verlag Vandenhoeck und Ruprecht, Göttingen

D. Martin Luthers Evangelien-Auslegung, Bd. IV. Das Johannesevangelium. Hg. von E. Ellwein, 1954, S. 1, 6, 7.
J. B. Cobb und D. R. Griffin, Prozeß-Theologie (Theologie der Ökumene 17) 1979, S. 42–47.
W. Pannenberg, Systematische Theologie I, 1988, S. 347 f., 352 f. 424–426.

Wissenschaftliche Buchgesellschaft, Darmstadt

Die Apostolischen Väter. Hg. von J. A. Fischer. 7. Aufl. 1976, S. 97, 99.
Schriften des Urchristentums, 2. Teil, Hg. von K. Wengst, 1984, S. 77, 79, 81.
Origenes, Vier Bücher von den Prinzipien. Hg. von H. Görgemanns und H. Karp, 1976, S. 129, 131, 169, 171, 177, 179, 181.
Thomas von Aquin, Summe gegen die Heiden. Bd. 1. Hg. von K. Albert und P. Engelhardt, 1974, S. 127, 129, 153.
Bonaventura, Itinerarium mentis in Deum. Eingeleitet etc. von J. Kaup, 1961, S. 137, 139.
Boethius. Hg. von M. Fuhrmann und J. Gruber, 1984, S. 205, 207, 209, 211.

Autorenverzeichnis

	Nummer
Anselm von Canterbury	119, 120
Balthasar H. U. von	185
Barth K.	171
Boethius	112, 113
Bonaventura	137–139
Bonhoeffer D.	172
Buber M.	173
Bultmann R.	178
Calvin J.	159, 160
Cobb J. B.	183
Daly M.	182
Dionysius Areopagita	114, 115
Drewermann E.	186
Duns Scotus J.	151–154
Eckhart, Meister	155, 156
Griffin D. R.	183
Hegel G. W. F.	166–168
Hildegard von Bingen	121, 122
Johannes von Damaskus	116–118
Jüngel E.	184
Luther M.	158
Mechtild von Magdeburg	136
Moltmann J.	180, 181
Muñoz R.	187
Newman J. H.	169
Nikolaus von Kues	157
Pannenberg	188
Petrus Lombardus	123–127
Rahner K.	174–177
Richard von Sankt-Victor	128–135
Schell H.	170
Schleiermacher F. D. E.	163–165
Teresa von Avila	161, 162
Thomas von Aquin	140–150
Tillich P.	179
Vorgrimler H.	177